# LA FORTUNE DES MÉDICIS

## DU MÊME AUTEUR

*Les Borgia. La pourpre et le sang*, Perrin, 2017.
*Machiavel*, Perrin, 2015. Prix Provins Moyen Âge 2015. Traduit en russe et en espagnol.
*Crimes à l'antique*, Arléa, 2012.
*Galilée : l'Église contre la science*, Perrin, 2010. Traduit en espagnol.
*Histoire de Rome*, Fayard, 2001 ; Perrin, coll. « Tempus », 2012. Traduit en russe et en coréen.
*La Littérature française du XVI^e siècle*, Armand Colin, 1995.
*Petite grammaire pratique du latin*, Didier, 1987.

### TRADUCTIONS

Girolamo Cardano, *De vita propria*, Les Belles Lettres, 2017.
Pétrarque, *Lettres de la vieillesse*, vol. 5, Les Belles Lettres, 2013.
Boccace, *Les Femmes illustres*, Les Belles Lettres, 2013, prix Jules-Janin 2014 de l'Académie française.
Nicolas Machiavel, *Le Prince*, Perrin, coll. « Tempus », 2013.
Nicolas Machiavel, *L'Art de la guerre*, Perrin, coll. « Tempus », 2011.
Pétrarque, *Lettres de la vieillesse*, vol. 4, Les Belles Lettres, 2006.
Leon Battista Alberti, *Le Cheval vivant*, Les Belles Lettres, 1999.
Saint Augustin, *Œuvres complètes*, Gallimard, coll. « Bibliothèque de la Pléiade », 3 volumes, 1998-2002 (collectif).
Artémidore d'Éphèse, *La Clé des songes*, Arléa, 1996.
Quintus Cicéron, *Petit manuel de campagne électorale*, Arléa, 1992.
Amerigo Vespucci, Christophe Colomb, Pierre Martyr d'Anghiera, *Le Nouveau Monde : récits*, Les Belles Lettres, 1992.

### DIRECTION

*La Pensée scientifique de Cardan*, Les Belles Lettres, 2012.
*Les Cahiers de l'humanisme*, vol. 3, Les Belles Lettres, 2004.
*Saül le Furieux, Jean de La Taille*, Ellipses, 1998.

Jean-Yves Boriaud

# LA FORTUNE DES MÉDICIS

## Le siècle d'or de Florence

PERRIN

12, avenue d'Italie
75013 Paris
Tél. : 01 44 16 09 00
Fax : 01 44 16 09 01

ISBN : 978-2-262-07683-2

Dépôt légal : septembre 2019

Composition : Peter Vogelpoel

# Introduction

> « Avril » de la Renaissance, « moment charmant, délicate aurore qui est la jeunesse de l'âme, où l'homme, pour la première fois, découvre la poésie des choses réelles ».

Plus encore qu'un de ces « moments charmants » dont parle Hippolyte Taine[1], la Renaissance florentine fut, à l'échelle de l'Histoire occidentale, un instant miraculeux : au cœur d'une cité réduite à 50000 habitants[2] par la Peste noire, apparut en effet, l'espace de trois générations, ce qu'il fallait d'hommes de lettres, de philosophes, de philologues, d'artistes et architectes pour la faire briller, aux yeux de l'Europe entière, comme la « nouvelle Athènes ». Ainsi ce moment privilégié du XV$^{e}$ siècle prit-il très vite la forme, dans la mémoire collective, d'une rare époque d'harmonie politique et sociale, voire de perfection esthétique, dont témoignent éloquemment, aujourd'hui encore, les merveilles architecturales d'un des centres historiques les plus visités du monde. Promue berceau de l'humanisme européen, pour la profusion d'amateurs éclairés de l'Antiquité, de latinistes virtuoses, et même d'hellénistes avertis qu'elle abrita alors, Florence afficha en effet, en quelques dizaines d'années, une brillante façade monumentale, ensemble magnifiquement ordonné d'édifices religieux et politiques, ainsi que de *palazzi* familiaux où s'exposèrent les plus belles collections du temps.

Ce « miracle » s'opéra en fait par la grâce de plusieurs familles industrieuses aujourd'hui méconnues, les Albizzi, Pitti, Strozzi… qui s'y disputèrent ardemment, voire violemment, pouvoirs politique et économique à partir du moment où, en 1293, les Ordonnances de justice du second peuple eurent exclu l'aristocratie de la vie publique. Bien que longtemps empêtrée, comme nombre de « Communes » homologues, dans les sempiternels affrontements entre Guelfes (partisans du pape) et Gibelins (tenants de l'empereur germanique), Florence réussit à s'affirmer alors comme une « République » bourgeoise où une multitude de conseils permettaient, en principe, d'éviter que la puissance y fût confisquée par une personne ou un clan. Or ce *Quattrocento* qui vit l'apogée de son rayonnement culturel coïncida avec la mainmise sur les institutions d'une famille, ou plutôt d'une *consorteria*, celle des Medici (nos Médicis) qui, de 1434 à 1494, surent infiltrer tous les rouages de l'État et tirer, en conservant au régime toutes ses apparences républicaines, les ficelles nécessaires pour en contrôler le fonctionnement. Mais la pérennité de la gloire de ces Médicis lui vient surtout du rôle fondamental qu'ils jouèrent, ces soixante années, dans l'épanouissement artistique de la ville : ce brillant *Rinascimento* culmina d'ailleurs avec le « règne » de celui que nous appelons Laurent « le Magnifique », et qui poussa l'art de l'autocélébration jusqu'à une excellence bien digne d'impressionner nos modernes « communicants ». L'idée de cette coïncidence entre le règne politique de Laurent de Médicis[3] et l'apogée de la splendeur florentine s'imposa vite comme une évidence, soigneusement entretenue d'ailleurs par la famille elle-même : en témoignent aujourd'hui encore des fresques de 1635 visibles au palais Pitti, où les Médicis, devenus en 1569 grands-ducs de Toscane, rendent hommage au grand homme, dans toute sa majestueuse simplicité : « Laurent au gouvernement », « Laurent parmi les artistes »... renouvelant ainsi le mythe familial de la magnificence d'un Laurent chargé de toutes les perfections humanistes.

Mais derrière cette brillante façade se cachent plusieurs réalités moins éthérées : l'histoire de Florence, constamment scandée par des affrontements sanglants entre des clans familiaux devenus des factions, est avant tout dramatique, comme le montrera longuement quelques années plus tard[4] un Machiavel attaché, disait-il, à sa patrie florentine au point de l'aimer « plus que son âme[5] ». Il en avait été un brillant diplomate, du temps de la République, entre 1498 et 1512, avant d'être soupçonné de complot, incarcéré et torturé en 1513, lors du retour des Médicis. Ce qui ne l'empêcha pas de composer, à la demande de Giulio de Medici, futur pape Clément VII, de précieuses *Histoires florentines*, tableau raisonné et ô combien documenté des luttes, en vase clos, entre ces clans, dont la prospérité, reposant sur une double assise économique – commerciale et bancaire –, était sans cesse soumise à une série d'impondérables : les réactions possibles d'ouvriers et de petits artisans furieux de n'être pas associés, comme les riches corporations, à la vie de la République, les « lois » d'une concurrence peu encadrée, ainsi que les aléas d'une situation militaire instable, secouée par des confrontations incessantes avec les villes les plus voisines (Pistoia, Lucques, Pise...), sans compter, en toile de fond, les derniers soubresauts d'une guerre de Cent Ans achevée seulement en 1453 et... la récurrente menace turque. Toujours est-il que, sans un système de corporations (les Arts) regroupant, en les compartimentant, les différents métiers du travail de la laine, sans des audaces commerciales qui, dès la fin du XIIIe siècle, assurèrent à la ville sa suprématie économique en Italie du Nord, et sans le système bancaire qui doubla dès cette époque son activité artisanale, jamais Florence n'aurait eu les moyens d'afficher une telle réussite culturelle. Et si, dans le microcosme florentin agité par de sempiternelles rivalités, parvint à s'imposer un « système Médicis », ce fut d'abord grâce au génie des affaires qui permit à de premiers Médicis, aussi peu connus aujourd'hui que l'entreprenant Salvestro de Medici, de tisser en Europe un réseau inégalé. Ainsi le clan parvint-il à sortir de l'ombre en un siècle que les économistes considèrent pourtant comme une période de stagnation, après deux siècles d'expansion. L'histoire des Médicis est donc avant toutes choses une aventure économico-politique instable jusqu'à la chute de leur banque qui signifia, en 1494, la ruine de la maison tout entière. Encore faut-il s'interroger sur l'essentiel : par quelles intuitions, quelles habiletés, quelles stratégies cette simple *consorteria* en tous points semblable à ses homologues (les Albizzi, puis les Pazzi...), avides elles aussi de pouvoir et de prestige, réussit-elle non seulement à leur imposer son autorité politique mais à les éclipser au point que l'époque nous apparaisse comme le « siècle des Médicis » ?

# 1

# L'inscription des Médicis dans le paysage toscan

## *La ville de Flore*

Au nord du Latium et au sud de la Ligurie et de l'Émilie-Romagne, la Toscane – l'Étrurie d'autrefois – est une petite province lovée dans l'anse que tracent les Apennins avant de rejoindre la mer au niveau de la ville actuelle de La Spezia. Hérissée de collines volcaniques propices aux cultures arbustives et riche de plusieurs plaines de fond de vallée, elle est tout entière tributaire de son axe fluvial, l'Arno, qui, d'est en ouest, coule le long de la montagne où la nature a ménagé quatre passages, tous empruntés par des voies romaines. Au droit fil de l'un de ceux-là, au point où l'Arno devient navigable, se place le site historique de Florence, colonie créée de toutes pièces par César, en 59 avant J.-C., sur la rive nord du fleuve, quand les relations avec la Gaule s'intensifièrent et nécessitèrent des relais sûrs entre Rome et les provinces du Nord. Là, *Florentia* prit rapidement le pas sur sa voisine, l'antique Fiesole, prospère cité étrusque juchée au sommet d'une colline et entourée alors d'impressionnantes murailles. Cette *Florentia* reçut sans doute son nom de la période de sa fondation, le temps des Jeux de la déesse Flore, les *Ludi Florales* célébrés à Rome du 27 avril au 2 mai. Traverser l'Arno y était facile, et d'ailleurs, en 123, un pont remplaça l'ancien bac. Dès lors, tous ces paramètres, extrêmement favorables, permirent le développement de la bourgade, dédiée au dieu Mars, sur la via Cassia Nova, entourée d'une première enceinte de 1 800 m de côté : la population, cosmopolite, s'accrut jusqu'à déborder hors des murailles originelles pour gagner les alentours du port, du théâtre et de l'amphithéâtre. Des commerçants orientaux vinrent bientôt installer leurs comptoirs dans la cité, où ils répandirent le culte d'Isis et, au IIe siècle, le christianisme. Le saint de la ville, Minias, martyrisé en 250 et enterré sur la colline florentine de « San Miniato », était d'ailleurs un prince (ou roi ?) arménien. Elle eut certes, comme ses voisines, à souffrir des incursions « barbares » et fut partiellement détruite par l'Ostrogoth Totila, avant de passer, dès la fin du VIe siècle, sous la domination de Lombards qui la négligèrent, choisissant pour capitale de leur « duché de Toscane » la ville de Lucques. Plus grave encore, la via Francigena, grande route reliant, pour les pèlerinages et le commerce, l'Europe du Nord-Ouest à Rome, l'évita, pour privilégier Pavie, Lucques et Sienne. Si la ville végéta donc sous les Lombards, elle connut sous les Carolingiens, qui les supplantèrent à la fin du VIIIe siècle, un évident renouveau, surtout quand Lothaire Ier, « roi d'Italie et de Lotharingie », réunit, au IXe siècle, les comtés de Florence et de Fiesole en un seul, dont le siège, à Florence, fut désormais doté du *contado* (territoire) le plus étendu de Toscane. Les incursions hongroises du Xe siècle, en poussant vers la ville nombre de *contadini*, en accrurent même la population, au point qu'il fallut lui construire de nouvelles murailles. Et sa suprématie locale s'affirma dès la fin de ce siècle, quand le marquis de Toscane Ugo (Hugues le Grand, 950-1001) décida d'abandonner Lucques pour s'installer à Florence, puis lorsque l'évêque Hildebrand fit édifier entre 1028 et 1063, sur la tombe de saint Minias, au lieu où selon la légende il avait, après avoir été décapité, transporté sa tête, le premier grand édifice religieux de la ville, avec église et monastère. Florence devint alors, aux yeux de l'Église italienne, une ville résolument « réformatrice » lorsqu'un saint local, le bénédictin Jean Gualbert, y fonda l'ordre des Vallombrosains, où la règle réhabilitait, autant que nécessaire, l'obligation de charité, et qu'un concile « réformateur » s'y tint en 1055, en présence de l'empereur d'Allemagne et du pape (allemand) Victor II. Mais cette notoriété spirituelle ne suffisait pas aux Florentins, las de la tutelle impériale et à l'étroit dans leur *contado*. Une fois affirmée sa personnalité militaire en résistant à l'empereur qui en 1082 dut se retirer après un siège de dix jours, Florence passa à l'offensive en 1107 en mettant la main sur l'importante bourgade de Prato.

Aux yeux des contemporains, toutefois, la ville de Florence n'entra vraiment dans sa majorité qu'en 1125, date à laquelle, sous un nébuleux prétexte, elle s'empara de son antique rivale Fiesole et la détruisit (de la vieille cité étrusque ne restèrent debout que la cathédrale et la demeure de l'évêque). Désormais, Florence régnait sans rivale sur son *contado*, qu'elle allait, par à-coups successifs, étendre notablement, tout en officialisant sa rupture d'avec la pesante tutelle impériale.

## *L'avènement de la Commune de Florence*

En cette Italie du Nord, Venise était bien la seule cité à n'avoir jamais appartenu à personne, et si la Florence du *Quattrocento* avait fini par devenir une Commune, la voie pour accéder à ce régime qui libéra les énergies de la bourgeoisie commerçante n'avait rien eu d'un long fleuve tranquille. Les Hohenstaufen ne le lui avaient accordé, et de mauvaise grâce, qu'en deux temps : en 1154 (*de facto*), lorsque le légat impérial concéda à la ville la juridiction civile et criminelle sur le *contado*, puis en 1183 (*de jure*), mais tous les composants de ce qu'on appelait alors une « république » étaient désormais là : une assemblée « populaire » réunie quatre fois par an, un conseil consultatif d'une centaine d'« hommes de bien » et, pour l'exécutif, un collège de douze consuls, renouvelé tous les deux mois. À cela s'ajoutaient deux organismes transversaux : une *societas militum*, association d'aristocrates assez riches pour s'offrir un équipement de cavalier, ainsi qu'une énergique et entreprenante *societas mercatorum (Arte de mercatori)* composée de marchands, riches et avisés, qui surent, en cette fin de XII^e^ siècle, acheter, en France et en Flandre, des draps grossiers pour les teindre dans des ateliers locaux et les réexporter. Les choses allèrent très vite : dès 1171, Florence avait obtenu de Pise le libre accès à la mer moyennant des taxes de passage raisonnables, ce qui dynamisa l'activité artisanale. La ville, grossie d'une main-d'œuvre nouvelle, grandit rapidement et il fallut lui construire, de 1172 à 1175, une nouvelle enceinte, de 4,5 km, qui englobait cette fois la « banlieue » (les *borghi*) et le quartier, actif et plein d'avenir, implanté de l'autre côté de l'Arno, l'« *Oltrarno* ». Florence était maintenant une ville-pont de 25 000 habitants (peut-être même 50 000 en 1200), sur 55 hectares, divisée, comme aussi son *contado* (sa riche campagne), en six « sestiers » (jusqu'en 1340), souvenir du temps où, en cas de guerre, la levée se faisait secteur par secteur avant le rassemblement général des troupes. La population y était donc fort diversifiée, avec une lente mais constante migration de *braccianti* (ouvriers) et d'artisans venus du *contado*, accompagnée de vagues de réfugiés comme celle des habiles ouvriers cathares, chassés par le royaume de France et que la République, alors tolérante, accueillit bien volontiers. Tout cela faisant un *popolo* – terme complexe évoquant aussi bien le régime politique que la population de la ville – composé du *popolo minuto* des petits artisans de la laine et d'un *popolo grasso* regroupant la haute bourgeoisie commerçante, face à une aristocratie de grandes familles nobles, installées dans de foisonnantes maisons-tours comme celles des Barbadori, des Angiolieri ou des Lanfredini, encore visibles aujourd'hui[1] dans le Borgo San Jacopo.

Les intérêts des *populi* et de l'aristocratie ne coïncidant pas nécessairement, l'histoire du temps fut agitée de soubresauts, comme en 1193 et 1197, et on finit par s'accorder sur la nomination, à la tête de l'exécutif, d'un podestat, en principe impartial car étranger (le premier « étranger » fut ainsi Gualfredatto da Milano, en 1207). L'idée était bonne et ce magistrat, à la fois juriste et soldat, assura pour une trentaine d'années paix civile et prospérité : il fallut, entre l'Oltrarno et la ville, créer deux ponts, un *Ponte Nuovo*, notre « *Ponte alla Carria* » (« pont des chariots ») en 1218, ainsi qu'en 1227 le *Ponte Rubaconte* (l'actuel *Ponte alle Grazie*), du nom, précisément, du podestat qui le fit édifier. L'Empire germanique, malgré tout, n'avait pas dit son dernier mot et Frédéric II revint – vainement – à la charge en 1220, ce qui n'empêcha pas Florence de réussir à imposer son autorité à la région : elle s'assura de Pise en 1222, avant de ramener la turbulente Sienne à la raison à l'issue d'une longue guerre (1229-1235). Les marchands de drap, quant à eux, s'aventuraient de plus en plus loin de leurs bases, en direction de la France (ils sont à Piacenza en 1176, et aux foires de Champagne en 1209). En 1252, enfin, Florence, se passant de l'autorisation impériale, se donna sa meilleure arme de guerre : le florin d'or, de 3,5 g, à près de 24 carats[2]. La Commune s'appropria en outre, d'autorité, les revenus des impôts locaux, comme le *foderum*, taxe sur les « fourrages » (les récoltes) du *contado* théoriquement dévolue à l'entretien des troupes, ou bien l'impôt immobilier désigné sous le nom d'*allibramento*.

En 1216 était apparue, à l'occasion d'une querelle entre deux familles, les Buondelmonti et les Amidei[3], un fléau qui scinda la ville, à l'instar de beaucoup de ses homologues d'Italie du Nord, en deux partis antagonistes : d'un côté, entre le Ponte Vecchio et la piazza della Signoria, les Gibelins, Uberti et Lamberti, alliés des Amidei, et de l'autre le parti guelfe, avec les Buondelmonti, les Pazzi et les Donati. C'était le début du *fazionalismo*, l'affrontement entre factions, qui causerait par la suite tellement de tort aux Communes. En 1244, les Gibelins fédérèrent les « métiers » et artisans et en imposèrent une représentation de 50 membres auprès du podestat. Mais, en 1250, une insurrection antigibeline et antinobiliaire balaya ce régime et obtint la création d'un système « populaire » (le « Premier Peuple »), avec la suppression de la *societas militum*, l'abaissement des tours nobiliaires à 29 m et la création d'une série de nouveaux conseils. La ville fut également militarisée (avec l'apparition de 20 compagnies de soldats) et les Gibelins chassés en 1251. Ils partirent avec leur bannière, à lys blanc sur fond rouge, et le peuple florentin adopta alors celle des Guelfes, à lys rouge sur fond blanc, qui serait désormais celle de Florence.

Mais, le 4 septembre 1260, un bâtard de Frédéric II, Manfred, écrasa les armées guelfes avec l'aide des troupes de Pise, de Sienne et des Gibelins florentins. On l'empêcha de justesse de détruire la ville dans son entier mais des centaines de demeures et de tours guelfes disparurent. Les institutions nouvelles furent abolies et les Guelfes s'exilèrent à Lucques. Peu à peu, toutefois, sous l'influence du pape et grâce aux merveilles accomplies à Tacliacozzo le 23 août 1268 par la cavalerie française de Charles d'Anjou face aux impériaux de Conradin de Hohenstaufen, ils retrouvèrent leur ville, et Florence, sa prospérité, pour quelques années.

Mais les temps changeaient : en Sicile, Charles d'Anjou était, depuis 1266 et par la grâce du pape, roi de Sicile. Les Français s'y firent rapidement détester et, le 30 mars 1282, ce fut l'insurrection générale : le lundi de Pâques, à l'heure des vêpres, se déclencha dans l'île entière le massacre des Français (ce furent les fameuses « Vêpres siciliennes »). Charles avait désormais d'autres préoccupations que les questions florentines, et la route était ouverte aux mesures de la fin du siècle, qui allaient fonder un durable régime « bourgeois », parfois dénommé « Deuxième Peuple » : on compléta le système des corporations en créant en 1289 neuf Arts mineurs, qui vinrent s'ajouter aux douze Arts majeurs. Florence ne put non plus échapper au mouvement de marginalisation de la classe nobiliaire qui toucha les villes de Toscane (Sienne...), et en 1293 Giano della Bella, prieur guelfe venu d'une vieille famille gibeline, écarta du pouvoir, par ses « Ordonnances de justice », les *magnati*, ce qui signifiait la mise à la marge de 147 familles (guelfes et gibelines), même si quelques « magnats » bien introduits dans le monde des affaires réussirent à se faire admettre comme « gens du peuple » (*popolani*) et à mener belle carrière[4]... Le gouvernement, de fait, était dans les mains de six (puis huit) prieurs des Arts majeurs (mot à mot les « premiers », dont on a pu dire qu'ils jouaient dans chaque Art le rôle de prud'hommes, veillant à ce que les règles admises y fussent respectées), formant la *Signoria*, tandis que le podestat, assisté d'un conseil, assurait l'exécutif. L'initiative des lois revenait au peuple, sous l'égide d'un capitaine en principe étranger, lois ensuite mises en forme par le conseil du podestat. En cas de crise, la *Signoria* pouvait également réunir l'ensemble des citoyens, charge à cette assemblée (un *Parlamento*) de nommer une *balia*, commission dotée des pleins pouvoirs.

En dépit de ce bel équilibre, tout bascula (encore) pour Florence le 1er mai 1300, alors que la ville, résolument guelfe, paraissait sur la voie d'une paisible prospérité. Sous un prétexte mal connu, éclata en ce jour de fête une rixe qui fit exploser ce parti en deux factions ennemies : les Guelfes « blancs », de vieilles familles assez proches, finalement, du parti impérial, et les Guelfes « noirs », nouveaux riches soutenus par le pape et les Angevins de Naples. Surgit alors, à l'automne 1301, Charles de Valois, venu au secours (intéressé) des Noirs qu'il installa le 8 novembre au gouvernement, et 600 Blancs (parmi lesquels Dante) furent expulsés avec leurs familles : aucun citoyen de Florence, précisa une loi, ne pourrait plus désormais posséder un château à moins de 20 milles de la ville, bon moyen de couper aux vieilles familles toute position de repli dans le *contado*. Mais les Blancs, installés dans les cités des alentours, loin de se morfondre dans la résignation, allaient monter plusieurs armées et tenter, en 1304 puis en 1323, un improbable retour. En vain. Et cela malgré la redoutable crise de 1313 : l'empereur Henri VII, qui avait déjà châtié les villes guelfes (dont Brescia) coupables de lui avoir résisté, vint mettre le siège devant Florence, si bien que les Noirs durent accepter, pour bénéficier de la protection angevine, de reconnaître

Robert de Sicile comme « seigneur ». Henri VII mourut en août de la même année, et cette tutelle, devenue inutile, s'acheva en 1321. Les Florentins, devant de nouvelles menées gibelines, lancèrent en 1325 un appel aux Angevins, qui leur envoyèrent cette fois le fils de Robert, Charles, duc de Calabre. Mais, après avoir rétabli la situation militaire, celui-ci mourut en 1327, et Florence retrouva sa liberté. Jamais les affaires n'avaient aussi bien marché : Florence comptait 95 000 habitants (elle ne retrouvera ce nombre qu'au XIXe siècle) et Arnolfo da Cambio lui conçut les murailles de 8,5 km, avec 63 tours, qui lui suffiront jusqu'en 1865.

Et c'est à la faveur de pareilles tribulations, au cœur d'un *Trecento* florentin des plus troublés, que d'obscurs *Medici*, issus du *contado* de Florence, allaient apprendre, d'échecs en drames, à se frayer un chemin parmi les grandes familles bancaires alors au pouvoir, en apprenant à jauger avec acuité les rapports de force régionaux, pour faire leur – discrète – entrée sur la scène économico-politique de Florence.

# 2

# De la légende à la banque

## *Les* Palle

D'où venaient donc ces « *Medici* » ? Plus tard, au temps de la « magnificence », ils s'octroieraient, dans la cité de la Fleur[1], sacrifiant à la coutume aristocratique, des origines prestigieuses, voire épiques, ainsi que de mystérieuses armes : que peuvent bien signifier en effet les étranges « boules », en nombre variable, qui y figurent ? Selon une légende tenace, lancée par Cosme de Médicis, qui assigne à la famille *Medici* l'origine *médicale* qui lui aurait valu son nom, les pièces héraldiques de gueule (les *palle*, des tourteaux en langage héraldique) de leurs armoiries évoqueraient les « pilules » dont use cette profession. Dans ce cas, l'ancêtre de la lignée aurait été un Medico (1046-1102), châtelain du bourg de Potrone (dans le val de Sieve), vassal des Ubaldini, seigneurs du Mugello, à qui ses dons de thaumaturge auraient valu son nom (son surnom ?). Cinq boules rouges, donc, pour le traitement du foie, de l'estomac, du poumon, du cœur et des intestins, et une sixième, bleue[2], représentant le médicament universel, la « panacée ». Ce qui, soit dit en passant, amènerait à penser que le cri de ralliement de leurs partisans et affidés (« *palle ! palle !* »), lors de séditions sans nombre, n'eût rien été d'autre que « pilules ! pilules ! » ou, pire encore, selon certains, « ventouses ! ventouses ! »... Hypothèse qui serait malgré tout confirmée par la présence, dans le tombeau familial de l'église San Lorenzo, des statues de saint Cosme et saint Damien, patrons avérés des médecins, ainsi que d'un certain nombre d'amphores, rappel éloquent des vases de pharmacie. Dans les années 1950-1960, la question fut même soulevée lors de fort sérieux colloques, comme le Congrès international d'Histoire de la Pharmacie tenu à Rotterdam en 1963, où le Dr Henryck Szancer[3] réfuta avec autant de brio que de courtoisie cette étymologie ardemment défendue par son confrère bâlois Josef Anton Häfliger.

Ne seraient-ce alors que de simples besants, des pièces de monnaie, renvoyant aux activités de changeurs des premiers Médicis ? Ou plutôt des boules sanglantes, celles de la masse d'armes d'un géant de la légende locale, Mugello ? Champion des Lombards que combattait Charlemagne au VIIIe siècle, il aurait lancé un défi malheureux à Averardo de Médicis[4], chevalier au service de l'empereur qui, son bouclier ayant reçu la marque des boules de la masse d'armes du géant, aurait été autorisé, après sa victoire, à faire de cet écu ses armoiries personnelles, en même temps qu'il recevait les terres, bourgs et châteaux du vaincu, sur un territoire nommé Mugello en souvenir du géant, désormais patrimoine des Médicis. La symbolique de ces *palle* évoluera d'ailleurs par la suite, jusqu'à n'être plus, au temps du pape Clément VII, que d'innocents symboles d'opulence agraire.

## *Les Chroniques*

Pour juger, dans la mesure du possible, des débuts « réels » de la saga, nous disposons de plusieurs chroniques quasi contemporaines, et d'abord de celle de Giovanni Villani (1276-1348), employé de banque de haut niveau chez les Peruzzi, la *Cronaca Nuova*. Parue d'abord à Venise en 1537, elle fut revue et corrigée dans une magnifique édition florentine (sponsorisée par… les Médicis) en 1587. Et, pour avoir une idée de l'ambiance générale lors de l'enracinement des Médicis dans le terreau économico-politique florentin, nous pouvons lire les documents, importants mais totalement partiaux, que sont l'*Éloge de Florence* et les *Histoires des Florentins* de Leonardo Bruni, secrétaire pontifical puis chancelier de Florence, ainsi que de l'*Historia Florentina* de Poggio Bracciolini, parue en 1476.

Malgré cela, difficile de trouver trace avérée des *Medici* avant les années 1220, et plus précisément avant le 8 novembre 1221, date à laquelle un Bonagiunta Medici, « membre d'un conseil », apposa sa signature sur un acte officiel, en tant que témoin. À l'époque, la famille était domiciliée, à Florence, sur la place du Mercato Vecchio près de l'église San Tommaso, détruite au moment où l'on décida d'ouvrir l'espace pour une place Vittorio Emmanuele, aujourd'hui piazza della Repubblica. Mais nous savons que les Médicis étaient alors solidement implantés dans le *contado*, et qu'ils restèrent toujours attachés à leurs racines rurales, la vallée du Mugello, à une trentaine de kilomètres au nord de Florence : la « vieille » villa médicéenne de Cafaggiolo, près de Barberino di Mugello, que Cosme l'Ancien tint à restaurer pour son usage personnel, se trouvait ainsi au milieu de plusieurs propriétés très tôt détenues, semble-t-il, par des Médicis mal individualisés par les archives. Le plus ancien d'entre ceux qui laissèrent une trace dans la (petite) histoire de ce temps semble bien être, malgré tout, ce Médicis d'une « branche Bonagiunta » qui s'éteindra au cours du *Quattrocento* faute de descendance masculine : si l'on manque en effet d'éléments pour éclairer la situation des Médicis au XII^e^ siècle, il est peu probable qu'ils aient eu le lustre des plus grandes familles florentines, comme les féodaux Ricasoli, les Buondelmonti attestés à Florence dès 1137, ou bien encore les banquiers Bardi, Peruzzi et Acciaiuoli, qui se partagèrent en ce siècle le monopole des finances pontificales. Des Médicis, nous voyons apparaître quelques personnalités dans le monde de la banque, autour des années 1240 : ainsi deux d'entre eux, Ugo et Galgano di Bonagiunta, figurent-ils parmi les créanciers du comte Palatin Guido Guerra, tandis que Chiarissimo, fondateur d'une autre branche Médicis, est celui du monastère des Camaldules, entre Toscane et Romagne, dans une région où la famille semble avoir investi dans des biens fonciers et immobiliers. Mais l'activité des Médicis des deux « branches » paraît encore limitée, et cantonnée à la pratique du prêt (certains parlent d'usure). Lorsque d'ailleurs, en 1314, est instituée une taxe sur les activités des membres de l'Art du *Cambio* (le change), seuls deux Médicis avérés, Ardingo di Bonagiunta (prieur en 1291 et gonfalonier[5] en 1296) et Bernardino d'Imbono de Medici (un « Chiarissimo »), sont touchés – et pour un impôt de 1 et 2 florins, tandis que les banquiers-marchands Peruzzi doivent, quant à eux, en verser 18.

Parallèlement, un autre rameau Médicis, celui des Averardo, s'organise à l'époque en une société, celle des Six Fils (*filii Averardi*), qui étend ses activités hors de Florence et de la Toscane, et notamment en Romagne, dans la Marche d'Ancône, en 1315, à Trévise, où elle ouvre un comptoir, et jusqu'à Liège, où Francesco di Averardo devient trésorier de l'église locale sous le pontificat de Jean XXII (1316-1334). Mais, dans les années 1330, on perd toute trace des activités des *filii Averardi* dont les boutiques ferment vraisemblablement alors : la branche, toutefois, est loin d'être morte et l'aventure des Averardo reprendra bientôt – et avec quel éclat !

Même si les Médicis n'affleurent réellement, dans le désordre et par intermittence, à la surface de l'Histoire qu'au XIVe siècle, lors des grandes crises qui secouent la Florence du *Trecento*, force nous est donc de reconnaître qu'il nous échappe, en amont, une part importante de leur histoire. Nous le percevons nettement grâce à un important document, les *Ricordanze* de Foligno di Conte de Medici, rédigées de 1373 à 1375. Ces *Ricordanze* sont un genre littéraire particulier, et qui se développa avec la prise de conscience, par les bourgeois d'Italie du Nord et du Centre, de leur spécificité en tant qu'individus autonomes, définis par leur activité et non, selon le mode féodal, par leur seul *lignaggio*. Ce sont des sortes de journaux intimes, où les « écrivains-marchands[6] » rendent un compte scrupuleux de leur quotidien, professionnel et familial. À Florence, ce genre se développe tout particulièrement dans les années 1375, les *Ricordanze* les plus connues étant sans doute le livre du lainier Lapo di Giovanni Niccolini[7] ou, pour la période 1393-1421, les *Ricordi* du marchand Giovanni di Pagolo Morelli. Quant aux *Ricordanze* de Foligno, elles se veulent d'abord un recensement des biens en possession de la famille, en même temps qu'un encouragement aux descendants de l'auteur à les conserver, voire les accroître, et surtout à retrouver le statut d'antan qui, dit-il, fut glorieux : « Vous êtes un vrai Médicis ! » disait-on d'un homme terrible, « et tout le monde avait peur de nous ! ». Statut qui fut autrefois grand, et qui a inexorablement baissé, faute de ces hommes de valeur dont la famille regorgeait alors, c'est-à-dire pendant les premières décades du XIV^e siècle ! Les hommes adultes, chez les Médicis d'aujourd'hui, ajoute Foligno, sont à peine 50, alors qu'ils étaient deux fois plus nombreux à sa naissance. La faute, en particulier, aux épidémies de peste (1340, 1348, 1363). Thrène piquant, sur le déclin de la maison Médicis, quand on songe à ce que sera, au siècle suivant, l'éclat du *lignaggio* d'Averardo, cousin germain de Foligno et aïeul de Cosme. Mais document précieux, censé révéler le degré de noblesse de cette famille Médicis, et document frustrant, qui ouvre devant nous un abîme, dans le passé, en nous laissant entrevoir un univers Médicis aussi noble que confus puisque nous ignorons, pour la plupart, l'identité des hommes qui lui conférèrent cet éclat supposé, même si les chroniques nomment, ponctuellement, tel ou tel Médicis : ainsi celle du Guelfe blanc Dino Compagni, consul de l'Art de la Soie, qui rend compte de la période 1280-1312[8] en les mentionnant, lors des événements de novembre 1301 qui opposèrent gravement Guelfes noirs et Guelfes blancs, comme de *potenti popolani*[9] « coupables » d'avoir attaqué et tué un *valoroso popolano*, Orlanduccio Orlandi, et comme responsables, avec d'autres Grands (*magnati*), du déclenchement des troubles, cette année-là, à Florence. Mais, de l'avis général, les Médicis n'entrèrent dans l'Histoire qu'à l'occasion de deux des principales crises qui émaillèrent l'histoire de la Florence du temps.

## *Un krach providentiel*

La première apparition en pleine lumière des Médicis coïncide en effet avec la grande catastrophe qui affecta, en cette première Renaissance, le système bancaire florentin : le krach de 1340 (à 1346). Pour les banquiers de la région, ce n'était certes pas la première secousse : les Génois Leccacorvi, qui avaient soutenu – financièrement – le grand mouvement de la croisade et prêté – au-delà de leurs réserves en espèces – à saint Louis, s'étaient montrés incapables d'affronter, en 1255, la dépression engendrée par le retour du roi en France l'année précédente ; et, plus récemment, les Buonsignori de Sienne (les « Rothschild du XIII^e^ siècle », selon certains) s'étaient effondrés en 1298-1302, en même temps d'ailleurs que les Ricciardi de Lucques et les Mozzi de Florence, quand les papes leur avaient retiré leur clientèle.

Mais là, en l'espace de quelques années, après une époque que tout le monde s'accorde à qualifier de florissante, les banques florentines les plus importantes, qui avaient eu la mauvaise idée de prêter à des souverains aussi peu fiables qu'Édouard III d'Angleterre ou Robert de Naples, s'effondrèrent les unes après les autres, en trois étapes, selon le processus classique : illiquidité, insolvabilité, faillite. En échange de facilités commerciales, les Peruzzi et les Bardi, en particulier, avaient ainsi accordé au roi Édouard III la somme énorme de 1 800 000 florins pour financer ses expéditions en direction de la France : celles-ci, dans le nord du pays, eurent, comme on le sait, des succès mitigés, et ne rapportèrent pratiquement rien en matière de pillages ou de rançons. Aussi l'Angleterre fut-elle, *de facto*, en cessation de paiement quand le roi décréta, en 1339, qu'il suspendait définitivement ses remboursements aux banques florentines – il leur devait encore 1300000 florins (or), qu'il s'abstint d'ailleurs de verser lorsque le succès de Crécy eut raffermi ses affaires... Le roi de Sicile s'empressa de l'imiter et refusa de rembourser sa dette (200000 florins) aux Bardi et aux Peruzzi (qui en furent réduits à céder leurs avoirs immobiliers) : les premiers se retrouvèrent donc avec un passif de 550000 florins. Il y eut des procès et ils durent rembourser 46% de la somme : leurs déposants, qui avaient cru pouvoir disposer d'un intérêt de 8%, subirent en fait une perte de 300000 florins, et ces Bardi, qui pensèrent pouvoir régler – ou différer – le problème en se lançant dans de hasardeuses tentatives de sédition, ne s'en remirent pas : complètement ruinés[10], ils firent faillite en 1346. Il s'agissait là de vrais géants de la banque : les Peruzzi, qui n'étaient que les seconds, disposaient ainsi de 15 branches dans toute l'Europe de l'Ouest et au Levant, et y employaient 90 « clercs »; les Acciaiuoli, 43. Le vide laissé par la chute de ces géants ne se combla pas : le candidat le plus probable à leur succession, la banque Alberti, qui récupéra la clientèle pontificale, « explosa » bientôt en plusieurs branches du fait de querelles intrafamiliales, jusqu'à l'exil du clan entier, brouillé avec l'élite florentine en 1382 (jusqu'en 1434).

Mais globalement, pour Florence, c'était la fin d'une époque : jamais elle ne retrouverait la suprématie qu'elle avait connue – en tant que principale place financière d'Europe – depuis la fin du XIII^e^ siècle, avec son florin-or devenu la monnaie de référence partout en Europe, voire en Orient.

C'est donc à la faveur de cette catastrophe que « nos » Médicis, qui, heureusement pour eux, n'avaient pas eu les reins assez solides pour prêter aux Anglais, sortirent de l'ombre et apparurent, bien modestement d'abord, sur la grande scène économico-financière, avec d'autres familles montantes appelées à s'illustrer ensuite à des titres divers, comme les Pazzi, les Rucellai et les Strozzi. Quant à l'horizon politique, il commença – dans le drame – à se dégager pour eux dès ces années 1340, à l'occasion de la pénible affaire du « duc d'Athènes ».

## *Le « duc d'Athènes »*

Cet étrange personnage, Gautier VI, de la prestigieuse maison de Brienne, avait hérité du duché d'Athènes[11], territoire taillé dans l'Empire byzantin après la quatrième croisade, qui, grossièrement, recouvrait l'Attique et la Béotie. Jamais, cependant, il n'en jouit réellement, son fief se résumant en vérité à la petite seigneurie d'Argos ; après plusieurs échecs en Grèce face aux Catalans, il dut même rentrer en Italie, et plus précisément à Naples. De là, son beau-père, le roi Robert Ier, l'envoya au secours de Florence, où le moment était indiscutablement difficile puisque l'on venait de perdre, dans de honteuses conditions, la ville de Lucques. Les Médicis avaient été malencontreusement mêlés à l'affaire puisque l'un des leurs, Giovanni de Bernardino di Medici, avait été placé à la tête du contingent florentin chargé de combattre les Pisans sous les murs de la ville, en compagnie de Naddo Rucellai et Rosso de Ricciardo, de la prestigieuse maison Ricci. Ces Pisans détestés, « vieux et perfides ennemis de notre Commune », comme dit le chroniqueur Matteo Villani, n'avaient en effet rien trouvé de mieux, en cette année 1341, que de s'emparer de la ville de Lucques, coupant ainsi aux Florentins toute possibilité d'expansion vers la Toscane occidentale. Ces Florentins avaient voulu un moment se contenter d'acheter la ville mais les Pisans s'y étaient opposés. Mieux : dès juillet 1341, ils étaient venus mettre le siège devant elle, ce qui avait bien sûr entraîné, en août, l'entrée en guerre de Florence.

Le 2 octobre, les Florentins subissent une lourde défaite devant Lucques et ne savent plus à qui se vouer : Louis (IV) de Bavière ? Le condottiere Malatesta ? Refus de tous les côtés. Le 6 juillet 1342, Lucques se rend aux Pisans. À Florence, le mécontentement est général, et l'on s'adresse, pour rétablir la situation, à Robert de Naples : il envoie aussitôt celui qui quelques années plus tôt, en 1326, a laissé un excellent souvenir lors d'un séjour de deux mois en tant que lieutenant du duc de Calabre : le « duc d'Athènes ». Ravie de son retour, la *Signoria* lui confie, le 8 septembre (1342), la charge de « capitaine de justice » et le commandement de ses armées. Son arrivée est saluée avec enthousiasme par une aristocratie locale lasse des vexations imposées par le « peuple », ainsi que par les familles de *popolani* (Peruzzi, Buonaccorsi, notamment) les plus endettées parmi les victimes de la « crise » bancaire et qui espèrent fort en… une remise des dettes. Pour faire montre de sa belle rigueur, Brienne s'empresse d'ailleurs de se retourner contre ceux qui, aux yeux du peuple, passent pour responsables de la désastreuse « guerre de Lucques » : l'une de ses toutes premières victimes est Giovanni de Medici – qu'il fait, bien imprudemment, arrêter et exécuter.

Cette idole de la plèbe et des aristocrates, ce « duc d'Athènes » proclamé « souverain à vie » de la ville par le peuple assemblé, multiplie bientôt en effet les exactions « contre les défenseurs habituels de la liberté », comme le dit Machiavel, fait couper la langue à un Bertone Cini « pour avoir osé blâmer les impôts dont il frappait les citoyens » et exécuter des opposants « avec des supplices inédits », gouvernant Florence avec des

Français de rencontre et allant par les rues « escorté de satellites armés, à pied et à cheval ». Il ne lui faut donc pas une année pour s'attirer les foudres « des grands, des bourgeois et des artisans » et naissent bientôt trois conjurations : l'une, dirigée par le cardinal archevêque Angelo Acciaiuoli ; une autre, plus connotée politiquement, à l'initiative des Donati, Noirs « historiques », et de leurs alliés les Pazzi, famille ancienne qui se vante d'un ancêtre croisé en 1099 ; et enfin la plus dangereuse, celle de plusieurs familles montantes, les prospères Rucellai, Asimari, Aldobrandini et… les Médicis.

Florence étant ce qu'elle est, le duc d'Athènes est bientôt au courant de ces multiples conspirations et s'entoure d'une garde de 300 hommes. Mais le roi de France, qui a eu vent de l'affaire, a beau intervenir en personne en faveur du duc auprès de ses « relais » florentins, tout est bel et bien perdu : Brienne est allé trop loin dans l'exercice personnel du pouvoir. Insultant journellement la doctrine de la *libertas fiorentina*, il a réussi à s'aliéner la grande majorité du « peuple ». Sa garde lui faisant un rempart trop compact, ses ennemis choisissent d'ailleurs de pousser le *popolo minuto* à l'émeute contre le « tyran ». La manœuvre réussit et Brienne, une fois ses ministres assassinés, en est réduit à quitter Florence, le 6 août. Ulcéré, le roi de France chasse du pays, pour cinq ans, les marchands florentins ! Mais, pour les Médicis en particulier, c'est l'heure de la revanche : après avoir pris les armes contre les troupes du duc dès le début de la révolte, sur la piazza della Signoria, ils sont de ceux qui inspirent la terrible « *cacciata* du duc d'Athènes » où la multitude, selon les mots de Machiavel, se gorge du sang de ses partisans…

La sérénité, dans la ville, ne revient pas pour autant. C'est qu'à ce moment-là de l'histoire de la Florence

« moderne » se séparent – comme dans toute l'Italie industrieuse – les deux composantes essentielles du peuple de la ville, jusque-là d'accord sur un point essentiel : l'exclusion de la vie politique des nobles *magnati*, improductifs, désargentés, arrogants et exécrés. D'un côté le *popolo grasso* (le « peuple gras »), fait des membres des *Arti maggiori* (corporations dominantes), et le *popolo minuto*, ensemble des petites mains, artisans et apprentis. Et de l'autre les simples manœuvres, les *sottoposti* : privés du droit d'association et rémunérés en *quattrini*, monnaie de peu de valeur, ils tombent de plus sous le coup de la loi du salaire maximum, qui interdit à leurs patrons de dépasser un seuil fixé par décret, fût-ce pour se procurer une main-d'œuvre de meilleure qualité… Sans compter la justice, qui leur est administrée par des instances essentiellement patronales. Déséquilibre criant et dangereux qui menace à tout moment le fragile équilibre « social » de la Commune.

Si Florence tombe en effet alors, comme le reste de l'Europe, sous le coup de la Grande Peste qui décime la population, cela n'empêche pas un Strozzi d'appeler le peuple aux armes (l'affaire se termine piteusement), puis c'est un soulèvement « populaire » mené par un cardeur, en 1345, contre le *popolo grasso* : la populace saccage plusieurs *palazzi* et tours, dont ceux des infortunés Bardi. En 1370, les teinturiers se mettent en grève, pour deux ans, mais c'est un échec. Et les troubles intérieurs, compliqués de la guerre contre le pape Grégoire XI, perdurent jusqu'à ce qu'en avril 1378 Salvestro, fils d'Alamanno de Médicis, soit élu au poste prestigieux de gonfalonier de justice. Et c'est à ce premier « grand » Médicis qu'incombe la pénible tâche de régler, autant que faire se peut, l'épineuse question de la révolte des petits salariés, les *ciompi* : cet épisode, bref mais complexe, qui marquera profondément et durablement l'imaginaire politique florentin et la destinée de la famille Médicis, ne se peut comprendre sans un examen des complexités institutionnelles de la République de Florence à la fin du XIVe siècle.

# 3

# Florence au temps des premiers Médicis

## *Les moteurs du pouvoir*

Cette vie politique florentine, aussi agitée, troublée, voire dramatique soit-elle, n'est bien souvent, il faut se garder de l'oublier, que l'écume d'une réalité plus profonde : rien ne peut s'y comprendre, dès la fin du Moyen Âge, sans une obligatoire et constante référence au « monde du travail », qui, de moments de tension en soubresauts, a toujours structuré les rapports entre les partis et l'évolution des institutions. Dans cette ville, tout repose, à la Renaissance, sur les « Arts », puissantes corporations autour desquelles s'articule la vie de la Commune. Leur origine remonte à loin : au milieu du XII^e^ siècle, pour s'opposer à la *societas militum* où se regroupait l'aristocratie, les marchands de Florence avaient créé une vaste corporation intitulée *Calimala* (pour *Cambio e Lana*, « le Change et la Laine[1] »), corporation d'élite qui affinait les meilleurs draps d'Occident après avoir pris l'initiative d'aller acheter en Angleterre une quantité énorme de drap grossier. Cette « corporation » ne doit pas s'entendre comme un regroupement, étriqué et replié sur lui-même, de commerçants attachés à leurs privilèges locaux : résolument offensive, la *Calimala* compte des correspondants dans l'Europe entière, des « hôtelleries », en France (à Paris, Saint-Denis, Caen, Troyes, Bourges ou encore Avignon), en Espagne, en Allemagne... Elle prend d'ailleurs tellement d'ampleur qu'il lui faut éclater, en 1193, en sept *Arti maggiori* (« Arts majeurs ») regroupant les artisans de la laine grossière (*Arte della Lana*), de la laine fine (spécialité de la *Calimala* « historique »), de la soie (*Arte della Seta or di Por Santa Maria*), de la fourrure (*Arte dei Vaiai e Pelliciai*), mais aussi des professions non artisanales, comme l'important Art des changeurs et banquiers (*Arte del Cambio*) ou celui qui rassemble médecins (*Arte dei Medici e Speziali*) et apothicaires (adonnés également au trafic des épices), barbiers, épiciers, merciers, marchands de couleurs et... peintres, ainsi que le plus prestigieux, celui des hommes de loi (*Arte dei Giudici e Notai*) – le premier dans la hiérarchie, avec juges (une centaine) et notaires (600), dirigé par 9 consuls dont le chef, le proconsul, exerce son autorité sur les Arts dans leur totalité.

À l'intérieur de ces Arts, la vie est en effet très sérieusement réglementée : les chefs des magasins et des boutiques se réunissent tous les six mois pour élire quatre consuls, qui désignent parmi eux un prieur habilité à les représenter à la *Signoria*. Mais, comme à Florence on se défie, à tous les niveaux et systématiquement, des élus, les consuls sont assistés de deux conseils, eux-mêmes surveillés par un « notaire » en principe impartial puisque étranger. Les conditions d'admission dans ces Arts sont simples (il suffit d'avoir exercé un art une année durant, ou bien d'être le frère ou le fils d'un membre et de verser une importante cotisation), mais les membres y sont soumis à une règle drastique. La vie, celle notamment des apprentis, est très surveillée : s'ils peuvent coucher dans la boutique, tout jeu de hasard leur est interdit, comme il leur est défendu de sortir la nuit. La pratique commerciale est également surveillée : les membres de la *Calimala* ont ainsi interdiction de vendre autre chose que les draps achetés « outre-mont » (surtout en France) et qu'ils ont eux-mêmes travaillés ; une commission d'experts examine les draps grossiers importés du Nord et les fait parvenir, selon le besoin, aux différents spécialistes (teinturiers, « étireurs », tondeurs...) qui, successivement, les foulent, cardent, teignent, plient... jusqu'à leur donner le caractère attendu d'un drap de Florence (sur chacun est fixée une « étiquette » portant son prix et le nom du fabricant), et le suivi est assuré à l'étranger par des consuls habilités à vérifier la qualité des tissus vendus sous label florentin. Les métiers, à Florence, ont leurs rues propres, mais il y est rigoureusement interdit aux artisans de s'entendre pour fixer les prix.

Les autres Arts fonctionnent sur le même principe. Ainsi celui de la laine (« grossière »), qui importe son matériau brut d'Angleterre, du Portugal ou d'Espagne, compte-t-il, en 1300, pas moins de 300 boutiques qui réalisent chaque année 100 000 pièces de drap et font travailler 30 000 personnes. Ou l'Art de la Soie, corporation composite qui admet les fabricants de brocarts d'or et d'argent, les brodeurs, batteurs d'or ou orfèvres. Ou bien les artisans du velours, installés dans l'Oltrarno où une grande famille, les Velluti, les a introduits.

À côté de ces Arts majeurs, 14 Arts mineurs (*Arte minori*) regroupent, depuis 1289, tisseurs de lin et fripiers, chaussetiers, forgerons et métalliers, maréchaux-ferrants, bouchers, marchands de vin et taverniers, aubergistes, marchands d'huile, sel et fromages, armuriers et fourbisseurs, serruriers, corroyeurs, marchands de pierres et de bois travaillés (*legname*), boulangers, artisans du cuir et selliers. Mais, qu'il s'agisse d'Arts majeurs ou mineurs, le niveau élevé des cotisations exclut les petits employeurs de ces riches corporations qui toutes affichent un emblème et se recommandent d'un saint particulier, comme on peut le voir sur les quatorze niches externes de l'église Orsanmichele où voisinent trois œuvres du sculpteur florentin Nanni di Banco : les *Quatro Sancti Coronati* (1408), protecteurs des tailleurs de pierre et menuisiers, saint Philippe (1412-1414) pour les chaussetiers, ou saint Éloi (1411-1415) pour les maréchaux-ferrants, sans compter, pour les armuriers, le magnifique saint Georges de Donatello (1416). Revers de la médaille : plusieurs « petits métiers » (les poissonniers) et les nombreux travailleurs, agricoles et autres, du *contado* sont exclus de ce système économique florissant et brillant.

## *Les institutions*

Manque d'autant plus grave que c'est sur cette structure resserrée du monde du travail que vient s'imbriquer très étroitement celle du monde politique : si l'organe supérieur de l'exécutif, la *Signoria*, est composé de 9 membres (en poste pour 2 mois), 6 proviennent des Arts majeurs et 2 des Arts mineurs (le neuvième, le gonfalonier de justice, étant tiré au sort, à tour de rôle, dans chacun des quartiers de la ville), tous également tirés au sort dans 8 *borse* (bourses), lors d'une cérémonie solennelle, tous les deux mois, en l'église Santa Croce. Si elle a en charge l'élaboration des lois, les compétences de cette *Signoria* touchent en réalité à toutes les affaires intérieures et extérieures, ainsi qu'aux questions pénales et financières.

Pour venir à bout de ces tâches lourdes et complexes, elle est secondée par deux conseils d'une grande importance, les 12 « Bonshommes » (*Buoni Uomini* choisis pour quatre mois) et le conseil des 16 gonfaloniers de compagnie (trois mois). Il s'agit là des 3 conseils « majeurs », et ils permettent à chaque citoyen 150 possibilités d'accéder, chaque année, aux plus hautes responsabilités civiques, ainsi apparemment offertes au « peuple ». En fait, sont écartés, à chaque extrémité de l'échelle sociale, familles nobles et « prolétaires » : même chose pour les conseils qui se créent au fil du temps, comme en 1378 les *Otto di Guardia* chargés de la sécurité intérieure de la cité ou encore, en 1384, les *Dieci di balia* responsables des affaires militaires, ou les différents *uffici* (officiers) qui appliquent à l'intérieur (*intrinseci*) de la cité ou dans le *contado* (*estrinseci*) la politique définie par les conseils. Ne leur sont accessibles que les commissions extraordinaires, les *balie*, instituées en de graves circonstances et dotées de pouvoirs exceptionnels. La participation au jeu politique apparaît alors, dans la République florentine, comme un privilège, sans que jamais les exclus (les trop nobles *magnati* dont la liste est établie depuis le XIII^e^ siècle, et les humbles *sottoposti*) aient manifesté l'intention de faire éclater un système auquel, bien au contraire, ils souhaitaient par-dessus tout s'intégrer.

Cette pratique systématique du tirage au sort, instaurée en 1328, se veut en principe, à Florence, la garantie de la parfaite impartialité du système. Mais, pour avoir une chance de participer à tel ou tel conseil ou de bénéficier de telle ou telle charge, il faut d'abord être porté sur les listes des personnes éligibles : cette inscription est l'*abborsiamento,* la mise de noms (inscrits sur un morceau de papier) dans les fameuses « bourses », ou *borse,* où sont tirés au sort – à la main – ceux des heureux lauréats. Pour mériter cet *abborsiamento,* les conditions sont sévères : il faut, on l'a dit, être dûment inscrit à une corporation, mais aussi appartenir à l'un des quatre quartiers de la ville, ne pas être victime d'un « interdit » (*divieto*) quelconque, personnel ou familial, être à jour de ses impôts, ne pas sortir directement de charge, n'avoir aucun parent dans une charge similaire, ne pas être débiteur et surtout… être guelfe. Les listes de citoyens éligibles s'établissent donc (le *squittinio*) selon ces critères, scrupuleusement, tous les cinq ans. Tout part des quartiers, où des personnalités (les *arroti*) opèrent les premières sélections : les citoyens qui ont reçu les deux tiers de leurs suffrages (les *nominati*) voient leurs noms placés dans des *borse* soigneusement surveillées jusqu'au jour du tirage au sort, toujours effectué en public par des personnages d'une grande importance, les 20 *accopiatori* qui les répartissent (en respectant une égalité absolue entre les quartiers) dans d'autres bourses correspondant aux différents postes ou charges (ils les « associent » – *accopiare* – de la sorte à ces charges). Puis vient enfin le tirage au sort, la *tratta*, et l'on réexamine ensuite un par un les cas des lauréats (les *veduti*) : si l'on ne trouve aucun empêchement, ils sont officiellement « installés » (*seduti*). Inspiré du modèle vénitien (encore plus complexe), le système, en principe égalitaire, aboutit en fait à ce que l'on a pu appeler un processus de cooptation verticale grâce auquel une « élite », relayée par de manipulables (on le verra) *accopiatori*, choisit ceux qu'elle entend voir exercer les fonctions essentielles de la cité.

En dehors de ces moments, récurrents, animés et solennels, de choix, où se situait alors l'espace de discussion dans une République aussi attachée au *vivere libero* ? Pour la parole « libre », dans les corporations, certes, comme aussi, de manière plus feutrée, dans les *palazzi* des grandes familles et leurs jardins[2]. Les discussions y débordaient sur les *banchi* et dans les *loggias* alentour, puis, en cas de tension, sur la place centrale, celle de la *Signoria*, occasion de nombreux débordements vu l'extrême proximité, dans la ville, des lieux de pouvoir, des centres dédiés au travail et des résidences des « Grands ». Le moyen d'expression directe de la population citoyenne, le *Parlamento*, assemblée – en principe – de *tous* les citoyens de la ville, n'était convoqué que de manière très intermittente et souvent en cas de crise. Mais il existait à côté des nombreux conseils, où la parole était fortement encadrée, des assemblées moins formelles, les *pratiche e consulte*. Apparues au XIVe siècle et en général suscitées par la *Signoria*, ces assemblées originales réunissaient des magistrats régulièrement nommés ainsi que des citoyens choisis pour leur respectabilité (les *richiesti*). L'objectif étant de parvenir à l'élaboration d'une position commune sur les questions à l'ordre du jour, chaque orateur s'y exprimait à tour de rôle, sans possibilité de reprendre la parole et sans qu'il y ait débat, tandis qu'un secrétaire prenait en notes le détail de chaque intervention, de façon qu'en soit conservée une trace écrite. À un porte-parole revenait ensuite le soin d'élaborer la synthèse des avis ainsi émis, sur des questions souvent de grande importance, diplomatiques ou financières. Ces *pratiche*, organismes non élus, parallèles aux lourds conseils officiels, et dont nous avons conservé les comptes rendus de séance en grand nombre, devaient prendre, dans la Florence de la seconde moitié du XIVe, une importance considérable et devenir, sinon des centres décisionnaires, du moins des lieux de réflexion, au plus près de l'« opinion publique », qui jouèrent un rôle décisif dans l'évolution de la République.

### *L'argent*

Mais dans la Florence renaissante, où le commerce est roi, tout est d'abord question d'argent. Et cet argent, c'est d'abord le florin, le *fiorino d'oro*, première monnaie d'or frappée en Europe depuis l'époque mérovingienne et vouée à une belle longévité (de 1252 au XVIe siècle), sans modification significative de sa teneur en métal précieux (54 grains d'or pur, soit 3,5364 g)[3], avec, au droit, la fleur de lys emblématique de la ville et le nom *Florentia* et, au revers, la figure de saint Jean-Baptiste, protecteur de la cité. Monnaie vite imitée sans être jamais égalée, et qui eut bientôt valeur de thésaurisation autant que de circulation.

Mais comment l'argent, de manière plus générale, « rentre »-t-il, à Florence, dans les caisses de l'État ? Avant tout, bien sûr, et si l'on excepte les contributions imposées aux territoires conquis, par l'impôt. Nécessité d'autant plus cruciale que cet État a la lourde charge de recruter les mercenaires (*condottieri*) indispensables à sa politique extérieure. Florence, ville commerçante, n'a en effet ni goût ni talent pour la guerre, et elle doit systématiquement faire appel à cette coûteuse et peu fiable main-d'œuvre militaire. Au XIVe siècle, ses ennemis sont nombreux (Milan, le pape…) et puissants, de là la nécessité de maintenir sous les armes des troupes considérables – et chères. On a ainsi calculé que la « guerre des Huit Saints » contre Grégoire XI (1375-1378) lui coûta, en moins de trois ans, plus de 3 millions de florins. Pour financer des dépenses aussi considérables, la République n'a qu'une solution : recourir à l'emprunt forcé. Entre 1380 et 1427, ce mode de contribution rapporte ainsi 19 millions de florins, dont la moitié engloutie dans les guerres contre les Visconti milanais. Théoriquement, ces impôts forcés ont la forme d'un prêt, mais les Florentins ne se font aucune illusion : ces « prêts » (centralisés dans une institution du nom de *Monte* puis *Monte comune*, la « dette publique ») sont en général très peu remboursés, et sous la seule forme d'une rente. Mais cela ne suffit pas, et la dette publique, en cette période troublée, ne cesse de s'accroître. En 1343 elle est de 500000 florins ; « trou » doublé en 1389. Elle atteint 3 millions en 1427 puis, en 1433, 4,5 millions, qui s'augmentent chaque année de 220000 florins d'intérêts. Soumis aux aléas de l'Histoire, les emprunts « tombent » très irrégulièrement, et parfois à de très brèves échéances, et ils ont l'inconvénient d'assécher alors les liquidités, empêchant les investissements industriels et commerciaux tout en faisant monter les taux des prêts privés. À cela s'ajoutent les inévitables gabelles et droits d'enregistrement ou de douane. De là, devant cette accumulation, un mécontentement fiscal généralisé, qui conduit à un regroupement – ponctuel au XIVe siècle – de ces impôts en un versement annuel, jusqu'à la pérennisation de cette pratique en 1427. Il s'agit du *catasto*[4], réforme fiscale qui bouleverse toutes les habitudes des Florentins. Elle demande trois ans de travail[5] à une commission de 10 membres (les *Dieci di catasto*) et aboutit à la mise en place d'un impôt, pour chaque « père de famille », sur la totalité de ses possessions : immeubles, marchandises, titres de rente, argent comptant. Du total de l'évaluation de ces avoirs, on déduit 200 florins par membre de la famille, plus les dettes, les loyers, les passifs en tous genres, puis l'on applique un barème fiscal de 0,5 % sur les avoirs urbains et de 0,25 sur les possessions rurales. Si le total des déductions dépasse celui des possessions, ou si l'on est officiellement indigent, on est reconnu non imposable, mais les Florentins tiennent à « responsabiliser » chaque citoyen, et on n'en est pas moins soumis à une capitation modeste pour laquelle on peut même être « mensualisé ». Cette réforme fondamentale permet d'établir que, en 1427, 31 Florentins payent plus de 100 florins, et de constater que si chaque citoyen payait en moyenne 3 florins au XIVe siècle, cette somme est alors passée à 10. Quant au clergé, il doit s'acquitter d'un impôt forfaitaire de 35 000 florins… S'il y a dans cette réforme un pas évident vers plus d'égalitarisme devant l'impôt, il faut reconnaître qu'elle s'accompagne d'une fraude gigantesque, avec de multiples tentatives pour s'inventer dettes, passifs imaginaires et déclarations frauduleuses en matière d'activités commerciales. À tel point que les *catasti* suivants rapportent bien moins que le premier (54 % de baisse pour celui de 1433) et que les entreprises finissent par tenir deux comptabilités, l'une, bien réelle, pour la bonne marche des affaires, et une autre, fantaisiste, pour le fisc. La cité, néanmoins, se cramponna à ce système, somme toute commode pour donner à ses diverses possessions (*contado, distretto*[6]…) un minimum d'unité administrative : elle le leur imposa sans ménagement et traita fort mal sa voisine et sujette Volterra quand elle prétendit y échapper.

## *La banque*

Si l'État, pour la survie de la cité, doit drainer ainsi une part notable de ses richesses, il n'en existe pas moins, pour dynamiser l'économie lainière de la ville, un puissant réseau d'établissements dont la fonction première est de faire circuler, aussi vite et aussi loin que possible, les précieux florins locaux : les *banchi*. Dans la Florence renaissante, il existe trois types de banques. D'abord les infâmes *banchi di pegno* ou *banchi a panello*, les prêteurs sur gages que l'on reconnaît à un ruban rouge pendu à leur porte : juifs ou chrétiens, la ville entière les méprise comme de vils usuriers, mais la *Signoria* les tolère moyennant le versement de 2000 florins par an. Les « vrais » établissements bancaires regroupent les *banchi a minuto*, petites banques, et les *banchi grossi*, plus importantes, toutes sous le contrôle d'une corporation, l'*Arte del Cambio* qui, en 1399, recense 71 établissements de ce type dans la ville.

Mais qu'est-ce qu'une « banque » à Florence? C'est d'abord un « banc », une table (*tavola*), pour le livre où la loi oblige le « banquier » à noter – en chiffres romains – toutes ses opérations. Ces tables sont regroupées dans le quartier d'Orsanmichele, près de l'actuel Mercato Nuovo. Inutile de donner dans l'anachronisme en imaginant ces établissements bancaires comme des ruches, avec façades de marbre et cadres débordés! Ces « banques » sont en fait des structures fort modestes, avec ce « banc » (pour le change et les prêts au quotidien) sur la rue et derrière, à l'intérieur, quelques bureaux équipés d'abaques (la calculette de l'époque), et rarement plus d'une demi-douzaine d'employés (le 24 mars 1402, la compagnie Médicis compte ainsi, en tout et pour tout, 17 membres, dont seulement 5 dévolus à la maison mère de Florence). Quant aux salaires, ils ne laissent guère supposer une quelconque surenchère entre les banques locales. Seuls les directeurs jouissent de traitements décents : pour un caissier, cela ne dépasse pas 40 ou 50 florins par an, tandis que le grand « homme d'affaires » Tornaquinci se voit attribuer, au temps de sa prospérité, 1 600 florins pour quatre ans. L'échelle des salaires pour les employés va, *grosso modo*, de 18 florins à 100 ou un peu plus pour un employé chevronné capable de « faire tourner » une succursale. Or, selon les standards de l'époque, le seuil de l'aisance se situe vers 150 ou 200 florins, qui permettent la jouissance d'une grande maison, l'entretien d'un ou deux serviteurs et, dans l'écurie, d'un cheval ou d'une mule.

Dans ces boutiques, on pratique le prêt ou le change « au jour le jour », mais certaines officines ont assez de surface pour accompagner au loin le commerce, local ou régional, en lui permettant de souples transferts de fonds qui évitent le recours au dangereux transport de numéraire, grâce à la lettre de change ou lettre de crédit. Nombre de compagnies, au Moyen Âge comme à la Renaissance, traitent parallèlement, en effet, d'affaires de banque et de commerce (même si les Médicis privilégieront largement, on le verra, l'activité de banque). Mais, opération apparemment anodine, le *cambio* se heurte à l'un des plus lourds interdits religieux, celui qui touche la pratique de l'usure. Aussi fait-il l'objet, en la circonstance, d'un ingénieux arrangement avec la hiérarchie catholique. S'il n'est pas condamné, en tant que pratique usuraire, par les théologiens, c'est qu'il n'est pas à proprement parler un prêt, pourvu qu'il ne s'affiche pas comme la simple « couverture » d'une activité d'usure. La lettre de change, dès le Moyen Âge, implique en effet une avance de fonds, en un lieu donné, et son remboursement, ailleurs, en une autre devise. Il y a donc obligatoirement une part de crédit dans cette opération. Étant donné la lenteur des communications, il y en a même dans la production d'un effet à vue. En jouant sur les notions de distances dans l'espace et le temps (*distantia loci* et *dilatatio temporis*), notions que théorisera plus tard le juriste Raffaele della Torre dans son *Tractatus de Cambiis* (1641) pour prouver, Aristote et Thomas d'Aquin à l'appui, que cette activité est exempte de toute trace d'usure, l'Église exempte donc le *cambio* du soupçon de faute. Deux parties, donc, dans cette transaction essentielle : le *datore*, le « bailleur », et le *prenditore* ou *pigliatore*, le « preneur ». Avec un relais : le « payeur », censé accepter la lettre de change et payer le bénéficiaire. Pas question, ici, d'escompte : les lettres de change ne sont pas négociables. Elles peuvent être payables à vue ou à une date déterminée, ou bien encore à une échéance, de durée variable : entre Florence et Londres (dans les deux sens), c'est 90 jours. Entre Florence et Bruges, 60. De Florence à Venise, 5 (le temps du voyage). Pour authentifier ces lettres de change, on s'appuie, beaucoup plus que sur la signature, sur l'écriture du bailleur dont les correspondants possèdent un échantillon, avec interdiction de payer s'ils ne reconnaissent pas sa *mano*. Si bien qu'il existe dans chaque établissement des listes de correspondants portant les noms des personnes autorisées à rédiger, dans chacune des filiales, les lettres de change. Ces transactions fonctionnent dans les deux sens et les banques vendent notamment, depuis leurs succursales à l'étranger, des lettres de crédit aux pèlerins, voyageurs, étudiants, diplomates et hommes d'Église allant en Italie ou y résidant. Et elles honorent les lettres de crédit éditées en faveur d'ecclésiastiques détenant des bénéfices au nord des Alpes mais résidant, temporairement ou non, à la Curie. Ce que l'Église surveille de près, ce sont les « échanges [à terme] secs », sans lettres (*cambium sine litteris*), où elle soupçonne une intention spéculative (et un réel danger de ruine) puisque appuyés sur la valeur supposée d'une devise dans un avenir plus ou moins proche. Mais cette Église aurait bien mauvaise grâce à jeter l'anathème sur le système bancaire puisque elle-même en est un très bon client, n'hésitant pas à lui affermer un certain nombre de tâches financières, comme la perception de la dîme ecclésiastique… Quant aux prêts aux États, les plus risqués et les plus aléatoires, ils sont en général gagés sur les biens de la Couronne ou sur les revenus d'un impôt, mais cette garantie, dans bien des cas, garde un caractère théorique. Malgré tout, les *banchi grossi* de Florence multiplient les filiales, dans l'Europe entière, maniant des capitaux considérables et rivalisant avec les États : le chroniqueur Villani, évoquant les 1 350 000 florins que Bardi et Peruzzi réclamaient au roi d'Angleterre Édouard III, estime cette somme à la « valeur d'un royaume »…

# 4

# Les premiers « Grands Médicis » : le temps des cousins

Comme les autres, la tentaculaire famille Médicis fut marquée, voire traumatisée par la Grande Peste, au point que l'un de ses membres les plus distingués, Foligno di Conte di Medici, fils de Conte di Averardo, inquiet du retour de ce fléau (qui avait déjà frappé, on l'a dit, en 1340, 1348 et 1363), écrivit pour la postérité l'histoire récente de sa famille, en s'appuyant sur une sorte de bilan chronologique des possessions du clan. Il y insiste notamment sur la propriété acquise dans le Mugello par son père en 1330, et sur les achats des décades suivantes : 10000 florins de bâtiments, de bois, de terres arables, un moulin, tout cela autour de la maison familiale de Cafaggiolo. Puis, après la Peste, nouvelle acquisition, dans la ville cette fois : un *palazzo* appelé à devenir maison familiale, la *Casa Vecchia*, via Larga (l'actuelle via Cavour), dans le quartier San Giovanni, au sein de la paroisse (*popolo*) San Lorenzo et du gonfalon du Lion d'Or, tandis que résidaient non loin de là, dans celui du Dragon vert, deux autres branches, de sensibilités politiques opposées, celles de Salvestro di Alamanno et de Vieri di Cambio.

## *L'ami du peuple : Salvestro di Alamanno de Medici (1331-1388)*

Moins de quarante ans après les grandes faillites bancaires florentines, et à l'occasion de troubles sanglants provoqués par les *sottoposti*, entra en scène la première des grandes figures Médicis de l'époque : ce Salvestro, fils d'un Alamanno de Medici mal connu, n'était certes qu'un cousin de ce qui serait la branche majeure de la famille, celle dite « de Chiarissimo », mais il allait conférer au clan Médicis une connotation politique qui lui serait toujours attachée. Il appartenait, dit Machiavel, à l'« une des plus nobles familles *popolane* », opposée à la politique oligarchique des Guelfes qui, émanation du *popolo grasso*, se souciaient fort peu de voir les Arts mineurs participer à la vie politique de la ville. Mais telle n'avait pas toujours été sa position personnelle puisque, jusque dans les années 1350, il soutenait sans faiblir les positions des conservateurs par qui, en 1351, il avait été armé chevalier : en 1354, il faisait ainsi partie des abrogateurs de la vieille loi de 1293 interdisant aux « magnats » l'accès aux différents conseils, et en 1358 il avait atteint, avec le soutien de ces mêmes conservateurs, l'enviable dignité de prieur. Cette proximité avec les sphères de pouvoir s'était d'ailleurs avérée bien pratique lorsque deux de ses frères, Michele et Andrea, se signalèrent, dans l'anarchie qui suivit la Grande Peste de 1340, par une série de cambriolages de maisons et de boutiques. Leur bande, prise la main dans le sac, passa rapidement en jugement (Michele pour le butin, non négligeable, de 25 florins) : condamnés à mort (frères Médicis compris), les malfrats virent leur peine commuée et, finalement, seul fut exécuté le chef du gang. Pour Salvestro, le calvaire familial n'était pas terminé : il reprit en effet de son acuité lorsqu'un autre de ses frères, Bartolomeo, se mêla en 1360 à une conspiration contre le régime en place. Pour une raison quelconque, il décida malgré tout de trahir ses complices tant qu'il en était encore temps et révéla le complot à Salvestro. Le malheureux, contraint de transmettre la précieuse l'information à la *Signoria*, réussit à conclure un marché garantissant à Bartolomeo une précieuse immunité. L'honneur de la famille était (provisoirement) sauf. Mais, quatre ans plus tard, l'incorrigible Bartolomeo récompensa son sauveur en assassinant son fils Niccolò : là aussi il échappa, bien mystérieusement, à la peine de mort…

Quant aux convictions de Salvestro, elles évoluaient apparemment, sous l'arrogance des Guelfes conservateurs installés à la tête des Arts et systématiquement majoritaires à la *Signoria*. Ennemis des « hommes nouveaux », forces vives de la cité, ils accaparaient la réalité du pouvoir, au grand dam, selon encore une fois Machiavel, d'un Salvestro qui « ne pouvait tolérer qu'une poignée de citoyens puissants asservissent le peuple ». Nous savons ainsi qu'au milieu des années 1360 il s'était rapproché de la cause « populaire » et résistait aux tentatives des conservateurs pour restreindre encore les conditions d'accès aux grands conseils.

Mais ce fut la politique extérieure de la cité qui précipita les choses : tout commença dès 1372, quand il devint évident que le retour des papes d'Avignon à Rome ne pourrait se faire qu'au détriment des cités de Toscane, ce retour étant conditionné par l'extension des États pontificaux, seule garantie possible de l'indépendance matérielle des papes. Au palais de la *Signoria*, le débat fut alors très vif, et Salvestro, farouchement opposé au ralliement à la cause pontificale, l'emporta : cela signifiait la fin de la politique guelfe d'un soutien aveugle à la cause en question, et les Florentins mirent dès lors en avant cette *libertas* dont ils se voulaient les champions régionaux. Mieux : le 27 juin 1375, Salvestro fut l'un des délégués de la *Signoria* à Lucques, Sienne et Pise pour obtenir leur ralliement à la position de Florence face à une papauté liberticide. Commença alors la guerre des Huit Saints, ainsi nommée – ironiquement – en référence aux membres de la commission (les Huit de la Guerre) chargée de récolter les fonds nécessaires au conflit à venir, et qui taxèrent fortement le clergé tout en confisquant une notable partie de ses biens. Il s'agissait là d'une guerre hors normes puisqu'elle opposait Florence (et les villes qu'elle avait assemblées autour d'elles) à la principale autorité spirituelle de la chrétienté. Au printemps suivant (le 31 mars 1376), Grégoire XI sortit donc son arme la plus lourde : il frappa le gouvernement de Florence d'excommunication, autorisant l'asservissement des Florentins en quelque endroit que ce fût et interdisant à la chrétienté entière de commercer avec la République. C'était très grave pour la banque florentine, en particulier pour les Alberti très implantés en Avignon, et Salvestro, partisan d'une confiscation de *tous* les biens du clergé à Florence, ne fut pas suivi, les grands marchands craignant pour leur commerce, et Florence dut envoyer des négociateurs à Rome.

Mais l'été suivant, en dépit de l'urgence de la situation, nouvelles frasques familiales : avec, cette fois, la mise en cause d'Archibello, autre frère de Salvestro, pour meurtre ! Celui d'une riche veuve, héritière d'un bien confortable : devant ses refus réitérés de le lui céder, il l'aurait, selon le témoignage du fils de la victime, battue à mort. Reconnu coupable, il fut déclaré « magnat » et, en tant que tel, exclu du système politique mais, grâce à l'intervention de Salvestro, il échappa, lui aussi, au châtiment...

Quant aux délégués de la ville auprès du pape, ils finirent par revenir en octobre mais porteurs d'exigences pontificales (une amende de 1 million de florins) telles que les deux factions (conservatrice et « populaire »), indignées, décidèrent le principe de la guerre. Mais cette union sacrée se fissura bientôt, et le 27 mars 1377 toutes deux s'affrontèrent violemment sur la suite à donner aux opérations, qui prirent d'ailleurs une tournure résolument tragique avec les massacres perpétrés à Cesena et Bolsena par les bandes bretonnes levées par le pape Grégoire : on finit par négocier, sous les auspices du Milanais Bernabo Visconti, et l'on parvint, après la mort de Grégoire XI et l'élection d'Urbain VI, à une paix sanctionnée par le traité de Tivoli. Florence s'engageait à rendre au clergé ses biens et à payer une amende de 20000 florins ; le Vatican, de son côté, levait l'Interdit[1].

En avril, coup de théâtre avec l'élection de Salvestro, alors membre de la commission des Huit de la Guerre, au poste de gonfalonier de justice, « place qui rend en quelque sorte maître de la cité celui qui la possède » (Machiavel). Il entra en fonction en mai, porteur d'un projet politique « populaire », mais la situation au sein de la *Signoria* n'avait rien d'apaisé et il lui fallait compter avec l'opposition farouche de quatre prieurs du camp conservateur. Pire encore : le bruit courait que la *Parte Guelfa* (la faction guelfe) prévoyait un complot armé, appuyé sur ses hommes du *contado* qui allaient « descendre » en ville pour la toute prochaine fête de la Saint-Jean, le patron de Florence. Salvestro prit donc les devants et fit savoir le 18 juin qu'il dénonçait la loi de 1354 (qu'il avait pourtant contribué à faire passer...) abolissant les Ordonnances de justice qui interdisaient aux magnats l'accès aux grands conseils. Cela « au nom des marchands populaires et des artisans de la guerre et des artisans de la ville de Florence, ainsi que des pauvres et impuissants du *contado* et du *distretto* de ladite ville, et de tous ceux qui veulent vivre tranquillement de leur travail et de leur richesse[2] ». La manœuvre était claire : l'objectif de l'habile Salvestro n'était ni plus ni moins que de ressusciter le vieil antagonisme entre les *popolani* et les « magnats » qui, exclus du système par les Ordonnances, tentaient, en noyautant la *Parte Guelfa*, de retrouver le chemin du pouvoir.

## *Salvestro et le « tumulte » des* ciompi

Plein succès : le samedi 19 juin les ateliers cessent le travail. Le dimanche, les corporations, fébriles, s'assemblent. Puis vient le mardi fatidique, ce 22 juin qui marque le début du fameux *tumulto* (« révolte ») des *ciompi*[3], succession de trois émeutes sévères entre juin et août 1378[4]. Ces *ciompi* (les « dépenaillés ») étaient en fait les plus obscurs des travailleurs de la laine, teinturiers ou cardeurs, peigneurs, nettoyeurs... Il leur était certes dévolu une église, Santa Maria dei Battilani (via delle Ruote), mais ils se trouvaient exclus des corporations et ne disposaient d'aucune représentation au sein du système politique florentin. Excédés des refus que, depuis au moins 1343, la *Signoria* opposait à leurs revendications, ils se lancèrent en cet été 1378 dans la seule révolte populaire (l'« aînée des insurrections prolétariennes », disait Simone Weil, en 1934, dans *La Critique sociale*[5]) que connut l'histoire de Florence.

Le contexte était sombre : inquiète de l'expansion des États pontificaux en Italie centrale, Florence venait de mener trois années durant, contre la papauté, cette guerre des Huit Saints fort coûteuse. Il avait ainsi fallu acheter 120 000 florins la simple neutralité du *condottiere* John Hawkwood recruté par le pape, et l'Interdit lancé, avec l'excommunication, par le Vatican avait fait lourdement chuter le commerce de drap (en 1377, Florence n'en avait ainsi produit que 27 000 pièces), peine qui avait considérablement appauvri les travailleurs de la laine en même temps qu'elle ruinait les membres des Arts, petits et grands. Quant à la *Parte Guelfa*, traditionnellement favorable à la papauté, elle avait eu le mauvais goût de ne rien épargner pour plier la *Signoria* aux exigences pontificales, ce qu'on ne lui pardonnerait pas.

Ainsi Salvestro de Medici apparut-il alors comme le champion des libertés citadines face aux Guelfes « papistes » : dès son intronisation (il y avait urgence, un gonfalonier de justice ne conservant son poste que deux mois), il proposa de gracier les « admonestés » (exclus des magistratures) gibelins et de réduire le pouvoir des « capitaines de quartiers » acquis au parti guelfe. Refus immédiat de la *Signoria*. Aussi, le 22 juin, se résolut-il à lancer directement un appel au *popolo* de Florence, en confiant la tâche à un orateur charismatique, issu d'une grande famille de la laine et proche de ses idées : Benedetto degli Alberti. Celui-ci, « placé aux fenêtres du palais, appela à grands cris le peuple aux armes ». Les *ciompi* rejoignirent alors, quartier par quartier, les Arts mineurs, il y eut un vaste rassemblement sur la piazza della Signoria, puis l'on partit en cortège derrière le gonfalon (étendard) de la Liberté, mais la manifestation dégénéra bientôt, et ce fut l'émeute : derrière les gonfalons des fourreurs et peaussiers, la foule envahit, pilla, voire incendia jusqu'au soir les palais des grands lainiers, ceux des Albizzi, meneurs de la *Parte Guelfa*, des Strozzi, des Corsini, et le *popolo minuto* força en outre les portes de la geôle des Stinche et en libéra les prisonniers. La *Signoria* ne pouvait que céder et elle autorisa Salvestro à réunir une commission de 80 membres (les trois grands conseils, les Huit de la Guerre, les consuls des Arts...). Cette *balia,* habilitée à étudier la mise en place de mesures « populaires », se hâta d'entériner la loi de Salvestro. Peine perdue. Les pillages reprirent de plus belle le 23 : plusieurs églises, dont Santa Croce et Santa Maria Novella, furent mises à sac, il y eut des morts et on attribua le gros des exactions à des étrangers « flamands ». La milice à cheval passa dans l'Oltrarno où s'étaient retranchés ces pillards et les dispersa : on en prit cinq, que l'on pendit, à titre d'avertissement, en cinq endroits névralgiques de la ville. On barricada les portes de la cité et l'ordre – en apparence – revint. Les insurgés du 22, qui exigeaient de n'être pas poursuivis pour les dégâts de l'émeute, acceptèrent mal que l'on congédiât « leur » gonfalonier, Salvestro, à la fin de son mandat, et le firent savoir en le raccompagnant chez lui, pour la circonstance, en grande pompe. Guicciardini, son successeur, eut beau les mettre en garde contre le recours à la violence, le malaise demeura. D'autant que les revendications, elles, n'avaient pas disparu, et les *minuti,* dans l'Oltrarno en particulier, ressassaient leur mécontentement et s'organisaient. Un mouchard en avertit la *Signoria* et donna les noms des meneurs, des hommes de l'Oltrarno qui, pris et torturés (écartelés), révélèrent le plan de l'insurrection : elle devait démarrer le lendemain, mardi, à 9 heures, de quatre endroits différents, pour un rassemblement piazza della Signoria. Il fallait réagir, et les prieurs convoquèrent immédiatement les 16 gonfaloniers de quartiers tout en ordonnant la levée de 280 « lances ». Échec total : seuls 2 gonfaloniers firent le déplacement et on réunit à grand-peine 80 lances. Quant aux

« magnats », seigneurs des châteaux alentour auxquels on s'était également adressé, ils s'abstinrent soigneusement de réagir. Et au petit matin, au son du tocsin, des quatre points prévus, les *minuti* se répandirent dans la ville, semant la panique sur leur passage, puis convergèrent vers la piazza della Signoria, exigeant la libération des prisonniers. Refus des prieurs : les *ciompi* passèrent alors dans l'Oltrarno mettre le feu à la maison du gonfalonier de justice Guicciardini qui comprit la leçon et fit immédiatement libérer lesdits prisonniers. Les *ciompi* avaient gagné : laissant la place, ils coururent vers la demeure du grand lainier – meneur du parti guelfe – Antonio degli Albizzi et y mirent le feu. Puis ils s'attaquèrent à l'imposant palais de la Laine, qu'ils pillèrent et… incendièrent, tout comme, l'après-midi, bien d'autres maisons patriciennes. En soirée, ils firent chercher les 63 hommes qu'ils tenaient pour les champions de leur cause, dont Salvestro et deux membres de la famille des Alberti, alliée aux Médicis, Benedetto et son neveu Antonio di Niccolò, et sur-le-champ les « proclamèrent » chevaliers (*Cavalieri Governatori della Repubblica*) du petit peuple (*popolo minuto*), avant de se tourner une dernière fois vers la *Signoria* « légale » en réclamant la création de trois Arts mineurs supplémentaires et l'exil des Guelfes les plus haïs. La *Signoria* tergiversa et demanda finalement une journée pour examiner ces demandes puis… les refusa. La nuit venue, les prieurs se retranchèrent dans le Palazzo Vecchio, tandis que plusieurs milliers de *minuti* s'assemblaient dans l'église San Barnaba. Au matin, quand ils approchèrent du palais du podestat, ce fut, pour deux heures, l'affrontement, avec une dizaine de morts. Le palais, finalement, tomba aux mains des insurgés, qui le mirent à sac. Puis ce fut le tour des palais de deux grands

« officiers », celui du capitaine du peuple et celui de l'exécuteur des Ordonnances de justice.

Les prieurs de la *Signoria*, après six semaines de résistance, n'avaient plus qu'à céder la place, laissant aux *ciompi* le champ libre : ils s'emparèrent alors, en bonne logique et sans coup férir, de leur palais déserté et nommèrent d'emblée un gonfalonier de justice. Leur choix se porta (par acclamations) sur un cardeur de laine (un contremaître), Michele di Lando, qui, à son tour, choisit de nouveaux prieurs parmi les *ciompi* et les Arts mineurs, tout en créant, avec tous pouvoirs politiques et judiciaires, une *balia* spécifique, dont il confia la direction à Salvestro, l'homme de la situation (prudemment, en juillet, il s'était fait inscrire à la corporation des soyeux, l'*Arte della Seta*). Pour lui, c'était un nouveau triomphe « populaire »! Non seulement on lui octroya les taxes des commerces du Ponte Vecchio, afin de lui permettre de payer la solde de ses troupes personnelles, mais c'est à lui que revint la tâche la plus importante, celle de rééquilibrer les forces politiques au sein de la République, en créant, pour les laissés-pour-compte, de nouveaux Arts (mineurs) : un pour les cardeurs, teinturiers et fouleurs, un autre pour les tailleurs spécialistes des pourpoints et un dernier pour les *ciompi* proprement dits, c'est-à-dire les ouvriers de la laine sans qualification particulière, ces trois Arts devant élire un tiers des magistrats de la ville.

Mais cela ne suffit toujours pas : sous la pression de ces *ciompi*, il fallut, jusqu'au 20 août, faire condamner 20 familles guelfes à l'exil, avec confiscation de leurs biens (vendus aux enchères, ils furent achetés par la Commune). Quant à leurs revendications, élaborées le 27 par une assemblée (un *Parlamento*) de 5000 personnes place Saint-Marc, elles devenaient exorbitantes : les *ciompi* ne voulaient plus de la justice traditionnelle, qui, certes, ne leur était guère favorable ; ils exigeaient l'annulation, ou du moins le report, de nombreuses dettes, demandaient l'assurance que leurs employeurs, les grands ateliers de lainiers, s'engagent à produire, collectivement et quel que soit l'état du marché, 2000 pièces de tissu (*panni*), avec, en plus, la démission, pêle-mêle, des prieurs, des gonfaloniers de compagnie et des syndics des Arts. C'était trop, même pour les Arts mineurs, censés proches du petit peuple : ils se rapprochèrent des Arts majeurs avec qui, finalement, ils avaient l'habitude de gérer la vie de la cité au mieux de leurs intérêts communs, et leurs meneurs, Salvestro et Michele di Lando, effrayés, les lâchèrent définitivement. Se sentant trahis, les *ciompi* se réunirent dans l'église Santa Maria Novella, démirent Salvestro de ses fonctions et privilèges (les bénéfices du Ponte Vecchio) et se dotèrent d'une sorte de contre-gouvernement (les « Huit saints du peuple de Dieu ») doté d'un droit de veto sur toutes les affaires de la cité. Le 31, les cloches des quartiers gagnés aux *ciompi* les appelèrent au combat, tandis que celle de la Grande Tour du Palazzo Vecchio y convoquait les hommes des corporations : l'affrontement éclata en fin d'après-midi, et les partisans de Michele di Lando, artisans et boutiquiers, emmenés par leur chef en personne, chassèrent les *ciompi* déconsidérés. Pour avoir ramené le calme, ce dernier se rendit ainsi digne, selon Machiavel, d'« obtenir une place dans le petit nombre de ceux qui ont rendu service à leur patrie ». Le 1er septembre, les *ciompi* avaient perdu, et le pouvoir revint, plus que jamais, aux Arts, à l'exclusion de la « plèbe », dont l'Art récemment créé fut d'emblée supprimé. Le mouvement fut durement réprimé, et deux révolutionnaires furent exécutés piazza della Signoria. Les gagnants dans l'affaire furent encore, si l'on suit Machiavel, Benedetto degli Alberti et… Salvestro de

Médicis, garants désormais du retour à l'ordre et de la pérennité de la *communitas florentiana* (la Commune de Florence), dont, selon Machiavel, ils étaient les véritables maîtres (en compagnie de deux hommes mal contrôlables, bien que de vieilles familles bancaires, Giorgio Scali et Tommaso Strozzi, bien plus liés qu'eux à ladite « plèbe »).

Le gouvernement qui sortit de ces turbulences dura près de trois ans mais de cette confusion il résulta en fait des années de troubles qui ne virent « que morts et bannissements », la *Signoria* demeurant sous le contrôle d'une plèbe qui, n'ayant plus d'organe légal à elle, restait assemblée, sans presque désemparer, sous ses fenêtres. Elle obtint ainsi que, le 23 décembre 1379, en présence de Benedetto degli Alberti désormais commandant des milices, fût décapité l'un des membres les plus éminents de l'aristocratique famille des Albizzi, fortement hostile aux *ciompi* : Piero, « longtemps le citoyen le plus honoré et le plus redouté de tous », accusé de mener une sédition guelfe contre l'État. Mais les excès répétés des « révolutionnaires » indisposaient les Arts et finirent par susciter une véritable réaction, marquée, le 17 janvier 1382, par la décapitation de Giorgio Scali, qui avait cru devoir libérer par la force l'un de ses hommes poursuivi en justice pour accusation calomnieuse, avant de dévaster le palais du magistrat (le « capitaine ») responsable du jugement : et ce fut encore une fois Benedetto degli Alberti, désormais acquis à la « réaction », qui présida à l'exécution. L'élan était donné et l'on tua dans la foulée « quelques-uns des amis les plus intimes [de Scali], dont la foule promena les restes ». Les troubles ne cessèrent point pour autant et « plus d'une fois la cité tout entière, en tous ses quartiers, fut sous les armes ». Mais, en ce début 1382, tout était consommé pour le « bas peuple » : un *Parlamento* (réunion de tous les citoyens adultes) désigna une *balia* aux pouvoirs énormes qui, en dépit de plusieurs émeutes « populaires », supprima les deux derniers Arts « nouveaux » entre le 21 et le 24 janvier, et retira aux Arts mineurs le droit de fournir des gonfaloniers de justice, leur laissant seulement l'accès à quelques charges subalternes (la moitié des prieurs devaient obligatoirement provenir des Arts majeurs). On rappela en outre tous les exilés (les *fuorusciti*) chassés depuis l'époque où Salvestro avait été gonfalonier. Quant à Salvestro, dont on n'avait pas oublié le rôle, il fut exilé pour dix ans à Modène (on lui permettra de venir mourir en sa patrie en 1388). « Haute bourgeoisie » (*popolani nobili*) et Guelfes avaient retrouvé le chemin du pouvoir. Les grands lainiers avaient eu peur et d'aucuns pensent qu'ils travaillèrent ensuite à la décentralisation de leurs activités. Ils avaient vu combien il était risqué d'entretenir dans la ville tout un menu peuple d'artisans potentiellement revendicatifs : le mieux était d'en revenir aux bonnes vieilles traditions, à peine oubliées, et de renvoyer le travail de base (cardage, etc.) aux femmes du *contado*.

Suivit une immense vague de bannissements ou d'« admonestations » : nombre des victimes de ces purges se retrouvèrent à Bologne et la vieille capitale romagnole, alors aux mains des papes, devint un foyer de conspiration contre le clan aristocratique qui allait accaparer le pouvoir pour un bon moment (jusqu'en 1434) : les Albizzi. C'était une vieille famille de l'*Arte della Lana*, des Guelfes noirs sans doute venus d'Arezzo et connus à Florence dès le XII^e^ siècle. Un Antonio degli Albizzi avait été gonfalonier de justice en 1339 et la famille avait joué un rôle décisif dans l'expulsion du « duc d'Athènes ». Ils avaient certes perdu leur chef, Piero, exécuté en 1379 – accusé sans preuves de trahison, il avait tout avoué et tout pris sur lui, pour éviter le pire à sa famille. Son neveu Maso fut alors exilé en même temps que bien d'autres Guelfes, mais il revint, avec eux, lors de la réaction de 1382. Les Albizzi (avec à leur tête Maso puis, à partir de 1429, Rinaldo), qui connaissaient admirablement les rouages de la République, profitèrent de la vague réactionnaire suscitée par les exigences et les exactions de la plèbe et surent noyauter les différents conseils avec assez de savoir-faire pour conférer au régime une tournure résolument oligarchique, cela dès 1387, quand les trois quarts des postes des trois grands conseils furent réservés aux membres des Arts majeurs ; ces conseils, toutefois, les Albizzi les contournèrent régulièrement en suscitant la réunion de *balie*, commissions extraordinaires convoquées pour les grandes réformes qui restreignirent bientôt (surtout en 1393) le collège électoral dévolu à la désignation des « Seigneurs » : pour deux d'entre eux, il fut même créé un *borsellino*, bourse restreinte où s'entassaient les noms des partisans des Albizzi, mais leur grande habileté fut surtout de créer de nouvelles instances destinées à « doubler » les conseils traditionnels (conseil du podestat, conseil du capitaine du peuple) : ainsi les « Deux-Cents », constitués en majorité de partisans du régime et dotés de pouvoirs exorbitants, puisqu'ils décidaient de la paix, de la guerre, des dépenses publiques, des impôts, mais aussi de la sélection des éligibles au priorat, en en réservant l'accès aux hommes habilités aux charges majeures après la réaction de 1382…

## *Le conservateur : Vieri di Cambio (Cambiozzo) de Medici (1323-1395)*

Mais dans l'entourage immédiat de Maso degli Albizzi se trouvait un autre Médicis, bien resté, lui, dans le camp conservateur : Vieri, cousin de Salvestro et sans doute le plus riche de la lignée puisque, lors de l'impôt forcé de 1378, il fut le seizième contributeur florentin. De ce Vieri di Cambio (ou Cambiozzo) di Lippo di Chiarissimo de Medici (1323-1395)[6], le premier des grands banquiers de la famille, nous connaissons certes le visage (c'est le premier Médicis dont nous ayons le portrait) mais bien mieux encore la carrière – exemplaire – que la personne, même si nous savons qu'il n'appartenait pas à la « branche principale » de la famille, celle des Cosme ou des Laurent « le Magnifique », mais à une autre, collatérale. Son père, Cambio di Filippo, était naturellement un Guelfe, du quartier de San Giovanni et de la paroisse (*popolo*) de Santa Reparata. Il avait un autre fils, Giovanni, prieur en 1383, et trois filles.

Si Vieri di Cambio, guelfe lui aussi, fit une si belle carrière politique, surtout après le « tumulte » des *ciompi*, il le dut d'abord à ses talents de manieur d'affaires : c'était avant tout un homme d'argent, commerçant et banquier, qui avait dû, pense-t-on, faire ses premières armes chez un changeur local. Les affaires durent être rapidement florissantes puisque à vingt-cinq ans, le 13 octobre 1348, il recevait l'insigne honneur d'une immatriculation au prestigieux Art du Change (*Arte di Cambio*). Deux années plus tard, en 1350, il monte une société, cantonnée elle aussi au secteur bancaire, avec un notable florentin, Tommaso di Diodato Baronci, plusieurs fois prieur du quartier San Giovanni. Nouvelle association en 1354, pour dix années cette fois, avec un certain Pino di Tommaso. En 1357, extension de la compagnie qui s'accroît d'un élément, Gregorio di Pagnozzo Tornaquincci (décapité, semble-t-il, quelques années plus tard, par les *ciompi*). Et, en 1358, suprême consécration civique : son nom est admis à figurer dans les bourses où puisent les *accopiatori* pour désigner les hommes éligibles aux trois plus hauts conseils de la ville ! Et sa carrière progresse, encore et encore, au sein même de sa corporation, l'*Arte di Cambio*, dont il est élu consul à onze reprises entre 1362 et 1392. En 1362, c'est également la prospérité matérielle, puisque Vieri di Cambio, à la position désormais assise, acquiert les signes extérieurs de la réussite – selon les critères locaux : en mai, c'est une maison intra-muros dans la paroisse de San Tommaso, et, le 4 juillet, un domaine *con casa* (« avec maison »). Puis un autre domaine, le 19 février 1364, à San Clemente a Montecaroso. Rien d'étonnant, alors, à ce que nous apprenions que la société « Médicis et Compagnie », trois ans plus tard, possède des filiales à Rome, Gênes et même à Bruges où elle est en contact avec celle d'un autre commerçant aventureux, Francesco di Martino Datini, un voisin de Prato qui a pignon sur rue en Avignon. En 1369, la société a pris assez d'importance pour faire passer des marchandises de Florence à Porto Pisano, en traversant ainsi, *de facto*, le territoire de la méfiante voisine pisane. Et, le 6 mai 1372, nouvelle acquisition immobilière : un domaine, avec jardin et four... Dans la crise des *ciompi*, autant qu'on puisse en juger, lui aussi dut habilement tirer son épingle du jeu puisque le 24 juin 1378 il est membre des *Dieci di balia*, qu'il fait partie, le 20 juillet, de la fameuse « fournée » de 63 chevaliers et obtient que sur la plus haute des *palle* du blason Médicis soit portée la croix du Peuple florentin, entourée d'une guirlande de rameaux d'olivier.

Le coup de génie de Vieri avait été, quelques années auparavant, de dynamiser son *azienda* en en rajeunissant les cadres, tout en la maintenant dans la sphère de confiance, c'est-à-dire au sein de la famille Médicis. Pour ce faire, il s'était en effet contenté de puiser dans un rameau voisin, issu lui aussi de la « branche » Chiarissimo, celui du cousin Averardo di Bicci di Medici. Mais cela s'était mis en place sur fond de drame. En 1363, en effet, nouvel accès de peste à Florence, avec des milliers de victimes : Averardo di Bicci est l'une d'elles, et il laisse, avec une fortune médiocre, une veuve et cinq fils. « Heureusement », il a eu le temps d'organiser sa succession. En mai, il a nommé son cousin germain Foligno di Conte Medici exécuteur testamentaire : à sa mort, les 800 florins de sa dot sont donc rendus à sa veuve, qui partage la tutelle des enfants avec Foligno, et il reste assez d'argent pour la dot des quatre filles, mais aussi pour l'entretien de la cathédrale et des murs de la cité. Foligno va donc loger veuve et enfants dans une annexe du *palazzo* de la via Larga. Il dispose, lui, d'une aisance plus qu'honnête puisque, lors de la levée de fonds (94 000 florins) lancée en 1364 pour financer la nouvelle guerre contre Pise, il est sollicité à hauteur de 58 florins, soit plus que Salvestro (32, 5) et ses frères Africhello (33) et Bartolomeo (26, 5). Quant au capital de la succession Bicci, il n'est imposé que de… 6 florins. Il est intéressant de noter, pour mémoire, que le clan Médicis débourse alors 304 florins, somme importante mais sans commune mesure avec celles que déboursent les Albizzi (566) et surtout les Strozzi (2 063). À noter également de grosses inégalités entre les contributions : sur les vingt propriétés des Médicis recensées pour l'occasion, plus de la moitié paient moins de 10 florins, taxe ordinaire des artisans et boutiquiers, et deux la somme minimale de 2 florins.

C'est donc dans ces circonstances que Vieri offre aux deux orphelins, Francesco et Giovanni, un apprentissage dans sa propre banque : bientôt nommés *fattori* (« clercs »), ils y font très vite leur chemin puisque Francesco, dès 1382, se retrouve *giovane* (« jeune associé »), rang qu'atteindra également son jeune frère quatre ans plus tard. Et quand Giovanni se marie, en 1385, avec Piccarda Bueri, il réinvestit les 1 500 florins de la dot dans l'affaire de son bienfaiteur, lequel, plein à son tour de gratitude, nomme ce cousin de vingt-six ans directeur de l'importante succursale romaine : sous le nom de banque Vieri et Giovanni de Medici, elle va vite y devenir, pour les papes, un interlocuteur privilégié. Contre toute attente, la première épouse de Vieri meurt en 1378. À peine veuf, il épouse Bice di Pazzino, une jeune héritière issue de la prestigieuse (et ancienne) famille Strozzi, qui lui donne deux garçons : Nicola, en 1385, et Cambio, en 1391. Mais, à la naissance du cadet, Vieri a soixante-cinq ans, âge avancé pour l'époque. Il décide alors de prendre du champ par rapport aux activités bancaires et laisse la bride sur le cou à Francesco et Giovanni pour se consacrer à plein temps aux jeux de la politique. Il est ainsi élu gonfalonier de justice en 1392, pour les mois de mai et de juin. Mais il n'en conserve pas moins des sympathies dans le camp populaire et, selon un chroniqueur, il est approché en 1393 par ses dirigeants qui lui demandent de débarrasser Florence de la tyrannie des Albizzi – s'il l'avait voulu, il aurait pu devenir ainsi, dit-il, grâce à une émeute « populaire » qui avait toutes chances de réussir, le « prince de Florence ». Il refuse pourtant : « ne s'étant jamais montré partisan de l'émeute, dit Machiavel, ni soucieux de dominer, il ne savait pourquoi on l'avait cru capable ou de favoriser des séditions comme un ennemi du repos public ou de s'emparer du gouvernement comme un ambitieux ». Sur ce, « chacun consentit à rentrer chez soi ». Refusant de choisir la voie de sédition, il s'installe alors dans une position moyenne, assurant les *ciompi* de sa sollicitude active, et réussit à jouer les messieurs bons offices entre la faction populaire et l'oligarchie au pouvoir en obtenant que les uns et les autres renoncent à l'usage des armes. Gage de sa bonne volonté à l'égard du régime, il accepte d'être de la *balia* qui bannit les Alberti, ce qui lui vaut le privilège (nobiliaire) d'être autorisé à porter les armes dans le domaine public. Cette année 1393, c'est aussi celle où, sentant ses forces décliner, il préfère se retirer des affaires. Ses fils sont bien jeunes : Nicola (1385-1454) n'a que huit ans et Cambiozzo (ou Cambio, 1390-1465), trois… Il partage donc l'*azienda* en trois sociétés : il en vend une à Antonio di Giovanni di Cambio de Medici, associé à Francesco Venturi et Giovanni di Tommaso di Salvestro de Medici, dont on n'entendra plus parler, d'après les documents à notre disposition, après 1395 ; une deuxième à Francesco di Bicci, au nom de son fils Averardo di Francesco (1372-1434), qui ne disparaîtra qu'en 1443 ; quant à la troisième, promise à un bel avenir, elle a son siège à Rome, et la direction en revient à Giovanni di Bicci, jeune frère de Francesco. Jusqu'au bout Vieri demeurera fidèle aux conservateurs. Preuve en est qu'à sa mort, le 14 septembre 1395, ses exécuteurs testamentaires sont de ce camp : il laisse à chacune de ses filles 1 200 florins pour leur dot ; 300 pour des prières destinées à assurer le repos de son âme ; et 3 000 pour un couvent florentin, à la condition que l'abbesse soit une nonne Médicis. Vieri n'oublie pas ses enfants : il leur transmet une somme que nous ne connaissons pas mais qui devait être considérable, puisqu'à l'impôt forcé de 1996 Nicola et Cambio doivent

1396

s'acquitter de 226 florins, alors que Giovanni, certes jeune dans le métier, n'en verse que 14.

Meurt donc à Florence, le 14 septembre 1395, ce précurseur, celui qui a donné à la fortune des Médicis assises économiques et respectabilité politique. La cité reconnaissante lui offre des funérailles officielles dans la nef de son église paroissiale, celle de Santa Reparata. Sur son épitaphe, on lit simplement qu'il a vécu en sa ville 72 ans, 7 mois et 20 jours.

# 5

# 1397 ou la grande année

## *La firme*

1397, dans la mythologie Médicis, est incontestablement une année phare. Pour Francesco di Bicci, d'abord : l'aîné des fils d'Averardo, guelfe lui aussi, est élu cette année-là à la *Signoria* avec, bien sûr, l'assentiment de l'oligarchie Albizzi au pouvoir. Mais c'est aussi une année de drame puisque Antonio di Jacopo di Bartolomeo de Medici, neveu de Vieri et son associé depuis 1386, se fait prendre dans un complot contre Maso degli Albizzi qui échoue lamentablement, le 4 août, et le paie de sa vie. Trois ans plus tard, d'ailleurs, ce sera un nouveau complot, du même genre, qui vaudra à la famille entière d'être « admonestée », c'est-à-dire interdite d'emplois publics, pour vingt ans. Mais l'Histoire n'est pas ingrate et la *Signoria* fera quatre exceptions : deux en raison des bons et loyaux services de Vieri, leur père, pour les (très) jeunes Nicola et Cambio, qui pourront en profiter en temps utile, et deux autres pour Francesco et Giovanni di Bicci, seuls détenteurs désormais de la marque Médicis et de son image.

Mais 1397, c'est surtout la date des grands débuts de la « banque Médicis », support et point d'appui, un siècle durant, de la saga familiale. En fait, il s'agit plutôt d'un transfert : celui, au printemps, de la direction de la banque de Giovanni di Bicci de Rome à Florence. Le siège de l'établissement sera désormais dans le quartier d'Orsanmichele, entre la via Porta Rossa et la via dell'Arte della Lana. Cette banque Médicis est donc désormais banque de dépôt, de « change » et de prêt, avec trois bureaux, à Florence, Naples et Rome, enregistrée comme telle, le 7 avril, à l'*Arte del Cambio*. Son capital initial est de 10 000 florins, dont 5 500 apportés par Giovanni, 2 000 par un associé, Benedetto de Bardi, en charge de la branche dédiée aux affaires de la Curie romaine, et 2 500 par un autre, Gentile di Baldassare Buoni (1371-1427), banquier venu de Pise. L'association, sous cette forme, durera peu : pour des raisons obscures, Buoni se retirera en 1401 et Benedetto demeurera le seul partenaire de Giovanni. Les comptes de l'établissement, on le voit, nous sont bien connus. Cela grâce une découverte exceptionnelle, en 1950, à l'*Archivio di Stato*, celle de trois *Libri Segreti* de cette banque : en fait des bilans annuels très détaillés, adressés par les directeurs des filiales au directeur général de la Compagnie centrale, de 1397 à 1451. Documents précieux s'il en est, conservés dans un coffre fermé, où sont consignés des renseignements confidentiels sur les émoluments des associés, les salaires des employés et les dépôts effectués par des personnages aussi importants que princes ou cardinaux, et qui souhaitent sur leurs affaires la discrétion qu'à notre époque on pouvait attendre, jusque récemment, d'une banque helvétique.

### *L'ami Jean XXIII ou la manne pontificale*

Pourquoi ce transfert du siège de Rome à Florence ? La réponse n'est pas sûre, et la décision de Giovanni semble ici un véritable pari. L'agence la plus rentable est en effet celle de Rome, qui dispose d'un atout essentiel, sa proximité avec le Vatican. Elle est avant tout attachée à la Curie qu'elle suit dans tous ses déplacements (ses employés sont *i nostri che seguono la Corte di Roma*[1]), à Bologne, à Ferrare ou même, à l'occasion, à Florence même. Entre 1397 et 1420, elle est ainsi à l'origine d'une bonne moitié des profits de la banque Médicis : les services du Vatican, amenés à collecter des fonds dans nombre de pays, ont besoin de ceux d'une banque à ramifications internationales, capable d'en transférer où que de besoin, et donc de pratiquer le *cambio* sur une grande échelle. Mais le saut quantitatif a lieu en 1413, au moment du Grand Schisme qui déchire alors la chrétienté. Quelques années auparavant, Giovanni avait, en l'occurrence, su poser assez tôt d'importants jalons : dans la Rome vénale de Boniface IX (élu en 1389 après Urbain VI), il avait en effet réussi à sympathiser avec un ancien pirate napolitain (de Procida) nommé trésorier pontifical, Baldassare Cossa – au point que lorsqu'en 1402 Cossa est nommé cardinal, c'est avec 10 000 florins avancés par Giovanni qu'il achète sa charge... Un tel bienfait est rarement perdu et, en 1413, Giovanni récolte les fruits de cette vieille amitié. C'est, on l'a dit, le temps du Schisme d'Occident, où coexistent jusqu'à trois papes : Cossa a été élu (sous le nom de Jean XXIII) le 17 mai 1410 par un conclave de cardinaux réunis à Pise, tandis que Pedro de Luna, élu à Avignon en 1394 mais déposé par Pise, n'en est pas moins reconnu comme pontife légitime par l'Écosse, l'Aragon et la Castille sous le nom de Benoît XIII, et que le Vénitien Angelo Correr (Grégoire XII), qui fait office de pape « officiel », s'évertue, depuis le 30 novembre 1406, à ramener la papauté des terres avignonnaises jusqu'en son siège « normal » : Rome. Dans un premier temps, tout sourit à Jean XXIII, et, en 1413, il est en mesure de confier à la banque de Giovanni la perception des dîmes, moyennant un honnête pourcentage qui dope évidemment le chiffre d'affaires de l'établissement romain : ce monopole dure deux ans, le temps du pontificat de l'éphémère Jean XXIII. L'« antipape » disparu, la firme est contrainte de partager cette manne avec des concurrents, les Spini et les Alberti, situation peu confortable qui durera jusqu'à la faillite des premiers en 1420 : la banque Médicis récupérera alors – et pour longtemps – cette lucrative prérogative. Mais, pour Jean XXIII, la roue avait tourné : déposé le 29 mai 1415 lors du concile de Constance (convoqué par lui-même et l'empereur Sigismond Ier), il est incarcéré à proximité, sur le lac, dans le château de Radolfzell. Le 11 novembre 1417, c'est enfin l'élection d'Odone Colonna, sous le nom de Martin V, qui s'emploie immédiatement à sa libération, finalement obtenue en juin 1419… grâce aux 30000 florins versés par le fidèle Giovanni de Medici. Jean XXIII redevient alors cardinal (de Frascati, cette fois) pour quelques mois. À sa mort, le 22 décembre, c'est Cosimo, le fils de Giovanni, qui confie à deux grands artistes, Donatello et Michelozzo, le soin de lui édifier un magnifique monument funéraire, toujours visible aujourd'hui à l'intérieur du baptistère San Giovanni de Florence.

## *La* Tavola *florentine et ses dépendances*

Même si, globalement, Rome est riche de tous ces fonds ecclésiastiques, les possibilités d'investissement sont nettement supérieures à Florence, l'une des principales places bancaires d'Europe, où l'argent, ne serait-ce que pour le commerce de la laine (et, de plus en plus, de la soie), circule constamment. 1397, c'est donc le moment d'un choix décisif, et tout va tourner désormais autour de la *Tavola* florentine. Avec le défaut d'un important partenaire (Buoni), le capital de la nouvelle banque passe à 8000 florins dont 6000 abondés par Giovanni, tandis que Benedetto de Bardi demeure, en tant que directeur, à Rome. Au bout de dix-huit mois, le nouvel établissement affiche 1800 euros de profit – bon résultat, sans plus – partagés proportionnellement entre Giovanni et Benedetto. Quelques années plus tard, ce sera l'une des plus riches banques d'Italie et la base de la fortune des Médicis : de 1397 à 1420, elle réussira à faire 151820 florins de bénéfices, dont 113865 pour le compte de Giovanni. Cette fois, il y a rupture décisive entre les établissements de Giovanni et de Francesco qui, jusque-là, avaient travaillé ensemble, l'un apparaissant plus ou moins, aussi bien à Rome qu'à Florence, comme l'agent de l'autre. Le *consorzio,* désormais florentin, va donc s'étendre, mais lentement, avec à chaque fois un personnel réduit et des fortunes diverses. Ainsi pour Venise : la Sérénissime ne voyant guère d'inconvénients à l'ouverture chez elle de nouveaux établissements bancaires susceptibles de favoriser le commerce, Giovanni, en mars 1402, après quatre ans d'une mission exploratoire menée par Neri Tornaquinci, récompense son employé de luxe avec 1600 florins pour ses bons services tout en lui confiant, dans cette ville qu'il a appris à bien connaître, l'ouverture d'un bureau, avec trois employés. La firme y injecte de son côté 8 000 florins, et Tornaquinci lui-même 1 000. Las ! L'infortuné directeur accordera inconsidérément un prêt à des Allemands insolvables, empruntera à 8 % pour combler le trou, tout en trafiquant les écritures : l'indélicatesse finira par se découvrir, et Tornaquinci sera remplacé, en tant que « directeur de branche », le 25 avril 1406, par un homme de confiance, Giovanni di Francesco da Gagliano.

L'ambition de Giovanni, le directeur général, va toutefois plus loin. La leçon des krachs des années 1340 a porté : pour durer, une banque florentine doit se diversifier – ce que font d'ailleurs aussi les concurrents. Pourquoi pas, alors, l'investissement, traditionnel à Florence, dans la laine ? Aussi le 1er avril 1402 la banque Médicis étend-elle ses activités à l'artisanat en finançant un atelier (*bottega*) de confection lainière. Comme souvent dans la ville (survivance d'une coutume familiale féodale ?), l'entreprise est mise au nom du fils aîné de Giovanni, le (trop) jeune Cosimo, âgé de treize ans. La banque Médicis, désormais inscrite auprès de l'*Arte della Lana*, y injecte 3 000 florins, mais en laisse la direction à un technicien, Michele di Baldo di ser Michele, intéressé à hauteur de la moitié des bénéfices après avoir dû lui-même y investir un millier de florins. Et, six années plus tard, nouveau partenariat artisanal, toujours dans le domaine de la laine : cette fois, Giovanni place 4 000 florins dans la société, enregistrée au nom de Lorenzo, son fils cadet, âgé, là aussi, de treize ans. Intitulée « Lorenzo di Giovanni de Medici e Co., Lanaiuoli », elle est aux mains d'un expert du métier, Taddeo di Filippo, le premier d'une lignée compétente qui montrera par la suite une extrême fidélité au clan.

Ce gros investissement clôt en fait la première période d'expansion de la banque Médicis. D'ici 1426, il n'y aura plus de nouvelles créations de bureaux extérieurs : elle ronronnera avec seulement deux filiales, en dehors de la maison mère florentine, à Venise et à Rome, et deux établissements industriels intra-muros. Même si la branche romaine dispose de bureaux annexes, depuis 1400, à Naples et à Gaète. Globalement, le capital investi dans ces établissements, bancaires et industriels, ne dépasse guère les 30000 florins : en mars 1402, la banque proprement dite ne doit pas employer plus de 17 personnes, avec 5 clercs à la maison mère florentine, 4 *fattori* à Rome et à Venise et le même nombre à Naples (et Gaète), bien que cette filiale soit le « mauvais élève » de la banque, de loin la *Tavola* la moins rentable et dont l'existence ne tient qu'à un fil. Les Médicis ne se montrent guère plus généreux avec ces employés que leurs concurrents, le salaire des débutants ne dépassant pas 20 florins par an, pour atteindre 40 ou 50 pour un clerc confirmé. Le mérite entre malgré tout pour beaucoup dans ce salaire : en témoigne l'exemple d'un clerc du bureau florentin, dont les émoluments passent de 48 florins en 1401 à 65 en 1402, à 80 en 1403 et à 100 en 1406. Son statut change alors, au moment où on lui confie la direction de la *Tavola* florentine du *Mercato Nuovo* : il y reçoit 200 florins, avec le statut d'un associé, rémunéré pour un septième des bénéfices de l'établissement. Quant aux profits « Médicis », Giovanni, qui n'a pas hérité d'un vaste parc immobilier, en réinvestit une notable partie dans des propriétés sises près de Florence ou dans le Mugello. En 1396, il est imposé à hauteur de 14 florins, tandis que les héritiers de Vieri doivent en débourser 220 ; en 1403, avec 150 florins, il dépasse pour la première fois son frère Francesco (132), mais reste loin derrière les héritiers

(748). Dix ans plus tard, en 1413, Giovanni dépasse enfin, avec 260 florins, lesdits héritiers (235). Et en 1427, l'année de la mise en place du *catasto*, il est le deuxième plus gros contributeur de la ville avec 397 florins, dépassé seulement par un Strozzi (« Messer Palla di Nofri »)...

## *La banque et son personnel*

Mais, sept années avant cela, la physionomie de l'*azienda* avait brutalement changé, avec la mort, en cette année 1420, du précieux Benedetto di Bardi, le directeur général de l'agence romaine. Giovanni choisit alors pour lui succéder son jeune frère Ilarione di Bardi. C'est un homme compétent, qui a fait ses preuves dans le métier, mais il demande les coudées franches. Cela lui est accordé et il en profite pour remanier le personnel en profondeur : les *giovani* des bureaux de Florence sont licenciés et réembauchés au coup par coup, selon leur degré d'adhésion à la politique du nouveau directeur. Les principaux contrats sont en effet renégociés pour la circonstance : le partenariat avec Michele di Baldo, dont l'établissement lainier perd de l'argent, est ainsi immédiatement rompu, et les nouveaux directeurs de branches voient leurs prérogatives nettement encadrées. Il faut dire que Giovanni da Bicci vieillit : il a soixante ans et prend une semi-retraite bancaire, demeurant « consultant » de la banque. Le nouveau contrat avec Ilarione a d'ailleurs été établi au nom des fils de Giovanni, Cosimo et Lorenzo : le capital de l'affaire est porté à 24 000 florins dont les « enfants » apportent 16 000 et Ilarione 8 000 ; 10 500 sont alloués à la *Tavola* de Florence, 7 500 à la branche de Venise et 6 000 à celle de la Curie romaine. Changements aussi à la tête de deux branches : à Florence, le nouveau directeur appartient à une vieille famille gibeline fidèle depuis longtemps aux Médicis, qui feront leur fortune, Folco d'Adoardo Portinari (1386-1431). Moyennant un investissement de 1 500 florins dans l'affaire, il est assuré de toucher un cinquième de ses bénéfices. Même chose pour un autre Bardi, Andrea di Bartolomeo, placé, contre 1 000 florins, à la tête de la filiale de Rome, pour le quart des profits : mais, quand il quitte Florence pour son nouveau poste, c'est nanti d'instructions précises concernant le crédit à accorder aux dignitaires locaux, ecclésiastiques et autres, en général peu empressés à rembourser leurs dettes. À Venise, on maintient en place un autre Portinari, Giovanni d'Adoardo (1363-1436), qui apporte 1 000 ducats locaux avec promesse d'une rémunération d'un quart des bénéfices. Ses résultats sont excellents et la filiale de Venise, sous son impulsion, joue admirablement le rôle de plaque tournante que lui permet son emplacement : en 1427, elle vend ainsi du safran pour le compte d'un correspondant installé à Aquila, dans les Abruzzes, de l'étain, des fourrures, de l'ambre et du lin pour celui de Gherardo Bueri, lui-même correspondant à Lübeck, si bien qu'entre 1420 et 1434 les livres de comptes démontrent qu'elle permit aux Médicis un profit de 20 % (bien au-dessus de la moyenne de ces profits, située aux alentours de 12 à 15 %).

Avec ces divers apports, le capital investi dans la banque Médicis est donc, en cette année, de l'ordre de 27 600 florins. S'amorce alors, au sein de la firme, une alliance capitale pour les Médicis, celle qui va les associer pour plusieurs générations avec les précieux et compétents Portinari. Jusqu'en 1429, année de la mort de Giovanni di Bicci, peu de changements dans la structure de l'*azienda*, si ce n'est, en janvier 1426, la non-reconduction du contrat napolitain conclu trois ans auparavant avec deux parents éloignés, Rosso di Giovanni de Medici et Fantino di Fantino de Medici. Mais, en novembre de la même année, c'est l'ouverture d'un bureau dans une ville de prestigieuses foires, Genève, sous la direction de Michele di Ferro et d'un ancien *fattore* de la branche romaine, promis à un bel avenir dans l'entreprise (il en sera directeur général en 1435), Giovanni d'Amerigo Benci. Si les Médicis décidèrent d'une telle ouverture, cela est en grande partie dû au déclin de la place de Paris, au XV^e^ siècle, en raison des calamités à répétition (invasions, famine, peste...) qui marquent le règne de Charles VI. Sans compter les routiers, qui coupent le trafic des marchandises et le repoussent, de fait, vers la Lorraine et la Bourgogne en paix avec l'Angleterre. Les banques italiennes désertent alors Paris, ce dont profite Genève, idéalement placée sur les routes commerciales, en particulier celles qui mènent des Flandres à l'Italie et des cantons suisses à l'Espagne, par Montpellier, Lyon, Perpignan...

## *Mise en place d'une stratégie familiale*

Mais, au-delà de cette indiscutable réussite économique, la politique de Giovanni di Bicci de Medici ne se limite pas à la mise en place d'un efficace réseau bancaire : il s'assure, on le voit, du dévouement d'employés de haut niveau, en puisant, pour le recrutement de ses directeurs, dans un vivier restreint, limité à un petit nombre de familles auxquelles cette manne assure une indéniable promotion sociale. Cela s'ajoutant à une habile politique matrimoniale, déjà pratiquée depuis longtemps par la famille attachée à se tailler une place au sein de l'aristocratie guelfe, tout en retirant de ces riches alliances de substantiels profits : si nous ignorons pratiquement tout de Valenza, épousée par Vieri en 1364 et morte en 1378, nous avons vu que la seconde épouse, Bice, fille du prestigieux Pazzino Strozzi, lui permit de « rejoindre » un lignage prestigieux, celui de la plus riche famille de la ville. Jacopa, qui pour sa part « rapporta », en 1350, 800 florins de dot à Averardo detto Bicci, appartenait elle aussi à une vieille et fameuse famille bancaire, celle des Spini, dont on peut encore voir le *palazzo* près du pont Santa Trinita ; Foligno avait reçu la même somme en 1348 en épousant une digne dame de l'antique famille Alfieri, et Salvestro 1 000 florins lors de son second mariage, en 1349, avec Bartolomea Alviti. Quant à Giovanni lui-même, il est de notoriété publique que c'est grâce aux 1 500 florins de la dot apportée en 1385 par Piccarda Bueri qu'il a pu en 1393 intégrer le capital de la filiale romaine de la banque de Vieri.

Cette politique matrimoniale avisée se double, chez lui, d'un carriérisme de bon aloi, qui se donne libre cours après 1400, une fois fortune faite, dans cette ville de Florence où l'argent vaut notoriété : il est ainsi, dès cette époque, membre récurrent des Douze Bonshommes, ou bien gonfalonier, et même, à deux reprises, en 1402 et 1408, prieur. Mais la preuve évidente de son entrée en notabilité et de la confiance que lui accorde le parti Albizzi est sa nouvelle vocation diplomatique : il est ainsi choisi à plusieurs reprises pour de délicates missions après la mort, en 1402, de Galeazzo Visconti, la plus importante étant sans doute l'ambassade qu'il conduit en 1406, aux côtés de membres éminents du parti oligarchique, auprès du « roi de Naples » (de 1386 à 1414) Ladislas d'Anjou-Durazzo – avide de se conquérir un royaume italien et en plein conflit avec Louis II d'Anjou – pour le dissuader de s'allier avec Pise sur laquelle la République a des vues. Et trois ans plus tard, en 1409, l'année des trois papes, c'est également lui qui est envoyé, au nom de la République, en cette même ville, accueillir Pierre Phylargis que les cardinaux « pisans » viennent d'élire pape sous le nom d'Alexandre V, le 24 juin, après avoir tenté en vain de déposer Grégoire XII et Benoît XIII. Dès lors, la carrière de Giovanni ne connaîtra plus d'éclipse : on l'envoie en 1412 plaider devant les Génois, à Petrasanta, la cause des Florentins qui viennent de mettre la main sur Porto Venere, puis en 1414 rencontrer son ami Jean XXIII à Bologne, en un moment où l'on craint que l'insatiable et instable Ladislas ne s'allie à l'empereur Sigismond. C'est ensuite une pause, semble-t-il, jusqu'en 1420, où sa carrière rebondit : il fait partie des huit notables choisis par Florence pour accompagner jusqu'à la frontière de l'État le nouveau pape Martin V, ami de la République. En 1420 aussi, il est fait chevalier avec éperons d'or, en fort bonne compagnie puisque les autres récipiendaires de cet honneur insigne ne sont autres que Lorenzo Ridolfi et deux des hommes au pouvoir, Palla Strozzi et… Rinaldi degli Albizzi. L'acmé est atteinte en 1421, où, titulaire de la charge de gonfalonier de justice, il parvient au sommet de l'État. En 1421-1422, nouvelle ambassade, auprès du pape ; l'année suivante, il est l'un des Dix de *balia* qui dirigent les opérations contre Milan (25 mai-25 novembre 1423). 1424 : nouvelles ambassades, à Bologne et Venise. Toutes opérations qui permettent à Giovanni de préparer ce qui s'avérera un précieux réseau pour les Médicis, face à la solide alliance « oligarchique » au pouvoir qui regroupe les grandes familles conservatrices autour des Albizzi : les richissimes Strozzi (autour de Palla, redoutable adversaire de la prochaine génération Médicis), l'antique *consorzio* des Quaratesi et le terrible « humaniste » Niccolò da Uzzano[2]. Si Giovanni a en effet donné, sa carrière durant, d'indubitables gages aux conservateurs, il apparaît que la seconde partie des années 1420 marque les limites de son adhésion à leur « programme » : même si le débat demeure discret, on sait qu'il résiste alors, en sous-main et autant qu'il le peut, aux mesures prises par les Albizzi pour restreindre le *reggimento*, c'est-à-dire la part de la population habilitée à participer à la vie politique, avec notamment les très contraignants « statuts de 1413 ». Et il s'oppose également à la mise en place, en 1427, du *catasto*, où Rinaldo Albizzi avait, pensait-il, trouvé le moyen de regagner un peu de popularité, au nom d'un prétendu égalitarisme fiscal. Cela pour des raisons conjoncturelles (l'impôt doit financer la guerre contre Lucques, que Giovanni désapprouve) et, surtout, structurelles : la fortune des Médicis, essentiellement immobilière, prête le flanc, si l'impôt s'appuie sur un cadastre, à un prélèvement maximal... De fait, cette année-là, Giovanni, on l'a dit, se retrouve deuxième contributeur florentin, derrière Palla Strozzi, honneur dont il se serait volontiers passé. Sa politique est en effet un chef-d'œuvre d'équilibre : à l'ombre du pouvoir Albizzi, dont il appuie jusqu'à la moitié des années 1420 la politique extérieure, il prend garde – en même temps – d'éviter de passer pour l'un de ces nobles de la *Parte Guelfa* (la faction guelfe) honnis du peuple. Aussi, quand en 1422 le pape Martin V souhaite récompenser ses bons services en lui décernant le titre de comte de Monteverde, ne peut-il que refuser ce dangereux honneur : décidément, Giovanni de Medici ne sera jamais un magnat.

## *Les Médicis dans la ville*

De là également un souci de marquer aussi peu que possible la topographie florentine. Au cœur de Florence, il se contente ainsi d'ébaucher le noyau de ce qui sera le *palazzo Medici* en réunissant plusieurs bâtiments contigus, via Larga. Il contribue aussi à l'agrandissement de l'église voisine de San Lorenzo et se fait reconnaître le patronage des chapelles du transept par un financement particulier. Investissements « bourgeois », et de proximité, qui ne peuvent heurter la sensibilité du *popolo* florentin.

Les Médicis, en effet, semblent encore étrangers à la montée en puissance de l'« humanisme » florentin, si l'on entend par là la redécouverte de textes anciens dont on attend qu'ils éclairent le monde moderne, du point de vue politique, esthétique et religieux. La démarche humaniste est bien plutôt le fait du camp conservateur : le richissime banquier Palla di Onorio Strozzi (1372-1462), très lié au camp Albizzi, à la tête de 54 fermes, 30 demeures ainsi que d'une banque de 45 000 florins de capital, lit ainsi le grec comme le latin et collectionne les livres rares, caressant même le projet d'une grande bibliothèque publique. C'est également un mécène, comme aussi son ami oligarque Niccolò da Uzzano, plusieurs fois gonfalonier de justice, qui partage sa passion bibliophilique. Si l'on exclut les travaux de San Lorenzo, Giovanni n'est d'ailleurs guère connu non plus pour des activités de mécénat, comme c'est le cas des conservateurs proches du pouvoir. Ainsi les Quaratesi, dont on voit encore le palais via San Niccolò, et qui s'activent dans l'Oltrarno : ils y font en particulier reconstruire, dans les années 1421-1422, l'église San Niccolò où, pour l'autel majeur, ils commandent en 1425 à Gentile da Fabriano le fameux *Polyptique Quaratesi*. Tandis que Palla Strozzi demande au même artiste la non moins célèbre *Adoration des Mages* pour la basilique Santa Trinita… Mais l'humanisme florentin, c'est aussi, ces années-là, toute une réflexion politique, sous les auspices de deux chanceliers prestigieux, Collucio Salutati et son successeur et disciple

Leonardo Bruni (1427-1444). Ce sont d'excellents latinistes, de fins lettrés chargés par la *Signoria* de la correspondance diplomatique d'une République dont ils se font volontiers les thuriféraires : ainsi Salutati, avec son traité *De tyranno* inspiré par le Milanais Jean Galéas Visconti, ou Bruni, avec sa *Laudatio Florentiae* (et son *Histoire des Florentins*[3]). Tous cultivent et développent l'idée, vieille mais solide, de la *libertas florentiana* tandis que s'amorce également une réflexion critique sur le bien-fondé des pratiques politiques un peu trop démocratiques : Bruni conçoit la classe dirigeante comme un ensemble de *primarii* (« citoyens de premier plan »), d'*excellentes viri* (« personnages d'exception »), ce qui correspond à la définition de l'élite politique donnée par les *decemviri* (parmi lesquels Maso degli Albizzi), la commission de dix hommes chargés de préparer la réforme conservatrice des institutions de 1409, mise en place en partie en 1415 : doivent gouverner « ceux qui, parmi les citoyens florentins, passent pour dotés d'une noblesse, d'une sagesse et d'une intelligence particulières, ainsi que d'une science et d'une pratique du gouvernement hors pair[4] ». Pour les humanistes du temps, c'est le savoir qui conforte et légitime le pouvoir, et Bruni, dans son *Histoire des Florentins*, n'a pas de mots assez durs pour les *ciompi*, sans culture ni principes politiques…

Mais Lettres et mécénat sont encore un luxe pour ces Médicis du premier *Quattrocento* dont l'éducation et la culture nous sont d'ailleurs mal connues et qui paraissent encore attachés prioritairement à assurer la base matérielle de leur prospérité à venir. Mais les oligarques Albizzi, en restreignant sans habileté le *reggimento* et en laissant s'infiltrer l'idée de la nécessaire excellence des dirigeants de la cité, préparent involontairement le chemin à des Médicis qui auront appris, avec eux, ce qu'il faut éviter de faire quand on vise à la réalité du pouvoir.

Le 20 février 1429 meurt, à Florence, Giovanni di Bicci de Medici : il n'a pas rédigé de testament mais, si l'on en croit son arrière-petit-fils Laurent « le Magnifique », il laisse derrière lui environ 180000 florins. Pour sa succession, pas non plus d'instructions précises, mais on sait que, depuis le début des années 1420, tout à ses missions diplomatiques et ses charges politiques, il a délégué de plus en plus de responsabilités au plus âgé et plus compétent de ses deux fils, Cosimo. La légende (reprise par le chroniqueur Giovanni Cavalcanti[5]) veut que, de son lit de mort, il ait délivré à Cosimo et Lorenzo un discours détaillé sur la manière de mener les affaires, politiques et commerciales. Certains ont mis en doute l'authenticité de ce discours, un lit de mort n'ayant que peu à voir avec une tribune, mais, vu la proximité de Cavalcanti avec les milieux médicéens, il est peu probable qu'il y ait eu là pure « forgerie ». La leçon de Giovanni mourant est claire : le socle de la fortune des Médicis, c'est la famille, qui doit rester unie – de fait, Cosimo et Lorenzo travailleront bien des années la main dans la main – et il est prudent, en affaires, de garder ses distances avec la politique en général et la *Signoria* en particulier. L'héritage de Giovanni, c'est d'abord bien sûr un établissement bancaire (à l'origine de 90 % des revenus de la famille), mais c'est aussi un robuste réseau, à l'intérieur et à l'extérieur de la ville, des liens solides avec la grande puissance régionale, le Vatican, et un savoir-faire politique qui sera la marque de fabrique de ses successeurs : s'abstenir de tout acte de force (la famille a payé assez cher les débordements des plus remuants de ses membres), éviter de se commettre auprès des magnats, dont il n'y a rien à attendre, et rappeler au *popolo*, où le souvenir de Salvestro est toujours présent, que l'on n'a pas oublié 1378.

Ses funérailles sont grandioses, avec des représentants de l'empereur, de Venise ainsi que de nombreux princes étrangers : son corps est enterré dans la *Sagrestia Vecchia* de la Basilique San Lorenzo, commandée par la famille à Brunelleschi. Sa femme l'y rejoindra quatre années plus tard.

# 6

# Cosimo de Medici (« Cosme l'Ancien »), 1389-1464

## *Le coup de force manqué*

Le successeur de Giovanni à la tête des affaires familiales, c'est sans surprise ce Cosimo (dit généralement « Cosme l'Ancien », pour le distinguer du grand-duc Cosme Ier de Toscane), qu'il a, de notoriété publique, adoubé depuis longtemps. Et son premier adversaire, dans la lutte de clan à clan déjà largement entamée, ce sera Rinaldo degli Albizzi. Même si, à la mort de Giovanni di Bicci, son attitude est ambiguë et si, visiblement, il ne cherche pas l'affrontement direct, contrairement à son meilleur allié Niccolò da Uzzano, qui n'accorde aucune confiance aux Médicis. Mais le clan conservateur se sent de plus en plus clairement menacé, et resserre l'étau sur ses potentiels ennemis. Il va même jusqu'à imposer à chaque citoyen l'obligation d'un nouveau serment officiel : celui de ne jamais susciter, au sein de la République, de lutte intestine. Mieux : le 10 février 1429, il crée une magistrature spécifique, celle des Observateurs des lois, pour veiller à l'application du serment… C'est plus que n'en peuvent supporter les Médicis, et le conflit entre Cosme et Rinaldo, désormais inévitable, va éclater en 1433, à l'occasion de la conclusion de la guerre de Lucques. Cosme y a toujours clamé son opposition, et elle s'est mal terminée : les conservateurs, persuadés de pouvoir s'emparer facilement de cette ville bien fortifiée, comme de Pise en 1406, s'étaient ainsi lancés, à grand renfort de coûteux *condottieri*, dans une guerre ruineuse, qui débouche sur une simple paix de *statu quo*. Pire que tout, il a fallu demander au populaire Cosme d'aller soutenir le négociateur officiel, Palla Strozzi, au moment de signer cette paix, à Ferrare, le 21 avril 1433... Pour Rinaldo humilié, il n'est plus qu'une solution s'il veut se maintenir au pouvoir : se débarrasser – définitivement – de Cosme. Mais, comme il passe l'essentiel de son temps dans ses domaines du Mugello, il va d'abord falloir l'en faire redescendre. « Heureusement », à la tête de la *Signoria*, bien sûr conservatrice, se trouve le gonfalonier de justice Bernardo Guadagni, qui n'a rien à refuser aux Albizzi (ils ont remboursé ses dettes pour le rendre éligible). Ce Guadagni convoque donc Cosme au Palazzo Vecchio, pour, en principe, le consulter sur les affaires de l'État... À peine est-il devant les prieurs que le gonfalonier l'accuse publiquement de la déconfiture lucquoise et ordonne sur-le-champ son arrestation. On l'enferme dans la tour du *palazzo*, et Rinaldo, qui a tout prévu, fait immédiatement désigner par un Parlement judicieusement composé une *balia* au-dessus de tout soupçon, qui doit le juger sans délai. Pendant ce temps-là, des « humanistes », tel l'influent Francesco Philelphe – latiniste, helléniste et spécialiste de Dante –, réclament sa mort à grands cris ! Les choses, pour les Albizzi, s'avèrent pourtant moins simples que prévu : Cosme va certes moisir vingt-deux jours dans sa cellule, refusant, par peur d'un empoisonnement, toute nourriture de ses geôliers, mais il parvient malgré tout à corrompre – pour une belle somme – son gardien personnel, Federico

Malavolti. Moyennant quoi il réussit à faire venir ses repas de chez lui et à entrer en communication avec ses partisans, qui ne restent pas inactifs : l'affaire, entre-temps, est en effet devenue internationale... Le général du puissant ordre des Camaldules, l'humaniste et grand patristicien Ambrogio Traversari, intervient en sa faveur, comme aussi les Vénitiens et le duc de Ferrare, ce qui interdit à la *balia* une « justice » trop expéditive : au lieu de rendre la sentence de mort attendue, elle doit se contenter de déclarer les Médicis « magnats », ce qui les exclut, certes, de la vie politique, et d'exiler Cosme à Padoue, vassale de Venise, pour dix années à compter de septembre 1433. Il quitte donc Florence le 5 octobre mais, à Padoue, c'est en prince qu'on le reçoit, comme aussi, quelques jours après, à Venise même[1]. Pour Rinaldo, c'est la catastrophe, d'autant que les amis florentins de Cosme (notamment le diplomate Piero Guicciardini et l'influent érudit Agnolo Pandolfini) se cachent de moins en moins pour chanter sa louange, et que le pape Eugène IV Condulmer, alors en résidence à Florence dans le couvent dominicain de Santa Maria Novella, le soutient ouvertement, comme le font assidûment ses compatriotes vénitiens. Ce travail paie, et la *Signoria* élue pour septembre-octobre 1434 est enfin à majorité « médicéenne ». Et c'est à son tour de créer une *balia*, pour réexaminer les sentences frappant les Médicis. Elle les révoque d'emblée : ni les Médicis ni les Alberti (revenus d'exil en 1428) ne sont désormais plus des « magnats », au contraire des Albizzi et de leurs alliés Peruzzi. Rinaldo se sent perdu : il pense à un coup de force, avec l'appui des 500 hommes de la garde de Palla. Mais le Strozzi hésite, et le putsch échoue... Un an après avoir quitté Florence comme un simple banni, Cosme y fait le 5 octobre 1434 un retour extraordinaire : des Este, aristocratique famille des souverains de Ferrare, l'escortent jusqu'aux portes de Florence. Sans violences et porté par l'enthousiasme populaire, il est, *de facto* et sans occuper aucune charge, le maître incontesté de la ville. Aux yeux des humanistes de son bord, cet exil est un vrai titre de gloire : on évoque Cicéron banni en Thessalie, Miltiade exilé volontaire, les Athéniens Aristide le Juste et Thémistocle ostracisés, et même le Christ enfant en Égypte ! Quant à Rinaldo, il est confiné le 13 novembre dans la forteresse de Trani, et son fils Ormanno à Gaète, tandis que les autres membres de la famille sont condamnés à quinze ans de privation de droits politiques (l'« admonestation »). Quant aux Peruzzi et autres Strozzi (dont le « modéré » Palla !), c'est à leur tour de prendre le chemin de l'exil, suivis par les Frescobaldi et la vieille et riche famille des Ricasoli. Le *popolo*, que les Albizzi avaient peu à peu habitué au gouvernement oligarchique, ne gagne dans l'affaire aucun surcroît de pouvoir : certes, Cosme, dans son exil (doré) à Venise, a pris soin de se présenter comme un humble et simple marchand, mais pour soixante années les Médicis et leurs principaux alliés (Acciaiuoli, Pitti, Tornabuoni…) vont tourner à leur profit des institutions « républicaines » dont ils connaissent admirablement le fonctionnement. Et les faiblesses.

## *La jeunesse de Cosme l'Ancien (1389-1413)*

Ce Cosimo de Medici était né à Florence, de Giovanni di Bicci de Medici et de son épouse Piccarda Bueri, le 10 avril 1389 ; son jumeau Damiano ne lui survivra que six mois. Tous deux avaient reçu leurs noms de ceux des saints Cosme et Damien, patrons de ces médecins dont les Médicis commençaient à se réclamer. Aussi Cosme prendra-t-il l'habitude de célébrer son anniversaire le

27 septembre, jour de leur fête. Six années plus tard, naîtra dans la famille un garçon, Lorenzo, connu sous le nom de « Lorenzo l'Ancien », et qui jouera, à l'ombre de son frère aîné, un rôle important dans l'entreprise familiale. La première éducation de Cosme ne nous est pas connue dans le détail mais il est une évidence : avec lui, la famille des banquiers Médicis bascule définitivement du côté de l'humanisme. Sans que le hasard ou la mode y soient pour quelque chose. Giovanni di Bicci a en effet, au mieux, côtoyé, pendant la première partie de sa carrière, le monde des « marchands-lettrés », ces bourgeois cultivés dont l'habileté littéraire se limitait à la composition de laborieux recueils de *Ricordanze.* Mais son accession à la carrière diplomatique, à partir des années 1400, lui a permis de saisir la nécessité, s'il souhaitait que le clan trouve sa place dans le club restreint des brillantes familles de pouvoir, de s'approprier cette culture nouvelle qui, de plus en plus en Italie, était leur marque. C'est donc sur son fils Cosme qu'il va miser pour franchir l'étape supérieure. Il veillera personnellement, en bon père de famille, à sa formation commerciale et bancaire mais saura s'effacer dès qu'il s'agira d'en faire un érudit capable de rivaliser – à tout le moins – avec les héritiers des familles aristocratiques qui avaient fait de la culture latine leur pré carré. Mais, pour parvenir à ses fins, il choisit, afin de lui assurer les bases de cette culture, de l'envoyer directement se frotter à la véritable culture montante, celle de la langue et de la littérature grecques, mystérieuses jusqu'alors et dont seule une faible partie de l'élite florentine connaissait les rudiments. C'est à ce choix décisif que la « dynastie » devra plus tard cette aura et cet éclat qui la distingueront – brillamment – de ses homologues italiennes.

Prieur, puis diplomate par la force des choses, Giovanni a en effet pu mesurer, lors des premières années 1400, l'engouement régional pour les études grecques. Engouement assez nouveau, qui marque une rupture avec un « Moyen Âge » où le grec n'était plus qu'un lointain souvenir[2] : en marge des manuscrits latins, les passages en cette langue étaient simplement signalés d'un « *graece, non legitur* » (« c'est du grec, cela ne se lit pas ») et le grec, l'une des trois « langues sacrées » avec le latin et l'hébreu, passait pour receler, derrière son écriture mystérieuse, une sagesse secrète. Et si, dans le monde contemporain, seule en Italie Venise entretenait avec le monde hellénique des rapports suivis, ces rapports étaient en général plus commerciaux que culturels (même si Venise exerça sa tutelle sur la Crète des débuts du XIIIe jusqu'au XVIIe siècle). Quant aux deux Églises, romaine et byzantine, très opposées sur des questions théologiques délicates (le fameux *filioque*…), elles n'entretenaient guère de contacts. Ce qui « rapprocha » ces deux mondes, à l'époque, fut une terrible menace, celle des Turcs, qui progressaient régulièrement en direction de l'Occident, au point que le sultan Bayezid Ier était parvenu en 1391 à imposer un blocus, terrestre et maritime, à Constantinople. Ce premier siège échoua, grâce aux renforts hongrois, mais tout le monde savait que le Sultan, qui tenait à s'immiscer dans les affaires de l'Empire byzantin, reviendrait… Effectivement, dès 1393 il assiégea Tirnovo, la capitale bulgare, puis s'empara de Salonique ; et, en 1394, il était à nouveau sous les murs de Constantinople. Le siège, cette fois, allait durer jusqu'en 1402. Pour l'empereur Manuel II Paléologue, très affaibli militairement, point de salut en dehors de l'Occident. Sachant l'appétence des cercles cultivés d'Italie pour l'hellénisme, fût-il « ancien », il décida d'y envoyer, pour plaider sa cause, un « intellectuel » prestigieux, Manuel Chrysoloras : celui-ci vint donc solliciter Venise une première fois en 1390-1391, une deuxième en 1394 puis une troisième en 1396, jusqu'à devenir, en Italie, une manière d'ambassadeur itinérant du monde byzantin.

À Florence, le brillant chancelier Collucio Salutati, qui connaît sa valeur et brûle d'ouvrir sa République à la culture hellénique qui lui fait cruellement défaut, réussit (avec l'aide de Palla Strozzi) à le détourner de sa mission première et à l'attirer au *Studio* (l'Université) de la ville, de février 1397 au 10 mars 1400. Outre ses qualités diplomatiques, c'est en effet, de notoriété publique, un enseignant hors pair, et sa grammaire grecque (des *erôtêmata* édités à Florence en 1484 et à Paris en 1507) est à l'époque le seul « manuel pour grands débutants » efficace : Florence lui fait donc un (très beau) contrat, de 150 florins pour la première année et de 250 pour les suivantes. C'est dire si la ville a compris l'importance de la présence de cet érudit que Venise n'a su retenir. À Florence, son enseignement est immédiatement suivi par tout ce qui compte dans la haute société : Coluccio Salutati, le chancelier lui-même, son futur successeur Leonardo Bruni, Guarino da Verona qui l'accompagnera à Constantinople lorsqu'il y suivra son empereur en 1403, le futur chancelier Carlo Marsuppini, Poggio Bracciolini, infatigable découvreur de manuscrits et futur chancelier lui aussi, ainsi qu'un personnage qui va fortement compter dans l'éducation de Cosme : Roberto de Rossi...

Dans un premier temps, Giovanni adresse donc son fils à un couvent remarquable, celui des moines Camaldules, dans la haute vallée de l'Arno. En cet important foyer d'humanisme, les cénobites, adeptes de la *docta pietas* (la

« religion savante »), accordent en effet une très large part aux *studia humanitatis*, l'étude des textes anciens, censée préparer à celle de la théologie. Parmi les élèves, issus des grandes familles italiennes – nobiliaires et princières –, il y côtoiera en particulier un brillant sujet, de trois ans son aîné : Ambrogio, du noble lignage – ravennois – des Traversari (1386-1439). Helléniste de haut niveau, et véritable humaniste pour qui la culture participe de la vertu chrétienne, il atteindra la haute dignité de prieur général de l'ordre et sera jusqu'à sa mort prématurée, et même dans les moments les plus difficiles, l'un des plus fermes soutiens des Médicis.

Mais l'enseignement – solide – reçu chez les Camaldules ne suffit pas aux yeux de Giovanni de Bicci, qui entend faire donner à son brillant fils une culture au-delà du socle commun aux jeunes « bourgeois » florentins. Pour l'aider à atteindre le niveau d'excellence qu'il attend de lui, il le ramène à Florence où il suivra les leçons d'un des meilleurs élèves de Manuel Chrysoloras : ce Roberto de Rossi qui a pris sa suite à son départ en 1400, et donne des cours privés de latin et, surtout, de grec à la jeunesse dorée de la ville. Toutes factions confondues, puisqu'on retrouve autour de lui aussi bien Cosme (et son frère Lorenzo) que Luca di Maso degli Albizzi, frère de Rinaldo[3]. Il y a là aussi Domenico Buoninsegni, qui fera lui aussi carrière avec la bénédiction des Médicis. Et Alessandro degli Alessandri, juriste et ancien élève de Philelphe.

Si Cosme baigne ainsi, au sein de la Florence de la toute première partie du *Quattrocento*, dans une atmosphère de philhellénisme ardent, la culture grecque que l'on attend dans les cercles cultivés – et cela n'a rien d'anodin – est avant tout platonicienne. Ce n'est pas l'Aristote médiéval qui intéresse les érudits (même s'ils continuent à l'étudier) : l'Église, en s'appuyant sur ses écrits, relayés par ceux de saint Thomas, avait construit à l'usage des peuples un monde rassurant à souhait, monde statique – voire immuable – et bien peu stimulant. Ce qui passionne ces savants, c'est bien plus les écrits de Platon qu'ils recherchent depuis des dizaines d'années. Quand le courtier érudit (d'origine sicilienne) Giovanni Aurispa rentre de Constantinople en 1423, avec 232 manuscrits, il est triomphalement accueilli : c'est qu'il rapporte à Florence, avec des textes d'Homère, une décisive collection d'écrits platoniciens (manquent encore les *Lois* et la *République*) qui, très vite recopiés et vendus[4], seront à la base de bien des collections (comme sans doute celle de Palla Strozzi). Ainsi se répand dans les élites florentines, que ce soit par l'enseignement ou la lecture directe de ces textes enfin accessibles, un idéalisme diffus qui va devenir le credo de toute une génération : pour tous ces gens, qui furent l'entourage de Cosme pendant ses années d'étude(s), le beau et le bien coïncident, et ils ne demandent qu'à communier dans le culte de ces valeurs. Restera à un habile politique le soin de les réunir, de leur permettre de travailler dans les meilleures conditions et de s'ingénier à leur prouver que, toutes choses égales, c'est plutôt lui qui incarne leur idéal.

Et si Florence était, depuis des lustres, ville de haute culture, malgré un *Studium Generale* (Université) récent[5] et d'un prestige limité, son credo « humaniste » y demeurait l'idéologie dominante : les feux de la mythique « génération » Dante (1265-1321), Boccace (1313-1375), Pétrarque (1304-1374), qui avait couvert le XIV^e^ siècle, étaient maintenant éteints et la nouvelle génération des humanistes avait choisi son camp, au nom du nécessaire dégagement d'une élite politique seule à même de gouverner intelligemment l'État. Philelphe, célèbre helléniste proche des Albizzi, ne cessera ainsi, depuis son exil milanais, de chanter (pour 700 florins d'or annuels) les louanges de ses nouveaux maîtres et de pourfendre (voir son *De exilio*[6]) la faction Médicis[7]. Or ces Médicis, à leur arrivée au pouvoir en 1434, ont besoin d'une légitimation : tard venus de leur rural Mugello, ils ne peuvent prétendre, contrairement à leurs adversaires, au prestige de la noblesse ! Et Cosme, banquier et marchand, n'a évidemment pas l'aura du *condottiere*, héros de l'Italie renaissante, comme son (futur) ami Francesco Sforza, et ne peut donc se prévaloir d'un quelconque mérite militaire personnel. Il va ainsi lui falloir des gens à lui, prestigieux, fidèles et capables d'idéaliser peu à peu le régime qu'il se propose de mettre en place.

Mais pour lui le temps du pur apprentissage paraît terminé : en 1413, à seulement vingt-quatre ans, il est élu prieur, avant d'être envoyé en 1414 au concile de Constance accompagner Giovanni (Jean) XXIII, le favori des Médicis dans la course au pontificat unique. Une fois le malheureux déposé – on l'a dit – par le concile, Cosme quitte la région puis voyage, en Allemagne et en France, deux années durant, avant de rentrer, après un séjour romain, à Florence épouser Contessina de Bardi. C'est un mariage prestigieux : la jeune Contessina appartient en effet à la branche Vernio de l'illustre et antique famille qui, certes ruinée dans les années 1340, garde assez de lustre pour fasciner des parvenus comme le sont encore, aux yeux de tous, les Médicis.

Culturellement bien armé (il manie le français et l'allemand, langues indispensables pour le commerce), avec, localement, un bon réseau d'amis et d'alliés, Cosme, grâce à la sagacité et à la prévoyance de son père, dispose donc ainsi de nombreux atouts, dès ces années-là, pour se façonner, en dépit de l'hostilité des Albizzi, la brillante carrière qui l'attend. Ces Albizzi disparus, il va pouvoir, dès 1434, montrer ce qu'il a retenu – sur tous les plans – des enseignements paternels, et des erreurs des oligarques.

## *L'état des lieux*

Jamais la banque Médicis n'avait été plus active qu'au début des années 1430 : elle n'a en rien souffert de son erreur dans le choix du « bon » pape, l'élu du concile, Martin V Colonna, ne leur en ayant guère tenu rigueur. Et pour cause : pour recouvrer son autorité sur les États pontificaux, où les petits seigneurs, profitant de l'affaiblissement – et de l'éloignement – de la papauté, s'étaient accordé une large autonomie financière, il lui fallait une solide assise bancaire. Aussi avait-il, sans états d'âme, confié la gestion des finances de la Curie, dès 1420, au chevronné Bartolomeo de Bardi, l'associé des Médicis en charge depuis longtemps de la filiale romaine. Quant aux événements de 1433-1434, ils avaient montré (en même temps que l'inquiétude de ses dirigeants…) la souplesse du système : en mai, son directeur Ilarione de Bardi avait anticipé en mettant 3 000 ducats vénitiens à l'abri dans l'hermitage bénédictin de San Miniato al Monte, au cœur de l'Oltrarno, tandis que 15 000 florins passaient de la *Tavola* de Florence à la filiale de Venise, et que Cosme et Lorenzo en retiraient 10 000 du *Monte Comune* pour les envoyer à Rome. Tout s'étant bien terminé, Cosme aurait dû, une fois la grande peur passée, pouvoir envisager l'avenir avec un minimum de sérénité. En réalité, ces événements marquèrent durement l'histoire de sa banque. S'achevèrent brutalement alors vingt-cinq années de haute collaboration entre les Médicis et les Bardi qui leur avaient fourni tant de directeurs[8]. La raison du divorce fut sans doute politique : le plus riche de ces Bardi, Bardo di Francesco di Messer Alessandro (1392-1443), fit en effet partie de la vaste fournée d'exilés qui accompagna le retour triomphal des Médicis. Sanction, sans doute, de sévères manquements au devoir de fidélité pendant l'exil de Cosme – qui n'oubliait rien…

Toujours est-il qu'en 1435 la banque entière allait devoir se réorganiser de fond en comble, tant dans son capital que dans son personnel. D'autant que se posait la question cruciale de son expansion hors d'Italie : en dépit de son indéniable richesse, elle ne disposait, en tout et pour tout, que d'une seule filiale au-delà des Alpes, celle de Genève[9]. Mais, pour envisager pareille expansion, les Médicis avaient besoin d'un contexte apaisé : avec la prise de Pise en 1406 et l'« achat » de Livourne aux Génois (au moyen, dit-on, de l'argent des Médicis), les Albizzi avaient certes fluidifié le commerce florentin en en dégageant les voies d'accès à la mer mais demeurait la vieille rivalité avec Milan, qui gênait considérablement les relations avec l'Europe du Nord. Les Albizzi n'allaient guère tarder, d'ailleurs, à en jouer… Le chef de leur maison, après avoir vite échappé à ses gardes – comme aussi son fils –, s'était immédiatement précipité à Milan quémander l'aide des Visconti, traditionnels ennemis de la République. Les Florentins l'apprirent aussitôt, le déclarèrent rebelle et le condamnèrent à la confiscation de ses biens. Mais, à Milan, Filippo Maria (Visconti) lui prêtait une oreille plus qu'attentive, au point d'activer une alliance antiflorentine avec les Lucquois et Alphonse V de Naples. La contenir serait un travail de longue haleine. Il fallut pour cela recourir aux efficaces services du *condottiere* Micheletto Attendolo da Cottignola[10] allié aux troupes du pape commandées par un autre mercenaire, Pietro Giampaolo Orsini, et renforcées par des cavaliers vénitiens, et la menace ne serait écartée que six ans plus tard, le 29 juin 1440 : lors de la bataille d'Anghiari (à laquelle participa d'ailleurs Rinaldo) qui opposerait la coalition florentine aux Milanais du légendaire Niccolò Piccinino. Rinaldo, condamné à mort et représenté pendu sur une fresque du palais du podestat, se retirerait alors à Ancône, où il renoncerait à toute velléité de retour en sa patrie. Lui restait le temps d'un pèlerinage en Terre sainte : il en revint fin 1441, et mourut le 2 février 1442 pendant la célébration des noces de sa fille Nicoletta avec Giovanni degli Agli. Son corps repose dans l'église San Domenico d'Ancône.

Sur le plan intérieur, avec l'exil de la plupart des opposants sérieux, la situation apparaissait plus apaisée. En fait, Cosme héritait des cinquante années où les Albizzi avaient progressivement confisqué le pouvoir au profit de leur faction, avec surtout la *balia* de 1433, l'un des derniers actes politiques de Rinaldo, qui restreignait encore le *reggimento.* Cela au prix d'un système de tirage au sort d'une irréaliste complexité : les *tratte* (tirages au sort) seraient désormais effectués à partir de « bourses » anciennes, celle de 1391, 1393, 1398 et de la nouvelle, celle de 1433, tandis que les membres des trois conseils majeurs seraient sélectionnés à partir des bourses établies pour le conseil des Deux-Cents. Prenaient ainsi une importance capitale les fameux *accopiatori* qui disposaient maintenant d'un pouvoir exorbitant : celui de choisir « à la main » (*tenere bursas ad manus*) les noms des candidats à insérer dans les « bourses ». Les apparences étaient sauves et les procédures traditionnelles respectées, à la différence près que les noms (et le nombre) de ces candidats étaient désormais à la discrétion des 20 *accopiatori* évidemment désignés par la faction au pouvoir. Problème, donc, pour Cosme : réformer ou non ce système peu démocratique mais terriblement pratique. Aux yeux de l'opinion publique, il était en effet le champion du retour à la traditionnelle *communitas*, après le régime ouvertement oligarchique des Albizzi, et différents conseils pouvaient, à l'occasion, le lui rappeler…

# 7

# L'empire de Cosme : une banque et des hommes

« Cosme de Médicis qui fut le chief de ceste maison et qui la commença, homme digne d'estre nommé entre les très grands. Et en son cas qui estait la marchandise, estait la plus grande maison que je croy que jamis ait esté au monde. Car leurs serviteurs ont eu tant de crédit soubs couleur de ce nom Médicis que ce seroit merveilles à croire ce que j'en ai vëu en Flandres et en Angleterre[1]. »

Philippe de Commynes

## *La maison mère*

Première tâche, pour Cosme : restructurer cette banque sans laquelle les Médicis ne sont rien. Selon un principe simple : éviter la verticalité, rigide et dangereuse, qui a acculé nombre d'établissements à la faillite au milieu du siècle précédent (ceux, en particulier, des Peruzzi et des Bardi). Pour privilégier, autour de la maison mère – la *Tavola* de Florence –, un réseau de filiales étanches[2] dirigées par des associés (*compagni*), « juniors » et « majeurs »[3], et où la famille Médicis conserve la majorité du capital : à la tête de chacune, un directeur (*capo di compagnia*) choisi par les Médicis au sein des associés (ou qui le devient lors de sa nomination, au prix d'un investissement souvent minimal). Ce directeur, qui jouit d'une grande autonomie et ne sollicite ses associés que lors des grandes décisions, rédige en personne les livres (« secrets ») destinés à ses employeurs devant qui il est seul responsable. Aussi, en cas de mauvaise gestion de telle ou telle filiale, la *Tavola* peut-elle intervenir à temps, ou bien, si le cas est désespéré, la fermer carrément, sans que ses déboires ne viennent grever les finances de la banque Médicis dans sa globalité. À un échelon inférieur, les trésoriers et chefs comptables peuvent aussi être des associés. Quant aux employés, ce sont des *fattori* liés à la compagnie par contrat : salariés, ils ne sont pas associés aux profits mais ont à leur service une série d'apprentis (*garzoni* ou *discepoli*) âgés de douze à quinze ans. Le système, entièrement dans les mains de Cosme, a toutes les apparences de la souplesse, les directeurs de filiales, le plus souvent des *compagni*, pouvant à l'occasion être de simples *fattori* s'ils ont bien mérité de la cause Médicis.

Ainsi la maison mère florentine, une fois éliminé Lippaccio de Bardi (en 1434 ou 1435), reçoit-elle, pour *capo*, Giovanni d'Amerigo Benci, un fidèle : sorti des rangs, il a été dès l'âge de quinze ans homme à tout faire dans la filiale romaine, avant de gravir les échelons jusqu'à celui de directeur général. C'est sans doute, parmi ses employés, celui en qui, en dépit d'une vie personnelle agitée, Cosme placera, jusqu'à sa mort en 1455, la plus entière confiance. À juste titre, semble-t-il, puisque sous sa gouvernance la banque connaîtra une prospérité nouvelle – et qu'elle ne retrouvera jamais... À Venise arrivent également deux nouveaux directeurs, Lotto di Tanino Bozzi et Antonio di Niccolò Martelli, qui investissent 500 ducats chacun, à côté des 7000 fournis par un consortium florentin organisé autour des

Médicis. À Rome aussi, nouveau directeur : Antonio di ser Lodovico della Casa ; son frère Ruggieri va diriger la filiale de Genève (dont le capital passe de 5 000 à 8 000 florins). Mais Cosme, on l'a dit, sait parfaitement que la compagnie, pour éviter toute régression, est condamnée à s'étendre. C'est pourquoi, en homme prudent, il va procéder, pour cette nécessaire expansion, avec lenteur et sagesse, sans hésiter à confier les intérêts de la firme à des correspondants locaux, pratique souple et bien moins dangereuse que l'implantation inconsidérée de filiales.

## *Les Médicis à Rome*

Aucune ambiguïté dans la dénomination des responsables (et employés) de la filiale romaine : *i nostri che seguono la Corte di Roma*. Clairement, donc, elle était attachée à sa principale source de revenus : la Curie romaine. En fait, elle ne disposait de bureaux à Rome que quand le pape y était en résidence. Autrement, elle le suivait dans ses pérégrinations, aussi bien italiennes que transalpines. Eugène IV Condulmer resta ainsi absent de Rome neuf années et les Médicis le suivirent alors de ville de concile en ville de concile, chose malaisée vu la situation chaotique de l'Église à la fin de l'exil avignonnais : ce fut d'abord Constance (1414-1418)[4] ; puis Florence (février 1419-septembre 1420) ; Bâle (1431-1443) ; Florence à nouveau (1434-1437) ; Bologne (1437) ; Ferrare (1438) ; et encore une fois Florence (1439-1443). Sans que cela signifiât pour autant la pérennité de l'installation des Médicis en ces villes, lorsque leur situation ou la richesse de leur économie ne l'exigeaient pas : ainsi ni Constance ni Bâle ne demeurèrent un centre bancaire à la fin des conciles (en 1456, il ne restait en tout et pour tout à Bâle qu'une table de change florentine). Inversement, la complexité des affaires ecclésiastiques pouvait entraîner, à tout le moins, des doublons : ainsi quand Eugène IV s'installa, à Florence, chez les Dominicains de Santa Maria Novella, les Médicis « romains » louèrent-ils une maison sur la place du même nom. Et, le temps des conciles, les Médicis eurent à Florence trois adresses : la direction générale, via Larga ; la *Tavola* au Mercato Nuovo, et *i nostri* piazza Santa Maria Novella, lesquels comptaient en *fiorini di camera* (florins pontificaux) et non en ces fameux *fiorini di suggello* qui avaient fait la fortune de Florence.

Les déplacements pontificaux, en dépit du prestige qu'ils valaient à la ville d'accueil, ne passaient guère, cependant, pour une bénédiction : les papes avaient la réputation, comme d'ailleurs tous les souverains itinérants, de susciter sur leur passage une pénurie de logements, à force de demandes de suites pour cardinaux, protonotaires, ambassadeurs et fonctionnaires de tous rangs, ainsi que de moyens de paiement et de vivres. Mais, s'il drainait ainsi les ressources locales, le pape était bien le seul, parmi les souverains médiévaux, à voir l'argent couler dans sa trésorerie depuis tous les recoins d'Europe, même depuis la Scandinavie. Quant aux nombreux prélats en résidence à Rome, s'ils disposaient de revenus issus de leurs terres, ils entendaient en profiter dans la Ville éternelle, comme aussi les émissaires et ambassadeurs, qui préféraient se faire payer des lettres de change plutôt que de voyager avec de l'argent liquide. Et de fait, en Europe, la circulation de l'argent connaissait de grosses difficultés dès lors qu'elle intéressait des pays dépourvus de pareils comptoirs : les transferts depuis la Pologne demandaient six mois, avec les moyens du bord (pèlerins, étudiants, marchands...), tandis que des fonds reçus à Bruges ou Londres étaient disponibles à Rome en moins d'un mois.

De là de gros transferts internationaux de fonds : pour les organiser, la papauté, *volens nolens*, dépendait de banquiers disposant, comme les Médicis, de comptoirs (à défaut de filiales) un peu partout en Europe.

Mais cette nécessaire collaboration était soigneusement encadrée. Au Vatican, la gestion des affaires temporelles du pape revenait à la Chambre apostolique, dirigée par un cardinal camerlingue, secondé par un trésorier (apostolique), souvent un abbé ou un dignitaire de haut rang, chargé de contrôler les mouvements d'argent liés au trésor du Saint-Siège. Les fonds eux-mêmes étaient déposés auprès d'un « dépositaire général de la Chambre apostolique », qui jouait le rôle de relais avec la banque « laïque » chargée de la gestion de ces fonds. Les rentrées et sorties (*introitus* et *exitus*) d'argent étaient d'ailleurs soigneusement enregistrées dans des livres en italien et en latin et le résultat (la « balance ») entériné par la Chambre. Sous Cosme, l'entente avec les Médicis, au départ, fut parfaite, et le directeur de la branche romaine admis comme dépositaire : Matteo Barucci sous Jean XXIII, puis ce furent Bartolomeo de Bardi (1420-1429), Antonio di Messer Francesco Salutati (1429-1435), Antonio della Casa (1435-1438), Roberto Martelli… jusqu'à un moment de crise où le pape Eugène IV, exaspéré par le soutien des Médicis à Francesco Sforza dans les Marches que convoitait, pour l'inclure dans ses États, la papauté, confia la charge à un autre banquier florentin, Tommaso Spinelli. Nicolas V, dès son avènement en 1447, la rendit à Roberto Martelli, qui la conserva jusqu'en 1458. Mais le Siennois Pie II Piccolomini (1458-1464) la conféra alors à un compatriote, le banquier Ambrogio Spannochi, avant qu'en 1464 Paul II ne la rendît à Giovanni Tornabuoni, représentant des Médicis à Rome. C'est dire si ce poste clé était politique – au sens large du terme… Avec Martin V ou Eugène IV, le poste de dépositaire fut, sinon de tout repos, du moins exempt d'épines trop acérées, tous deux s'efforçant de compenser des déficits, légers et ponctuels, par des bénéfices équivalents. Les choses changèrent avec le pape « humaniste » Nicolas V qui, à sa mort en 1455, laissa un « trou » de plus de 70000 florins *di camera*. Son successeur, le très scrupuleux Calixte III Borgia (1455-1458), en fut tellement surpris qu'il ordonna un audit des comptes… du dépositaire, le très honnête (et très riche) Martelli[5], fidèle des Médicis qu'il s'était gardé d'abandonner pendant l'exil de Cosme. Tout en travaillant à combler la dette pontificale, que Pie II (1458-1464) s'emploiera à (re)creuser… Difficile de dire, par conséquent, que la « fortune des Médicis » ait pu reposer directement sur l'honneur de gérer les finances pontificales, d'autant qu'en vertu de l'interdit religieux pesant sur l'usure Cosme ne put à aucun moment prélever le moindre intérêt sur les sommes dues à la banque par les différents papes. Les Médicis, certes, se rattrapaient en se chargeant de la perception de plusieurs impôts fort lucratifs – avec des hauts et des bas, vu les réticences des autorités civiles – dans toute la chrétienté : les annates, contribution levée par les papes sur les bénéfices ecclésiastiques, à chaque changement de titulaire. Autre compensation tentante : vendre au prix fort les denrées – soies, brocarts et bijoux – dont on était friand à la Curie. Les dépositaires ne s'en privèrent pas. Il y eut d'ailleurs des marchandages, les auditeurs pontificaux refusant d'entériner les comptes si les Médicis ne baissaient pas les prix des produits de luxe. Globalement, donc, la charge de dépositaire, en dépit du prestige qu'elle conférait, ne rapportait guère. Heureusement elle avait aussi ses bons à-côtés. Les cardinaux disposaient en effet souvent de fortunes personnelles, venues de prébendes ecclésiastiques, qu'ils répugnaient à investir dans l'immobilier : rien de plus facile en effet, pour un pape, que de confisquer au(x) favori(s) du pape précédent ses (leurs) *palazzi*. Mieux valait placer discrètement son argent auprès d'un homme de prestige et de confiance. Comme, par exemple, un dépositaire... Aux autres banques restaient les miettes : les affaires d'Espagne échappaient ainsi aux Médicis, faute de comptoirs sérieux en Castille ou au Portugal. Quant à l'Angleterre, la papauté prenait soin d'y entretenir une saine émulation en y recourant, au coup par coup, aux services de telle ou telle famille florentine concurrente, Pazzi, Baroncelli, Spinelli... De là, à l'évidence, la nécessité pour Cosme d'entretenir le réseau, restreint mais solide, des filiales dont il avait hérité, mais aussi de l'élargir, pour apparaître comme un relais incontournable aux yeux de ce client malcommode mais fondamental qu'était la papauté. C'est donc sous son impulsion que la firme parvint à s'implanter, avec grande prudence, dans ce qu'il fallait de cités économiquement prometteuses pour exercer son *leadership* parmi les plus agressives de ses rivales, ses voisines immédiates, au sein de la ville moyenne, riche mais bien instable, que demeurait Florence.

### *Les Médicis en Flandres et à Londres*

En Flandres et à Londres, les Médicis se contentèrent longtemps de correspondants de luxe : des Bardi et des Borromée. Il faut dire qu'en ces contrées éloignées mais indispensables à l'économie florentine les problèmes étaient nombreux et complexes. Londres n'était pas encore en effet l'active métropole qu'elle devint plus tard : très liée, économiquement et financièrement, à Bruges, elle n'en était guère plus qu'une dépendance. Quant aux Flandres elles-mêmes, elles accusaient avec Florence un grave déficit commercial, les Pays-Bas n'ayant guère à proposer à la vente que des tapisseries flamandes et du lin de Hollande, en échange des épices ou de la soie qu'offraient les opulentes villes d'Italie du Nord. Seul produit réellement convoité par ces villes : la laine. Or l'Angleterre conservait de plus en plus ce précieux matériau pour son industrie textile en pleine expansion, et délivrait des licences d'exportation au compte-gouttes. Tandis que les Pays-Bas avaient un besoin impérieux de cette laine, qu'on y travaillait avant de la revendre, sous forme en particulier de tapisseries, aux Italiens. De là la nécessité, en ce milieu difficile, pour fluidifier les flux financiers et commerciaux, d'un système bancaire solide, susceptible de les accompagner. Aussi les Médicis disposaient-ils, dès 1416, de correspondants à Londres et Bruges[6], chargés d'écouler soie et épices adressées par les branches de Florence et de Venise et de gérer les fonds de la banque investis dans ces commerces.

Mais tout ne se passa pas comme prévu, ces correspondants, indépendants de la maison mère, ne se souciant guère de revendre en priorité les marchandises qu'elle leur adressait. Perdant patience, les *maggiori* (« majeurs ») de la *Tavola* florentine décidèrent donc d'envoyer en 1436 à Bruges l'un de leurs employés les plus efficaces, Bernardo di Portinari (1407-1445), fils de l'ancien directeur de la *Tavola* de Venise, avec mission de trouver immédiatement des débouchés pour les marchandises (soies, brocarts…) stockées par le « correspondant » Ubertino de Bardi, fût-ce à bas prix, pourvu qu'il ne consentît aucun crédit à long terme, et d'examiner les possibilités d'une implantation solide en ces Flandres.

Le résultat de son rapport dut être favorable, puisqu'on l'y retrouve lui-même, en 1438, en tant qu'agent de la firme, et que la filiale flamande est officialisée, à Bruges même, dès l'année suivante.

Pour Londres (où Portinari fut également envoyé avec la même mission qu'en Flandres), ce fut encore plus lent, puisqu'il n'y eut là de réelle filiale qu'en 1446. Les Médicis y dépêchèrent un de leurs rares employés anglophones, Gerozzo de Pigli, bon connaisseur de la ville où il avait exercé plusieurs années dans la célèbre Lombard Street. Jamais pourtant on ne lui décerna le titre officiel de directeur (il recevra en compensation une large rémunération : 10 % des bénéfices de la « branche »). S'il est difficile, les premières années, de mesurer les gains de l'une et l'autre filiales, les bilans les mêlant inextricablement, il est pourtant possible d'imaginer que Bruges, liée à Barcelone, débouché important pour les tissus de Flandres, pâtit de la mauvaise volonté des correspondants (Venturi et Davanzati) choisis dans la capitale catalane : là aussi, les marchandises « dormaient » dans des entrepôts et, pour débloquer la situation, les Médicis durent y envoyer un employé de talent, Ottaviano Altoviti, et endosser les déficits d'exploitation (vente à perte) que dut entraîner pareil « sauvetage ». Aussi n'est-il pas vraiment surprenant de constater que Londres l'emporta rapidement sur sa partenaire flamande, au point qu'en 1448 Portinari fut rappelé à Florence et Bruges placée, pour deux ans, sous la tutelle londonienne. Plusieurs années, on continua à apprécier les services de Pigli dans la capitale anglaise : l'âge aidant, il fut rappelé à Florence, mais renvoyé, d'octobre 1453 à décembre 1454, en mission d'inspection dans ces provinces dont il était devenu, aux yeux des Médicis, l'incontestable spécialiste.

Ces Médicis, en tentant cette implantation aussi loin de leurs bases, devaient en fait composer avec une situation anglaise qu'ils dominaient mal. Ils avaient certes pignon sur rue à Londres : ainsi savons-nous qu'en mars 1454 fut officiellement déclarée une compagnie regroupant Pierfrancesco de Medici (le neveu de Cosme), Giovanni d'Amerigo Benci (le directeur général de la *Tavola* de Florence), Gerozzo de Pigli (l'historique directeur de la filiale londonienne) et Simone d'Antonio Nori (le nouveau), pour une durée de quatre ans, la compagnie étant dévolue « au commerce et au change [la banque] en la ville de Londres », avec 1 000 livres sterling d'apport de la part des Médicis, de Benci et de Pigli. Quant à Nori, dispensé d'investissement et assuré de recevoir un huitième des profits, il était étroitement encadré, voire surveillé, en ces lieux déconcertants. Il ne devait prêter qu'aux marchands et artisans, ne jamais acheter, à fin d'exportation, pour plus de 300 livres de laine ou de lin anglais à la fois, et assurer personnellement le transport maritime de ces marchandises – les Médicis se réservant le soin de mener eux-mêmes les opérations de plus grande envergure. Interdiction était également faite au « directeur » de jouer ou de faire entrer des femmes dans ses bureaux, de commercer pour son propre compte ou même de recruter employés et simples garçons de courses : chaque année, le 24 mars, il devait faire parvenir un livre de « secrets » sur ses comptes et, en fin de contrat, venir en personne à Florence s'expliquer sur sa gestion. C'est que la situation, à Londres, n'était guère facile : les Florentins y étaient assimilés, comme d'ailleurs les Vénitiens, à ce que l'on appelait les « Lombards », unanimement détestés des marchands locaux (on y connut même des émeutes anti-italiennes...). Et ils devaient aussi compter avec la concurrence de grosses compagnies anglaises, comme le *Staple of Calais*, et la difficulté d'obtenir des licences d'exportation. Seule solution : acheter la faveur royale, sous forme de prêts, de plus en plus nécessaires du fait de la guerre des Deux-Roses entre les familles de Lancastre et d'York, et qui, après avoir éclaté en mai 1455, ne devait s'achever qu'en 1485. Ainsi Édouard IV, devenu roi en 1461 mais totalement désargenté, marchandait-il sans vergogne ces précieuses licences d'exportation. Soumis à pareille pression, Simone Nori et son successeur Gherardo di Bernardo Canigiani (1424-1484) finirent, de prêt en prêt, par entamer sérieusement le capital de la filiale. Situation d'autant plus précaire que les Médicis devaient payer au prix fort plusieurs choix (politiques) peu avisés. À Florence, devant de telles pratiques, on renâclait, tout en reconnaissant qu'on n'avait guère le choix. Ainsi, lorsqu'il apparut que Canigiani, successeur de Nori, faisait passer ses relations personnelles avec Édouard IV avant ses devoirs à l'égard de ses employeurs, la *Tavola* de Florence fut bien obligée d'admettre qu'en échange d'un (nouveau) prêt de 530 livres, en avril 1464, il avait extorqué au roi l'autorisation d'exporter 200 ballots de laine, exemptés de droits de douane… Mais, à la mort de Cosme, la filiale était bien mal en point : en 1465, Piero di Cosimo de Medici refusera d'ailleurs de renouveler le partenariat ancien, et chargera Tommaso Portinari de le relancer, sur de nouvelles – et moins dangereuses – bases.

Pendant ce temps, la filiale flamande ronronnait, sous la tutelle d'Angelo di Jacopo Tani (il y fut directeur de 1450 à 1464), secondé par un ambitieux personnage : Tommaso Portinari[7]. C'était en principe un homme de confiance et les Médicis étaient allés puiser nombre de leurs (hauts) serviteurs dans sa famille : son père (Folco) avait été directeur de la *Tavola* de Florence, et ses frères Pigello et Acerrito ceux de la branche de Milan. Mais

Cosme, bon connaisseur des hommes, se refusera toujours à faire bénéficier cet intrigant du titre de directeur : parfait francophone et fidèle de la cour de Bourgogne, c'était d'abord un affidé de Charles le Téméraire, au conseil de qui, bien qu'étranger, il était admis. En 1464, on finit par mal prendre, à Florence, les prétentions de ce simple employé (*fattore*), mais il parvint à se défendre en mettant en avant un accord, obtenu, dit-il, de haute lutte, sur le commerce bourguignon des étoffes de soie jusque-là réservé aux Siennois. En avril 1464, quatre mois avant la mort de Cosme, à force d'intrigues et de dénigrement de son supérieur, il allait enfin obtenir ce titre de directeur tant convoité, Angelo Tani, plus très jeune, se retirant à Florence. La *Tavola* de Florence n'avait pas fini de le regretter.

Plus au nord, au-delà du Rhin, les choses étaient plus difficiles encore, en raison de la vigilance et de la jalousie d'un puissant concurrent, la Ligue hanséatique : ainsi à Lübeck n'y eut-il au mieux qu'un correspondant de la banque Médicis, en dépit des efforts sur place d'un cousin de l'épouse de Giovanni di Bicci, Gherardo Bueri (mort en 1449), qui réussit à s'y intégrer jusqu'à en devenir un « bourgeois » sans pour autant renoncer à la citoyenneté florentine.

## *Les Médicis à Pise, en Avignon, à Lyon*

Même si la reprise de Pise, en 1406, avait procuré aux Florentins un accès salutaire à l'Adriatique, les Médicis n'y ouvrirent pas de filiale avant 1442. Ils y entretenaient certes un comptoir, sous la forme d'une société fondée autrefois par Averardo di Francesco di Bicci de Medici, et reprise par son fils Giuliano et son petit-fils Francesco

(1415-1443) : elle avait pour mission principale de gérer les relations commerciales avec l'Espagne, d'où venaient en particulier de grandes quantités de laine et... du mercure, ainsi que le débarquement de ces marchandises et leur acheminement vers Florence, en collaboration étroite avec la banque de Cosme qui, en cette année 1442, décida de créer là une filiale bien à lui. Il y monta un partenariat avec la *Tavola* de Florence, qui fournit 4000 florins, auxquels s'ajoutèrent 2000 autres, apportés par Ugolino di Niccolò Martelli et Matteo di Cristofano Masi. La nouvelle compagnie fut déclarée à leurs deux seuls noms, même si Cosme se réservait le droit de veto sur toute décision prise par ses « associés ». Prudemment, la *Tavola* avait prévu pareil accord pour cinq années (1442-1447). Même si les documents concernant son fonctionnement sont perdus, l'association dut être fructueuse puisque le contrat fut renouvelé en 1450, avec 2000 florins de la part des Médicis et 2000 fournis par un humaniste connu, Messer Carlo di Gregorio de Marsuppini (1398-1453). En 1460, pour des raisons que nous ne connaissons pas, les Médicis s'en retirèrent pour vingt années, en gardant toutefois Ugolino Martelli sur place, en tant qu'agent.

En juin 1446 s'ouvrit également en Avignon une filiale, malgré le retour de la papauté à Rome, avec un gros investissement : 8000 florins, dont 7500 provenant directement des Médicis. L'importance d'Avignon était considérable : depuis la capitale du Comtat-Venaissin, il était possible de couvrir la totalité du sud de la France, bien mieux que depuis Marseille, Montpellier ou Toulouse. Même après le départ des papes, la ville était restée la principale plateforme économique de la région, directement reliée à la mer par Port-de-Bouc, port que les marchands italiens préféraient à Marseille, mal remise du sac de 1423 par les Catalans. Le directeur fut donc un ancien employé de la filiale de Genève, Giovanni di Benedetto Zampini (1405-1479), qui avait préparé le terrain depuis 1442. Ce fut un succès, et en vingt-deux mois les profits se montèrent à 7000 florins locaux (à peu près 3500 florins *di suggello*), dont les sept huitièmes revinrent aux Médicis. Aussi l'implantation fut-elle pérennisée avec, en 1448, 9600 florins *di suggello* de capital, sous la forme du partenariat habituel entre les Médicis et leurs filiales. La maison mère allait encore investir à plusieurs reprises en Avignon, avec, comme à l'habitude, un ou plusieurs associés. Jusqu'à se dégager en 1468, pour des raisons d'autant plus obscures (peut-être afin de réduire la surface apparente de la banque avant le prochain *catasto*…) qu'elle devait se « réengager » dès 1470. Entre-temps, une « sous-branche » s'était ouverte à Montpellier, dans les années 1460. Avignon s'avéra une bonne filiale, réputée et appréciée dans le monde politique, puisqu'en relation suivie avec la cour de René d'Anjou, roi de Naples mais aussi comte de Provence, relation très fructueuse, les Médicis étant très impliqués dans le commerce des denrées de luxe consommées par cette cour. Cela jusqu'à la mort du roi en 1480, qui signifia l'annexion de la Provence par la France et l'affaiblissement des revenus de ce côté. La fin de cette filiale nous est mal connue même si nous savons qu'en 1483 ses finances étaient grevées de dettes venant de débiteurs aussi importants que le Florentin Rinaldo Altoviti, implanté à Avignon et à Marseille, ou aussi prestigieux que le roi René, père du roi de France, ou encore Ferdinand d'Aragon, roi de Naples… Jamais les Médicis ne s'aventurèrent plus loin vers l'ouest, se refusant à se mesurer avec un monde hispanique trop étanche[8].

## *Les Médicis à Milan*

Seul événement important, dans les années 1450 : la fondation d'une filiale à Milan. La cité lombarde, dans la première moitié du XVe siècle, en dépit d'un artisanat textile de bon aloi, n'était pas une ville commerçante de premier ordre et « regardait » surtout en direction des ports de Venise et Gênes, débouchés pratiques sur l'Adriatique et la mer Tyrrhénienne, alors qu'une barrière, sinon infranchissable du moins malaisée, celle des Apennins, la séparait de Florence. Si les Médicis y fondèrent une filiale, ce fut donc essentiellement pour des raisons politiques : le retournement d'alliance opéré par Cosme en direction du Milanais Francesco Sforza. Son accession au pouvoir ayant été financée par la banque Médicis, le *condottiere* reconnaissant offrit en 1455 à la firme, pour sa filiale, un magnifique bâtiment qui ne serait suffisamment rénové qu'en 1459 : afin d'être à la hauteur de l'honneur ainsi conféré, Cosme fit appel à son architecte, Michelozzo Michelozzi, qui lui prépara les plans d'un véritable palais bancaire, englobant les bureaux des employés mais aussi leurs logements et celui du directeur, un autre Portinari, Pigello (1421-1468) : fils de l'ancien directeur de la branche vénitienne, il dirigea la décoration intérieure du palais, avec des fresques de toute beauté, dominées par les armes de Cosme, un faucon tenant en ses griffes un diamant ainsi qu'un rouleau portant la simple mention *semper* (« toujours »). Le palais demeura la propriété de Cosme, qui le loua à sa filiale 50 ducats par an, l'équivalent de 1 % de ses bénéfices[9]... Pigello fut un excellent directeur, qui sut se concilier les bonnes grâces du Sforza – au point de devenir son conseiller financier – sans lui accorder, les premières années, de prêts inconsidérés, et qui maintint à un niveau correct les profits de la filiale en empruntant à 10 ou 12 % pour prêter à 15, pratique simple mais dangereuse en cas de dettes « toxiques »… Et d'aucuns se demandèrent si ce palais somptueux n'eut pas un effet pervers en laissant dangereusement croire aux Milanais, et surtout à leur duc, que les richesses des Médicis ne connaissaient pas de limites : en 1460, les prêts au duc et à la duchesse Sforza atteignirent ainsi 36 % du capital de la filiale, tout près du seuil de sécurité fixé par Cosme. Fidèle à sa tradition, la « branche » milanaise se rattrapait toutefois en procurant à la cour – et au prix fort – les bijoux, la soie, les brocarts que son nouveau statut exigeait. Et gérait le transport et la distribution de la laine, des vêtements, des coiffes expédiés de Londres ou Bruges pour les artisans (*lanarii*) locaux. Pigello réussit donc, semble-t-il, le tour de force de jongler avec toutes ces activités au gré de ses employeurs qui lui témoignèrent gratitude et amitié et, à sa mort, crurent devoir nommer à sa place son frère Accerito (1427-1503).

Cette ouverture d'une filiale milanaise fut la dernière, si l'on excepte le transfert, progressif, de celle de Genève à Lyon au moment de la mort de Cosme. Le réseau commercial et bancaire des Médicis, certes considérable, ne fut donc jamais, on le voit, un « empire » : la famille procéda toujours par tâtonnements successifs, tâchant de ne s'implanter qu'à coup sûr, avec constamment la hantise d'une faillite toujours possible, fléau endémique dans le système économique florentin, et contre lequel elle lutta, sous Cosme, en cloisonnant les différentes filiales, en en contrôlant les finances par une participation largement majoritaire et en tâchant, dans la mesure du possible, de n'en confier la direction qu'à des directeurs éprouvés, membres d'un nombre de familles florentines extrêmement restreint. Malgré cela, le système Médicis, tributaire des aléas politiques dans une Europe renaissante mais instable, garda une constante fragilité et seules la sagacité et la prudence de Cosme réussirent à donner à l'édifice une solidité toujours remise en cause. Ce transfert de Genève à Lyon marqua ainsi, de l'avis général, l'apogée du système Médicis dans un monde bancaire qui ne pouvait (sur)vivre qu'au prix d'une constante expansion : après cette date, et surtout après la mort, en 1464, de Cosme, elle ne connaîtrait, jusqu'à la liquidation de 1494, qu'un lent mais inéluctable déclin.

### *Les Médicis patrons de PME*

Banquiers par nature, commerçants par nécessité, les Médicis ne furent jamais de véritables « industriels ». Mais la structure politique florentine émanait entièrement, encore dans ces années 1435, du monde du textile : impossible de faire carrière, à Florence, à moins d'appartenir à l'un des Arts majeurs, l'accès à la *Signoria* étant réservé, on l'a vu, aux seuls prieurs de ces Arts. Aussi les Médicis eurent-ils toujours soin de s'affilier à l'un d'eux, en contrôlant très tôt deux manufactures lainières[10] : en 1432, l'une des deux disposait d'un capital social de 10000 florins ; en 1458, elle était enregistrée au nom de Piero, fils de Cosme, avec pour associé Antonio di Taddeo, Cosme lui-même entrant pour 2500 florins dans ce capital. Même capital pour la seconde, au nom, la même année, de Giovanni de Medici, avec Andrea Gutini pour associé et les 2100 florins de Cosme. Mais le monde changeait : la production de la laine était bien lointaine, les relations avec l'Angleterre bien aléatoires et les travailleurs de cette laine, même sous contrôle depuis leur défaite de 1382, potentiellement dangereux. Quant aux produits finis que l'on pouvait tirer de ce matériau toujours un peu grossier, leur gamme demeurait limitée. Or la Renaissance italienne, alors en plein devenir, se focalisait autour d'un monde particulier, celui de cours princières (ducales, comtales...) toujours en rivalité. On s'y voulait furieusement « humaniste », et on ne manquait pas de poètes et d'érudits stipendiés pour célébrer les mérites du « Prince » local et dénigrer les autres, mais surtout on y cultivait le « beau » en rivalisant de luxe, en particulier vestimentaire, peintres et portraitistes se faisant un devoir d'immortaliser les tenues et toilettes des grandes dames du temps. Et, pour ce luxe, le matériau essentiel était la soie, dont, sous forme de samit, brodequin, brocart, damas, cendal, étaient friands aussi bien l'aristocratie que le haut clergé. Autre avantage, pour les Florentins, de ce riche matériau, traditionnellement importé de Chine ou, mieux, des régions de la Caspienne, et longtemps spécialité des Lucquois : le ver à soie commençait à se produire dans le tout proche *contado*... Rien d'étonnant donc à ce qu'en 1437 fût déclarée, pour cinq années, une société réunissant Cosme, bien sûr, Lorenzo, son frère, Francesco Berlinghieri et Jacopo di Birago (bientôt remplacé par un Tanagli), et destinée à promouvoir l'« art de la soie ». Les Médicis apportaient 4 200 florins, Francesco 800 plus son savoir-faire, et Jacopo ses seules compétences techniques. Les Médicis reçurent donc leur inscription officielle à l'Art de la Soie dès 1433. Sans doute l'activité de cette société ne concernait-elle pas uniquement la production de la soie, mais (surtout) sa commercialisation : bien des « branches » de la firme – les comptes le montrent – écoulaient des soies venues de Florence, et les Médicis profitaient de la proximité de leur branche romaine avec la Curie, dont elle était la banque officielle, pour alimenter la cour pontificale, grosse consommatrice de soie. En dépit de l'absence de renseignements précis sur son fonctionnement sous Cosme, on peut d'ailleurs conjecturer qu'elle dut donner satisfaction à ses investisseurs puisqu'on la retrouve en un moment décisif, quatre ans après sa mort, en 1468, lorsqu'il fallut fournir assez de soie pour un mariage prestigieux, celui de Charles le Téméraire et de Marguerite d'York, sœur d'Édouard IV.

## *Un si précieux alun*

Au XV^e^ siècle, le disulfate d'aluminium et de potassium, autrement dit l'alun, était l'un des articles de commerce les plus prisés. Ses usages étaient multiples : pour la fabrication du verre, pour la tannerie, pour le textile comme nettoyant, pour débarrasser la laine de la graisse et des impuretés et pour fixer les colorants. Sa rareté faisait son prix. Il n'en existait en effet que peu de gisements : la meilleure qualité venait de Karahissar près de Trébizonde, contrée turque lointaine et difficile d'accès. Celui de Phocée, près de Smyrne, riche mais de seconde qualité, demeurait sous le contrôle des Génois depuis 1275 (ils en seraient chassés en 1455 par les Turcs). En contrées chrétiennes, on n'en trouvait que dans les îles Lipari et à Ischia, mais les mines y étaient pratiquement épuisées. Les Génois contrôlaient donc le marché en maintenant les prix à un niveau élevé, les Turcs prélevant de leur côté sur le commerce de cet alun des taxes de plus en plus fortes. Mais, en 1460, on en découvrit de riches dépôts à la Tolfa, près de Civitavecchia : les experts conclurent vite à la grande qualité de cet alun et le 6 juillet 1462 la Curie romaine entérina la création, pour l'exploitation du minerai, d'une *Societas Aluminum* composée de l'inventeur, le Padouan Giovanni da Castro, et de ses deux soutiens bancaires, deux résidents romains, un Génois, Bartolomeo da Framura, et un Pisan, Carlo Gaetani. Le 3 septembre 1462, Pie II ratifia cet accord et l'agrément fut renouvelé le 20 mars 1465 : le trésor pontifical devait recevoir chaque année 30000 cantars (quintaux) d'alun, au prix de 3/4 de ducat par cantar, charge à la papauté de trouver le débouché et de réguler le marché pour éviter un effondrement des prix. Les Médicis ne demeurèrent pas longtemps à l'écart : un an plus tard, leur banque prenait la place de Bartolomeo da Framura, cela pour neuf ans, et la Curie pouvait dénoncer l'accord moyennant un préavis de trente mois, la *Societas* devant maintenant non seulement remplir les entrepôts de Civitavecchia mais organiser la vente du minerai, charge qu'endossa sans problème la banque Médicis, avec son réseau de vente tout prêt, d'autant que les débouchés principaux étaient la Flandre et l'Angleterre où les Médicis disposaient de relations jusqu'au plus haut niveau politique. Du coup, au lieu de payer pour l'alun, la papauté recevait 2 ducats par cantar entreposé à Civitavecchia. C'était pour la bonne cause : l'argent ainsi collecté devait être mis de côté pour la croisade projetée contre les Turcs et les Hussites par Pie II puis Paul II, lequel interdit l'importation d'alun « turc » : tout bateau en transportant pouvait être saisi dans n'importe quel port. Restait la question de la concurrence des mines d'Ischia, propriété du roi de Naples : la banque Médicis la régla en entrant en 1470 dans un partenariat pour vingt-cinq ans avec Angelo Perotto, marchand napolitain auquel avaient été affermées les mines, accord ratifié par le pape et le roi de Naples. On aboutissait ainsi, manifestement, à l'établissement d'un monopole (d'aucuns diraient aujourd'hui un cartel), pratique sévèrement condamnée en droit canon.

L'Église se pardonna aisément ce grave manquement à son éthique : en bonne casuistique, la croisade valait bien quelques entorses. L'accord conclu en 1470 survivrait d'ailleurs en tout et pour tout l'espace d'une année, que les Médicis aient été déçus par les compétences de leurs partenaires ou qu'ils aient trouvé que l'accord en question leur coûtait un peu cher.

Est-il alors possible d'apprécier, à partir de ces différentes pratiques, bancaires, commerciales et industrielles, l'évolution du patrimoine des Médicis entre 1434 et 1464, sous le « règne » de Cosme? À sa mort en 1429, nous savons que Giovanni di Bicci avait laissé à ses héritiers un patrimoine de 179 221 florins et qu'à la celle de Lorenzo, jeune frère de Cosme, ce patrimoine était passé à 235 137 florins, soit un accroissement de 56 000 florins d'or en onze ans. Par ailleurs, en 1432, lors de la levée d'une taxe exceptionnelle, Cosme « en son nom et en celui de ses fils et neveux » fut imposé sur 52 « maisons de commerce » et, à titre personnel, pour sa participation aux sociétés de Florence, Bruges, Londres, Avignon, Genève, Venise et Pise et à deux *botteghe* de laine et une de soie à Florence : il dut alors verser personnellement 476 florins sur les 780 qui frappèrent l'ensemble de ces entreprises. Chiffres, bien entendu, à prendre avec précautions, vu l'ampleur des déductions qui les affectaient (résidences principales, opérations de mécénat...), tandis que plusieurs membres de la famille possédaient des biens en propre, sur lesquels ils étaient imposés à titre individuel. Sans doute, en 1451, la famille tenta-t-elle un effort de clarification, en déterminant à l'amiable ce qui revenait à qui : les villas « médicéennes » de Careggi et de Cafaggiolo à Cosme, celles de Fiesole et de Trebbio à la branche cadette (celle d'Averardo) mais, en cas de décès impromptu, des accords réciproques d'héritage maintenaient les biens des uns et des autres dans le « pot commun ». La vieille maison de Florence demeurait ainsi propriété commune, le *palazzo* de Cosme, *sub angule via larghe* (« à l'angle de la via Larga ») revenant évidemment à son constructeur. Difficile, donc, de chiffrer avec précision la « fortune des Médicis », vu l'écran de fumée que la famille avait ainsi réussi, pour d'évidentes raisons d'« optimisation », à placer entre ses biens et la redoutable administration fiscale de la ville.

# 8

# Noyautage et patronage : Cosme et la mise en place du système Médicis (1434-1464)

> « Cosimo di Giovanni de Medici fu d'onoratissimi parenti e prestantissimo cittadino, e di grande autorità nella sua repubblica[1]. »
>
> Vespasiano da Bisticci

## *La gestion de l'héritage*

Pourquoi changer un système qui a fait ses preuves ? Depuis 1293, le *popolo* florentin s'était ingénié à mettre en place une structure politique compliquée à base de tirage(s) au sort pour la désignation de conseils restreints de faible durée, garantie en principe infaillible contre l'avènement d'un « magnat ». Cela combiné avec d'autres garde-fous, comme ces « Parlements » omnipotents que la République pouvait réunir en cas d'urgence. Or tout cela n'avait pas empêché une faction, en 1394, de s'arroger un pouvoir qu'elle ne lâcherait, bien contre son gré, qu'en 1434. C'est que les Albizzi avaient su trouver le maillon faible dans cette belle mécanique. La clé du système, c'étaient en fait ces *accopiatori* sur lesquels reposait la composition de tous les conseils, et surtout celle des trois « majeurs », puisqu'ils avaient reçu le pouvoir de placer dans les bourses à peu près tous les noms qu'ils souhaitaient, ce qui réduisait considérablement le caractère aléatoire des tirages au sort. Quant aux *Parlamenti*, convoqués par la faction dominante et entièrement manipulés, ils ne débouchaient plus que sur des *balie*, conseils resserrés et puissants, à la dévotion de ladite faction.

Grande était donc la tentation, pour Cosme à son retour d'exil, de conserver leur souplesse à ces précieux rouages. Dès la fin de 1434, il fit donc brûler les bourses anciennes (celles des Albizzi) et suscita une *balia* chargée de réactualiser le *reggimento* en renouvelant bien sûr le collège des *accopiatori :* pour cinq ans (jusqu'en 1438), ce seraient des Pitti, des Bartolini, des Davanzati, des Donati, des Neroni, des Serristori…, tous amis éprouvés de Cosme, qui auraient le droit de nommer directement aux différents « offices ». Mais la profonde entorse à la morale républicaine que représentait ce mode d'élection « à la main » inquiéta, dès 1438, les conseils, et la *gente medicea* dut en désigner un nouveau (le « Conseil majeur ») pour préparer les scrutins de 1440, avant d'en revenir, l'année suivante, aux procédures ordinaires. Le système avait donc ses failles : en 1444, il apparut que les noms de plusieurs parents de citoyens exilés et même de personnages suspects s'étaient glissés dans les sacro-saintes « bourses », avec – forcément – la complicité d'*accopiatori* mécontents. Du coup, pour la période juin-juillet de la même année, fut élu un gonfalonier de justice appartenant à l'« opposition », et un notaire, Ser Filippo Peruzzi, put faire passer une loi qui punissait gravement les dissimulations opérées lors du dernier *catasto* et instituait une base fiscale plus sévère, avec effet rétroactif. Les « riches » étaient directement visés et, parmi eux, bien sûr, les Médicis. « Heureusement », les élections de juillet débouchèrent sur une *Signoria* médicéenne : elle nomma une *balia* qui annula immédiatement cette loi scélérate de Peruzzi, qui fut destitué et condamné à dix ans d'exil. On rechercha ses partisans qui, disait-on, visaient au « renversement de l'État » : on en trouva 245, qui furent *ammoniti* (« admonestés » : écartés des emplois ou postes publics). On jeta un Vespucci en prison et les *accopiatori* fautifs furent destitués. On en nomma dix autres, au-dessus de tout soupçon puisque appartenant à des familles aussi riches qu'anciennes (Soderini, Diotisalvi, Salviati, Martelli...) et qui n'avaient – pour l'instant – rien à refuser aux Médicis. L'opposition (?) était cette fois bien muselée, d'autant que la *balia* profita des circonstances pour renouveler l'exil des Albizzi et des principaux membres de leur faction, et se faire proroger pour cinq ans par la *Signoria*, période exceptionnellement longue pour pareil « conseil ». Et, en 1447, on refusa aux exilés toute perspective de retour, malgré leur promesse de... payer leurs impôts : ils demeurèrent donc des *citadini salvatichi*, ces « citoyens des forêts », comme les appelaient sans excessive compassion leurs concitoyens, que les autorités s'efforçaient de ridiculiser en faisant peindre leurs caricatures, par des artistes réquisitionnés, sur les murs du palais de la *Signoria*. Pire encore : pareils exilés, en leur ville d'exil (souvent imposée), restaient sous le regard de Florence. À peine installés, ils devaient en effet se faire établir par un notaire un certificat de résidence et l'adresser aux prieurs, condition *sine qua non* pour la restitution à leurs proches de la caution qu'ils avaient dû verser en partant – et, le cas échéant, pour la libération de parents pris très officiellement en otage par la République. Formalité qu'ils devaient renouveler tous les deux mois. Assignés à résidence en des lieux souvent éloignés les uns des autres, les exilés d'une même famille se retrouvaient vite dans l'impossibilité de monter des affaires ensemble, ce qui cassait la *consorteria* en en dispersant la fortune. Et, en cas de retour à Florence, il lui était souvent impossible, sans plus de fonds propres, de se « relancer » financièrement et commercialement, comme l'éprouvèrent par exemple les Alberti. Ainsi Cosme réussit-il à réduire au silence des familles anciennes, comme les Strozzi, dont la richesse et le prestige faisaient le danger. Cela tout en maniant « comme un poignard », selon le mot de l'historien Guichardin, une arme redoutable qu'il avait bien en main : celle de l'impôt, dont il pouvait frapper à sa guise, grâce aux gonfalons où ses partisans étaient à même de contrôler son assiette. Sans doute dut-il compter aussi avec une manière d'opposition interne, plus ou moins animée par des personnalités « conservatrices », mais il sut, en général, la circonvenir. Ainsi Neri Capponi, conservateur convaincu mais ambassadeur chevronné et véritable « ministre de la Guerre » de la République : peu favorable, *a priori*, aux Albizzi mais opposé à la mainmise d'une faction unique sur l'État, il fut un court moment suspect aux Médicis qui eurent l'habileté de l'inclure dans leur toute première *balia* avant de favoriser sa nomination comme gonfalonier de justice, dès 1436, puis de le laisser participer presque continuellement, de 1437 à 1441, aux Dix de la Guerre et de lui offrir une belle carrière diplomatico-militaire, avant, en 1448, de le nommer parmi les *accopiatori* de confiance. Ou bien Giannozzo Manetti, humaniste de haut niveau (expert en latin, grec, hébreu…) qui, lui aussi, fut membre en 1449 des *Otto di Guardia* et des Seize Gonfaloniers, ce qui ne se put faire sans l'assentiment des Médicis. Mais c'était un « conservateur » pur et dur, impossible à rallier : fidèle à la traditionnelle alliance vénitienne, il se lança donc, depuis Rome, dans des négociations secrètes avec l'ambassadeur de la Sérénissime pour contrer la politique de Cosme, résolument pro-milanaise. Et quelques années plus tard, en 1455, il quitta définitivement Florence pour le service (900 florins d'or par an), à Naples, d'Alphonse d'Aragon avec qui il entretenait depuis plusieurs années (il avait été en mission auprès de lui en 1443, 1445 et 1450) d'excellentes relations : elles lui valurent d'ailleurs, à Florence, un procès conclu par une forte condamnation pécuniaire.

C'est que 1454 avait été, dans le « gouvernement Médicis », un moment crucial, après l'un des événements les plus importants de l'époque, la paix de Lodi[2], qui recomposait complètement les équilibres en Italie du Nord. Depuis des années en effet s'opposaient les deux principales forces régionales, Venise, alliée traditionnelle de Florence, et Milan. Or Florence, depuis la prise de Pise en 1406, s'était ouverte sur l'Orient et entrait en concurrence un peu partout avec la Sérénissime. Cosme, bien conscient de ce problème essentiel, allait alors opérer un retournement d'alliance spectaculaire en se rapprochant de Milan, l'ennemie héréditaire, et en appuyant le *condottiere* Francesco Sforza dans ses efforts pour succéder aux Visconti. Mais c'est la grande catastrophe du 29 mai 1453, la prise de Constantinople par les Turcs de Mehmet II, qui allait lui donner l'occasion de consacrer ce revirement : la menace islamique, aux yeux de tous, était maintenant bien réelle, et une contre-attaque s'imposait, sous la forme de la « croisade ». Pareil projet de reconquête nécessitait une réconciliation générale : ce serait cette paix de Lodi. Maintenant arbitre (diplomatique) de l'Italie, Cosme y fit reconnaître par les chefs d'État de l'Italie entière l'autorité de Francesco I^er^ Sforza, son nouvel allié, sur le duché de Milan, cela au grand dam des conservateurs florentins attachés à la vieille alliance vénitienne et soucieux de mettre la main sur Lucques, Sienne et – pourquoi pas ? – Gênes… Pour brillant qu'apparaisse ce résultat de la politique extérieure de Cosme, c'est donc peu dire qu'il « passa mal » à Florence : les conseils manifestèrent en cette année 1454 leur mécontentement en refusant de renouveler aux *accopiatori* leurs pouvoirs hors normes, et en proposant même de les contourner pour des élections – et des nominations aux offices – plus libres. Cosme, conscient de l'impopularité que lui avaient valu les derniers développements extérieurs, et apparemment las des tracas du pouvoir, acquiesça, et de 1455 à 1457 la *Signoria* délibéra sans en référer à la faction dominante : les affidés des Médicis, qui voyaient leur échapper les avantages dus à leur position, le regrettèrent fort.

### *La reprise en main*

Mais tout allait basculer à la « faveur » d'une alerte plus vive encore, en septembre 1457 : on découvrit alors une véritable conjuration antimédicéenne avec à sa tête un certain Piero Ricci, qui fut pris et décapité, tandis que ses complices (un Adamari, un Botticello…) parvenaient à s'enfuir. Cette conspiration nous est mal connue dans le détail, si ce n'est qu'un chroniqueur (Cambi) avance qu'elle fut le fait de « citoyens de bonne famille mécontents »… On peut penser qu'une délibération de la *Signoria* datée du 1er janvier n'avait pas dû arranger les choses, tout en soulignant d'ailleurs l'instabilité de la position des Médicis : elle prévoyait un nouveau *catasto* (le troisième). Mesure certes en faveur auprès d'un peuple toujours content de voir payer les riches, mais bien peu auprès de ces « riches » qui craignaient de voir le fisc s'intéresser aux années passées. Cosme, pris entre deux feux, tergiversait : les Médicis tenaient à l'image « populaire » que leur avaient valu les événements de 1378, mais ils étaient soumis, comme tout le monde, à ce *catasto*, et leur intérêt matériel était bien celui de la classe dominante. Le 15 avril 1458, toujours perplexe, Cosme laissa même passer une loi restreignant le recours à ces *balie* que l'on ne pourrait désormais réunir qu'en cas d'accord unanime des trois Grands Conseils. Il y eut à ce sujet de longues et âpres discussions qui, à la *Signoria* et dans les conseils, entamèrent le prestige des Médicis, mais Cosme, quatre mois plus tard, en août, siffla la fin de la partie et reprit avec vigueur les rênes d'un pouvoir à deux doigts de lui échapper.

Comme toujours, il s'abrita pour ce faire derrière l'énergique gonfalonier de justice élu pour juillet-août, le prestigieux Luca Pitti, l'un de ses plus fermes partisans : usant (et abusant) de son autorité, ce riche banquier réussit, par l'intimidation (il entretenait de notoriété publique une milice fournie par Francesco Sforza), à obliger ses collègues prieurs à convoquer un *Parlamento*. Sur la piazza della Signoria, le « peuple », assemblé au son de la Grosse Cloche, approuva le 11 août la création… d'une nouvelle *balia* qui rendait aux *accopiatori* leurs pouvoirs exorbitants : ils allaient pouvoir à nouveau « élire » à la main *Signoria* et *Otto di Guardia*, et la même *balia* créa un nouveau conseil, permanent celui-là, le « Conseil des Cent », composé des gonfaloniers de justice qui avaient exercé leur fonction depuis 1434, date du retour aux affaires de Cosme. L'atmosphère, à Florence, était à la violence autant qu'à la paranoïa. À Rome, y répétait-on un peu partout, c'était, après la mort du pape Calixte III, l'anarchie : on ne savait de quoi demain serait fait et il fallait donc dans l'urgence rétablir à Florence un pouvoir fort. Le premier opposant à toutes ces mesures, qu'il jugeait liberticides, Girolamo Machiavelli, fut donc arrêté. On l'accusa de comploter contre l'État, on le tortura, et il donna deux noms de prétendus complices : Antonio Barbadoro et Caro Benizi. Eux aussi furent torturés et, le 18 août, condamnés à vingt-cinq ans d'exil et à une forte amende. D'autres conjurés présumés furent également bannis ou « admonestés » par décret de la *balia*, et l'on prolongea jusqu'en 1499 la peine des exilés plus anciennement condamnés. Quant à Machiavelli, relégué en principe à Avignon, il vit sa peine commuée en un bannissement dans la ville de son choix, à au moins 300 milles de Florence et 20 de Naples. En fait, on le retrouvera ensuite à Sienne, Gênes, Salerne, Lecce… où il ne cessera de comploter contre sa patrie, en essayant d'unifier les exilés et de pousser les gouvernements de Sienne, Venise, Lucques, Bologne et Gênes à une coalition capable de renverser le régime florentin. Aussi, le 29 novembre 1459, fut-il déclaré rebelle, avec confiscation de ses biens. Trahi au début de l'été 1460, il fut capturé à Lunigiana et incarcéré pour complot contre l'État. Torturé encore une fois, il mourut en prison, à Florence, en juillet de la même année.

Enfin, mesure lourde de symboles, cette même *balia* de 1458 décida que les membres de la *Signoria* ne seraient plus désignés sous le nom de « prieurs des Arts » mais de « prieurs de la Liberté » : c'était, dans la sémantique, une vraie rupture avec l'histoire républicaine de Florence, appuyée depuis longtemps sur le système des corporations, les « Arts ». Les prieurs, chefs d'entreprise, n'entendaient plus apparaître comme les « artisans » que depuis longtemps d'ailleurs ils n'étaient plus que nominalement. Mais, cette fois, le pouvoir Médicis était en place, et Cosme allait pouvoir, en restant soigneusement en retrait, manœuvrer les rouages de la République sans à-coups inutiles.

Maintenant que cette République paraissait soumise à sa – bienveillante – autorité, Cosme allait se consacrer à sa passion philosophique, dans sa villa de Careggi où il mourrait le 1er août 1464. Mais cette image de vieux sage retiré des affaires terrestres, qu'il travailla alors à se donner, est à nos yeux quelque peu brouillée. Au printemps 1459, il eut ainsi le plaisir d'accueillir le pape humaniste Pie II Piccolomini sur son chemin vers Mantoue, où il devait présider un important concile sur le principe d'une croisade décisive contre les Ottomans. Et, pour l'escorter jusqu'à Mantoue, Francesco Sforza ne put faire moins que dépêcher à Florence son fils de quinze ans, Galeazzo Maria. Il s'agissait là, en fait, de deux « visites d'État » et l'un et l'autre visiteurs, le pontife et l'adolescent, retirèrent de ce passage l'idée d'un Cosme devenu à Florence, selon les mots du pape dans ses mémoires, « l'arbitre de la guerre et de la paix, l'ordonnateur de la loi ; bien moins comme un citoyen que comme le maître de cette cité [...], du roi, il avait tout sauf le statut légal ». Avant d'ajouter que, pour certains, « sa tyrannie était intolérable ». Des « réserves » aussi chez Machiavel, qui déplorait le pouvoir laissé par Cosme, ses dernières années, à son peu scrupuleux allié Luca Pitti. Mais, peu après sa mort, les conseils décidèrent de consacrer cette image finale de protecteur apaisé de l'État en lui conférant un titre éminent, celui de *pater patriae* (« père de la patrie ») : dans l'ambiance humaniste du temps, ce n'était pas rien, puisqu'il avait été conféré à Cicéron en 63, après l'élimination du séditieux Catilina, et à Auguste en 2 av. Jésus-Christ. Mais l'inscription *Cosmus Medices pater patriae*, sur la tombe de San Lorenzo dessinée par Verrocchio, serait détruite après l'expulsion des Médicis par les « républicains » pour qui il méritait plutôt le titre de tyran (*potius tyrannus*)[3].

Ces crises à répétition qui, finalement, accrurent le pouvoir des Médicis, pourraient laisser croire que cette puissance reposait en tout et pour tout sur de simples (?) manipulations du système électoral. Mais pareille base, on l'a vu, était fragile – les Médicis le savaient bien – et si Cosme réussit à faire la pluie et le beau temps, trente années durant, dans les affaires florentines, c'est qu'il avait su l'élargir et la solidifier par un système original et subtil, celui d'un patronage (mécénat, clientélisme, parrainage) intelligent par lequel il s'était constitué un réseau au maillage aussi discret que resserré.

## *Cosme, son réseau :* parenti, amici, vicini

Au centre de ce système, Cosme lui-même qui, selon une formule rebattue, s'efforça de n'apparaître à Florence que comme le *primus inter pares* (le « premier parmi ses égaux ») : le poste de gonfalonier de justice étant trop visible, il ne l'occuperait donc que rarement et ne procéderait à aucune nomination directe d'officier. La réalité de son pouvoir allait reposer en fait sur un patronage multiforme : personnel, politique, économique et artistique. Au cœur du pouvoir, sa personne fédérait, sur le mode florentin, « parents, voisins et amis ». Les parents, d'abord : une trentaine de « ménages » du même lignage, personnel évidemment dévoué où l'on pouvait puiser à volonté pour la banque et le commerce. Deuxième cercle : celui du voisinage, au sens le plus concret du terme, c'est-à-dire les habitants du quartier San Giovanni et du gonfalon du Lion d'Or où se concentraient les affidés des Médicis. Le gonfalon (il y en avait 16 ; 4 par quartier), malgré sa taille réduite (quelques rues et une place), revêtait à Florence une importance considérable, puisqu'il était l'unité territoriale de base pour les procédures d'élection et de répartition des taxes communales. De là l'importance, pour ses habitants, de compter parmi eux une personnalité de prestige susceptible de leur éviter au maximum le poids de ces taxes. C'est donc dans ce quartier – leur fief de roturiers ! – que les Médicis firent construire, via Larga, leur palais, par Michelozzo, ainsi que la nouvelle église de San Lorenzo, confiée par Cosme à Brunelleschi, et qu'ils établirent leur protection sur le couvent dominicain de San Marco. Leur influence sur ce quartier du nord de la ville, qui leur était entièrement acquis, s'étendait même au-delà jusqu'à celui de Santa Maria Novella, et notamment à un gonfalon de première importance, celui du Lion rouge (le *Leon Rosso*).

Au-delà, Cosme réussit à manipuler à son avantage une institution d'une grande importance à Florence : celle des (nombreuses) confréries (en 1400 on en dénombre 52 à l'intérieur de la ville, 230 sur l'ensemble du territoire florentin et il s'en créa, intra-muros, 87 au XV^e^ siècle) qui animaient la vie spirituelle – et sociale – de la ville et du *contado*. En général financées par des legs et souvent constituées autour d'un culte, elles regroupaient des gens de toutes origines sociales, en des sortes de réseaux « amicaux » d'assistance mutuelle. Pénitentielles, dévotionnelles, vouées à la « simple » charité comme celle de San Martino de Gangalandi, qui gérait quatre hôpitaux, ces associations (*societates*) pouvaient aussi bien concerner des adultes que des adolescents (*societates puerorum, adolescentium* ou *juvenum*), celles-ci fortement encouragées par le pape Eugène IV (il en reconnut quatre en 1442) qui y voyait un moyen d'encadrer vertueusement une jeunesse (les *fanciulli*) remuante et potentiellement dangereuse. C'étaient également d'importants centres de discussion, et des érudits « ouverts » comme Marsile Ficin y virent l'occasion d'un renouvellement décisif d'un sentiment religieux tourné désormais vers l'humanisme chrétien, où l'on conjuguait l'amour de Dieu et celui du prochain. Mais les Médicis n'étaient pas naïfs : ces confréries, dont le recrutement traversait la société florentine, pouvaient elles aussi constituer un danger social, et chaque fois que son pouvoir chancela, et qu'elles devenaient le point de ralliement de ses ennemis, Cosme n'hésita pas à sévir : en 1444, après un scrutin défavorable, il interdit toute participation à une confrérie aux hommes de plus de vingt-quatre ans qui avaient été « validés » (les *veduti*) pour une candidature à l'un des trois conseils majeurs. La loi fut adoucie, puis durcie en 1446 (l'âge fut abaissé à vingt ans) et, lors de la crise de 1458, Cosme fit décréter par la *Signoria* la fermeture générale de toutes les confréries (y compris celles des « jeunes »)[4]. Mais, en temps normal, il préférait nettement patronner ces confréries, fussent-elles juvéniles, comme celles de la Purificazione et de San Giovanni Evangelista, avec toutes deux leur siège dans le gonfalon même de la famille. D'autant que ces confréries se manifestaient dans l'espace urbain sous la forme de *sacre rappresentazioni* : fêtes et processions à la fois religieuses et laïques (les *giostri*) où se retrouvaient Florentins de toutes classes.

## *Cosme, la fête et le pouvoir*

Dans cette ville resserrée qu'est Florence, avec, autour de quelques places, un réseau de rues d'une grande densité, la fête publique ne pouvait qu'exercer, sur les imaginations des habitants, un profond pouvoir, d'autant que l'année comme la ville étaient quadrillées par un intense calendrier festif : la Pentecôte se fêtait dans le gonfalon de San Spirito, l'Ascension dans celui du Carmine, l'Annonciation à San Felice… Sans parler des festivités qui intéressaient la ville entière : le jour du *Calendimaggio*, où l'on célébrait le début de la belle saison, le Carnaval, la Saint-Jean (-Baptiste), les anniversaires de la prise des villes voisines, etc. Tous y participaient, savants comme artisans, notables comme ouvriers de la laine, et les « thématiques » s'y renouvelaient chaque année : après le concile de 1434 et la réunion supposée des Églises d'Orient et d'Occident, y fleurirent, à la Saint-Jean, les thèmes « orientaux », et lors de la même fête, en 1454, il y eut une véritable cavalcade, avec Moïse, prophètes et sibylles, suivis d'Hermès Trismégiste[5].

La fête la plus significative était celle du 6 janvier, l'Épiphanie, qui donnait lieu à une mise en scène des plus élaborées. Le canevas, en principe, en était simple puisqu'il s'agissait de montrer trois rois venus d'Orient saluer le Roi des rois. Mais, en réalité, c'était – surtout depuis 1417 – la fête des Mages, à grand spectacle, qui, à Florence, marquait le début de l'année. Une chronique de la fin du XVI^e^ siècle nous détaille son déroulement : ce 6 janvier, depuis le couvent Saint-Marc, un magnifique défilé traversait la ville, derrière de somptueux Mages qui retrouvaient le roi Hérode à l'église San Giovanni, avant le massacre (simulé…) d'enfants dans les bras de leurs mères. La symbolique était claire : il s'agissait de représenter les riches et les puissants en marche vers la soumission devant l'Enfant (le Massacre des Innocents, qui sortait de cette symbolique, fut rapidement supprimé). Cette fête était d'ailleurs tellement fédératrice que se créa, au plus tard en 1417, une confrérie dédiée aux Mages ; et tellement somptueuse qu'on ne put la célébrer que tous les trois ans ; elle perdura jusqu'en 1494, au moment de l'exil des Médicis. Dès 1434, année de son retour, Cosme prit soin de se faire reconnaître comme parrain (et mécène) de cette confrérie et s'impliqua personnellement dans la préparation de la fête. En 1439, il la jumela avec la fête de la Saint-Jean, protecteur officiel de la ville, et, en 1443, il renouvela officiellement l'offrande traditionnelle des cierges à saint Marc, symbole du renouveau de la lumière, par les prieurs et les représentants des grands Arts. Peu à peu, cette fête s'officialisa : Cosme créa même un impôt pour en assurer le fonctionnement, de plus en plus coûteux. On l'y aurait d'ailleurs vu en personne, couvert de fourrures, et on dit qu'en 1459 Laurent (le futur « Magnifique »), le chef coiffé du *mazzochio*, le turban à plumes d'or, participa à la solennelle procession, jouant le rôle du plus jeune des Rois Mages. Dès 1446-1447, dans la cellule que Cosme s'était réservée au cœur du couvent San Marco, figurait d'ailleurs une fresque représentant précisément une adoration des Mages à laquelle on n'a pas hésité à donner un sens ésotérique : Hermès (?) présidant à la rencontre entre l'Orient et l'Occident… Toujours est-il que la dynastie restera jusqu'au bout attachée à cette symbolique hautement « consensuelle » dans la ville.

## *Cosme et la mort : les saints de la famille*

En proie à la goutte, mal héréditaire dont devaient mourir – jeunes – ses deux fils et son petit-fils Laurent, Cosme semble avoir été pris très tôt du sentiment de sa fragilité physique et de l'imminence de sa mort. Sentiment entretenu par la vogue, chez les poètes et prédicateurs florentins de l'époque, du thème de la brièveté inéluctable de la vie humaine. Ainsi, dix ans avant de mourir, explique-t-il à Iacopo Guicciardini, futur gonfalonier de justice et grand-père du célèbre historien, qu'« âge et maladie lui attaquent l'esprit et sapent son entendement ». Son épouse Contessina semble elle aussi associée à cette hypocondrie, qui écrit à ses fils Giovanni et Piero, dès 1450 (quatorze ans avant sa mort) : « Cosme souffre d'une fièvre perpétuelle, et les docteurs disent qu'elle n'est pas liée à la goutte ; vous savez qu'il prend de l'âge, si bien que personne ne peut savoir ce qui, d'un jour à l'autre, peut se produire. » Même si, en fin de compte, sa durée de vie entra dans les normes hautes de l'époque, il paraît obnubilé toutes ces années par cette idée de la mort, que vient renforcer le décès prématuré, en 1440, de son frère Lorenzo, demeuré très proche de lui. De là une véritable frénésie édilitaire religieuse, cette obsession de la mort – et du salut – se conjuguant, comme toujours chez lui, avec le souci d'ancrer toujours plus avant la famille dans le tissu serré de la vie spirituelle et sociale des Florentins.

Dès 1434, il se lança donc dans un mécénat bien ciblé, en consacrant une partie non négligeable de sa fortune à la construction (ou la restauration) d'édifices religieux. Il n'était certes pas le premier à le faire : le riche et célèbre Niccolò Acciaiuoli, ami de Pétrarque et de Boccace, avait ainsi fait édifier, dans les années 1340, la magnifique chartreuse de Galluzzo[6], et Barnaba degli Agli avait laissé, à sa mort en 1418, de quoi (6000 florins) restaurer San Domenico de Fiesole, avant que Fra Angelico ne commençât, deux ans plus tard, à y travailler avec les réussites que l'on sait. Mais Cosme apparaît comme le premier, en Toscane, à dépenser autant d'argent pour autant d'édifices religieux : ainsi, dans le *contado,* le couvent

Bosco ai Frati, avec sa bibliothèque, confié aux bons soins de l'architecte de la famille, Michelozzo, ou celui de San Girolamo à Volterra, ou bien (à Fiesole) la « *Badia* (abbaye) *Fiesolana* », entre 1456 et 1467.

Mais, à Florence même, le souci premier de Cosme fut l'emblématique reconstruction d'un important couvent dominicain, celui de San Marco, et de son église : c'est de là qu'on date en général son souci, de plus en plus ardent au fur et à mesure de l'avancée de son âge, de racheter ses péchés et de travailler à son salut personnel. Dès 1436, le bâtiment avait donc été attribué aux Dominicains, déjà installés en « banlieue » (Fiesole) mais soucieux de disposer d'un couvent au centre de Florence. Cela leur avait été accordé mais, en 1443, le couvent, en principe consacré au seul saint Marc, subit une nouvelle dédicace : à saint Cosme, d'abord, patron des médecins et donc figure dominante dans le culte florentin, mais aussi à saint Damien, celui des pharmaciens, tous deux (saints « anargyres » puisqu'ils refusaient d'être payés pour leurs bons soins) ayant été martyrisés au début du IVe siècle, sous Dioclétien, en Cilicie. À San Marco, remanié par Michelozzo qui modela dortoirs, réfectoires et bibliothèque, ils sont omniprésents. Saint Cosme seul sur un tableau de B. Gozzoli destiné à la fameuse « cellule de Cosme l'Ancien » : Jésus y confie sa Mère à Jean, et Jean à la Vierge, comme le veut l'Histoire sainte, mais la disposition des visages laisse penser qu'Il lui confie également… saint Cosme. Dans une *Adoration des Mages*, également de Gozzoli, sur un mur de la même cellule, ce même saint Cosme apparaît, à l'extrême ouest de la représentation, aux côtés d'un proche des Médicis, le philosophe grec Pléthon : Cosme appréciait fort ce philosophe chrétien en même temps que néoplatonicien, qu'il avait rencontré à la cour des Este, dans leur ville de Ferrare, un moment capitale de l'hellénisme italien. Ou bien aussi, toujours à San Marco, mais cette fois du Dominicain Fra Angelico, sur le panneau central de la célèbre *pala* (tableau d'autel), où l'un et l'autre saints sont agenouillés de chaque côté et en contrebas de la Vierge à l'Enfant. Ou sur les huit panneaux de la prédelle entourant le Christ mort, et racontant, de la Guérison de l'hémorragie de Palladia jusqu'à leur décapitation et leur sépulture, la vie des deux saints protecteurs de la famille.

Mais on les voit aussi sur le magnifique retable, toujours de Fra Angelico, pour l'autel (franciscain) de l'église Bosco ai Frati. Ou bien, enfin, sur le panneau principal du retable du Noviciat de Santa Croce, dû à Fra Filippo Lippi et commandé, là aussi, par Cosme. Sa première commande, dans ce registre, avait sans doute été celle qu'il passa en 1434-1435 à Fra Angelico pour la chapelle familiale, dédiée à saint Cosme et saint Damien, dans la nef de San Lorenzo[7], et l'ultime manifestation de sa dévotion à l'égard des deux saints médecins se trouve sans doute dans la chapelle privée de la villa médicéenne de Cafaggiolo, restaurée par Michelozzo en 1451 : le retable, peint dans les premières années 1450 par Alesso Baldovinetti, y présente encore une *sacra conversazione*, inspirée de la *pala* de San Marco. La « conversation », dans un milieu champêtre, y réunit la Vierge, avec l'Enfant sur les genoux, Cosme et Damien auprès de Jean le Baptiste, tous protecteurs de la Florence médicéenne, et, de l'autre côté, saint Laurent et saint Julien, saints éponymes des enfants de Piero fils de Cosme, le tableau ayant peut-être été commandé par Piero lui-même, lors de la naissance de son fils Giuliano.

Pourquoi, dans cette somptueuse mise en scène comme dans bien d'autres, cette plus que récurrente présence des deux saints médecins dans l'espace cultuel florentin ?

D'abord pour des raisons évidentes d'identification : à les voir ainsi, les Florentins ne pouvaient que comprendre combien les Médicis veillaient à la « santé » politique de leurs concitoyens, en guérissant de leur mieux les plaies civiques qui accablaient la cité. Mais aussi – cela relevant d'une plus haute spiritualité –, ils étaient censés se persuader de la constante intercession, en leur faveur, de la famille au pouvoir, à force de voir ces Médicis bienveillants plaider ardemment leur cause auprès de Dieu… Et cela, d'ailleurs, ouvrit toute grande la porte à la flagornerie la plus pure : le poète Anselmo Calderoni s'invente ainsi un rêve où apparaissent les deux saints : « Nous sommes, vous le savez, Cosme et Damien, dévoués à ces deux frères[8] : nous prions pour eux devant le bon Jésus-Christ, en raison de leurs grands mérites sur votre terre, de leur soutien aux églises, aux hôpitaux et de tant de bienfaits ! Combien, grâce à eux, de jeunes filles ont trouvé mari ! Combien de veuves et d'orphelins ont été nourris et habillés !… » Flagornerie qui touche les armoiries des Médicis, où l'orange (*mala medica*) remplace à l'occasion les traditionnelles *palle*. Et Marsile Ficin lui-même de filer la métaphore médicale, rappelant que, si son père a été le médecin de la famille Médicis, Cosme est maintenant celui de sa jeune âme de philosophe[9]…

## *L'église de la famille*

Mais, surtout, personne avant Cosme n'avait pris la responsabilité de (re)construire une église paroissiale d'une importance comparable à Santa Croce ou Santa Maria Novella : en l'occurrence l'église « familiale » de San Lorenzo. Restaurer cette église relevait quasiment de l'obligation filiale : Cosme était bien conscient d'avoir hérité de son père, en tant que *paterfamilias* des Médicis et patron de nombreuses familles du gonfalon, le devoir de redonner tout son lustre à leur église. En 1442, 63 hommes de ce gonfalon s'assemblèrent donc pour confier à Cosme la charge de sa (re)construction. Le processus avait été long : dès 1422, on avait démoli ce qu'il fallait de maisons pour permettre de nouvelles fondations, mais ce n'est qu'au retour de Cosme, après son exil vénitien, que la *Signoria* facilita l'engagement de travaux qui allaient faire de San Lorenzo l'une des quatre plus grandes églises « de quartier » de la ville. Déjà, dans les années 1430, Cosme et son frère Lorenzo avaient veillé en personne à la décoration de la fameuse « Vieille Sacristie[10] », avec sa magnifique « coupole parapluie » et ses douze chapelles, dont la réalisation fut confiée à Brunelleschi, le plus grand architecte du temps, et la décoration, pour partie, au fidèle Donatello. Mais Cosme ne put s'y consacrer pleinement qu'en 1440, une fois terminés les travaux qu'il avait commissionnés dans l'autre édifice cher à son cœur, San Marco, et c'est seulement alors (en 1442) qu'il demanda donc au gonfalon la permission d'y élever la « chapelle principale », entendu que « le chœur et la nef de l'église lui seraient réservés, à lui et à ses enfants » et qu'il s'engageait à « compléter ce corps de bâtiment avec la fortune que Dieu lui avait accordée [...] avec ses armoiries et devises, entendu qu'aucune autre armoirie, devise ou tombe ne pourrait être placée dans le susdit chœur à l'exception de celles de Cosme et des membres du chapitre ». Une fois l'autorisation de travaux accordée avec enthousiasme, Cosme retira la somme voulue de son compte personnel et la plaça à cet effet sur un compte spécifique, dans la banque de la branche florentine des Médicis. L'évolution de ces travaux, par la suite, est en revanche plus difficile à suivre dans le détail : ainsi Brunelleschi, à qui ceux de la nef furent apparemment dévolus, mourut-il, en 1446, avant même que ses colonnes n'aient été extraites de leurs carrières. Quant aux chapelles latérales, mises en parallèle en chantier, elles furent attribuées aux familles alliées qui, au fil des ans et en dépit naguère de l'exil de Cosme, avaient appuyé la restauration de l'édifice. Donatello, l'ami de toute une vie, qui, devenu citoyen de la ville de Sienne, travaillait à la cathédrale locale, revint brutalement à Florence en 1460 : sans doute pour réaliser, sur la commande expresse de son ami Cosme, obsédé ces années-là par l'idée de la mort, les deux splendides chaires de bronze qu'on y voit encore, dédiées à la Passion et à la Résurrection. On connaît enfin l'ultime trace de l'intérêt porté par Cosme à cette église devenue monument familial : le soin qu'il apporta, peu avant sa mort, à... son propre tombeau : selon son fils Piero, « il fut enterré dans l'église San Lorenzo, en terre, dans le tombeau qu'il avait commandé ». Et, effectivement, il fut enseveli sous le dallage[11], à la croisée exacte de la nef et du transept, au centre nerveux de cette église, elle-même centre de la vie spirituelle de la famille et de ses affidés. Ce tombeau sans effigie était la (ré)affirmation d'une simplicité que le « grand homme » avait affichée sa vie durant, même s'il y eut des contemporains pour voir dans cette prétendue simplicité la marque d'un orgueil démesuré : ainsi placé face à l'autel, ce tombeau faisait de l'ensemble de l'église San Lorenzo la chapelle funéraire de Cosme (Flavio Biondo). Toujours est-il que, trois ans après sa mort, son fils Piero fit transférer son corps dans la crypte, en un tombeau couvert de marbre noir et blanc, sans apprêts particuliers, par Andrea del Verrocchio, l'un des artistes de prédilection de Cosme et maître de Léonard de Vinci.

## *Le palais familial*

Les contemporains vantaient volontiers l'emplacement choisi par Cosme, dans les années 1445, pour son nouveau palais, à deux pas de l'ancien (proche de San Marco), au sommet de la prestigieuse via Larga et au carrefour de trois rues de bon aloi : à rester ainsi dans le quartier de ses pères, Cosme, tout en affichant sa position dominante, évitait le péché d'orgueil. Il refusa d'ailleurs le modèle proposé pour sa nouvelle demeure par Brunelleschi comme trop « magnifique » : peut-être le *palazzo* imaginé par le grand architecte devait-il être accolé à l'église San Lorenzo, ce qui aurait donné un ensemble palais-église d'allure trop aristocratique... Il préféra confier le projet à Michelozzo, avec qui il travaillait depuis vingt ans[12], et « parents et amis » lui vendirent alors ce qu'il fallait de maisons pour les fondations d'un palais à la mesure de ce qu'était devenu le clan Médicis.

Demeure familiale, le *palazzo* de la via Larga devait aussi revêtir les caractères d'un véritable centre de pouvoir : on sait en effet que les visiteurs de marque, avant d'être accueillis piazza della Signoria et introduits, au Palazzo Vecchio, auprès de cette *Signoria*, faisaient un détour obligé par le *palazzo Medici*, ce qui modifiait notablement l'espace rituel de la ville. Construit à partir de 1444, il n'a pourtant, extérieurement, rien de vraiment original : Michelozzo avait choisi la forme traditionnelle du palais à bossages, avec bandeaux horizontaux et corniche, mais il eut soin de percer la façade de larges baies et, surtout, de faire du *cortile* intérieur un véritable cloître profane, pour lequel Cosme commanda à son ami Donatello le fameux David : il s'agissait là d'une rupture évidente avec un Moyen Âge où la cour centrale, dans les demeures et châteaux, était généralement étroite et irrégulière. Michelozzo suivit donc, en l'occurrence, les préceptes nouveaux, comme ceux de l'architecte et théoricien florentin Alberti, pour qui l'élément essentiel dans un bâtiment était le *cortile*, bordé de *loggias* : une cité n'étant rien d'autre qu'une grande maison et une maison une petite cité, ce *cortile* devait apparaître comme une place miniature offerte à la déambulation du peuple. Ici, le bâtiment comportait trois étages, avec au dernier une *loggia* ouverte.

Au rez-de-chaussée, donc, un portique carré, avec trois arcades sur chaque côté : plusieurs pièces (*sala grande, camera, anticamera*) devaient en être dévolues à des activités bancaires. D'autres au logement des hôtes ou même à celui de Cosme quand l'infirmité de ses dernières années limita nettement sa mobilité. Et sans doute y donna-t-il ses audiences quand en 1461 il exerça une dernière fois la charge de gonfalonier de justice. De l'aveu, d'ailleurs, de nombreux témoins, ces salles ne désemplissaient pas aux heures « ouvrables » quand s'y précipitaient, selon une hiérarchie bien établie, amis, partenaires commerciaux et solliciteurs. Et c'est au-dessus de ces arcades – comme sur la façade – que s'affichait le « programme » Médicis, avec une série de *tondi*[13] portant les *palle* de la famille, en alternance avec les « roses » (allusion au culte marial cher à Cosme), et les anneaux ornés de trois plumes symbolisant l'éternité, avec l'« humble » devise des Médicis : *semper* (« toujours »). En se faisant édifier un tel bâtiment de prestige, Cosme lançait une mode et une dizaine de « palais » du même genre apparurent dans les vingt années qui suivirent (30 entre 1450 et 1478) : ils appartenaient aux Rucellai, qui requirent pour la façade du leur, sis sur leurs terres de la Vigna Nuova, les services du prestigieux Alberti, mais aussi aux Pazzi, aux Neroni…

toutes familles prestigieuses mais dont les ambitions politiques étaient pour l'instant réduites à zéro, et qui compensèrent par ce zèle édilitaire leur frustration politique[14]. En témoigne le seul qui rivalise à l'époque avec le *palazzo Medici*, celui de Luca Pitti, au-delà du fleuve. La construction en pleine ville du palais familial allait devenir, pour longtemps, le moyen pour ces *consorterie* aristocratiques d'exprimer leur « essence » et de faire valoir leur excellence, malgré les difficultés du temps, ce qui allait largement contribuer à l'éclosion de la splendeur florentine. Comme le disait alors Giovanni Rucellai dans ses *Ricordanze* : « Il y a deux choses importantes que font les hommes en ce monde : la première est de procréer, la seconde, de construire. »

Mais, pour les Médicis au pouvoir, la quintessence de l'autocélébration se concentra dans une petite chapelle privée du *piano nobile* (premier étage) de leur demeure. Sans doute édifié entre 1450 et 1455, ce *luogo tenebroso* sans ouverture extérieure et seulement éclairé par torches et chandelles s'adornait d'un sol de marbre polychrome, à l'image du baptistère de Florence et des premières basiliques romaines, ainsi que d'un plafond de bois doré et peint de vert, blanc et rouge, couleurs des vertus théologales. C'était, pour tous, la *Capella degli Magi*, du nom d'une fresque extraordinaire courant sans interruption autour de la pièce, en écho à la fête emblématique des Médicis, la *cavalcata degli Magi* de l'Épiphanie. Le travail en avait été confié à un autre des artistes fétiches des Médicis, Gozzoli, qui avait ainsi construit un long tableau, chargé et délibérément plurisémique. Sous la traditionnelle représentation du cortège des Mages, il convenait en effet de discerner l'écho direct d'un de ces moments qui avaient fait la grandeur de la dynastie : le déplacement du concile de Ferrare à Florence, obtenu de haute lutte par

Cosme en janvier 1439 : la raison officiellement invoquée avait été la peste, calamité endémique dans la région, mais en réalité les fonds manquaient et la banque Médicis, en offrant d'en financer chez elle les travaux, permit ce concile, qui vit la réunion – théorique – entre les deux Églises, celle d'Orient et celle d'Occident, que des siècles d'incompréhension théologique et politique opposaient. Elle tint ses promesses et l'accueil des délégations fut, en matière d'apparat, à la hauteur des attentes. Pour ces Médicis, banquiers parvenus sans aucune ascendance princière, cela fut une consécration inespérée et le signe, de la part de l'Église officielle, d'une incroyable reconnaissance. Pareil triomphe méritait donc d'être pérennisé : il le fut ici sous la forme de trois cortèges convergeant vers l'autel de la petite chapelle, où trônait un tableau de Lippi représentant la Nativité. À l'est et en blanc, le cortège de Gaspard, le plus jeune des Mages ; au sud et en vert, celui d'un Balthazar dans la force de l'âge ; et, à l'ouest, celui, en rouge, de Melchior, le plus âgé d'entre eux. Ces trois « Mages », représentant donc les âges de la vie, étaient peints sous les traits, selon certains, du jeune Laurent, petit-fils de Cosme, de Jean VIII Paléologue, empereur de Byzance, et de Sigismond de Luxembourg, « roi de Rome » (ou du patriarche de Constantinople). À moins qu'il ne se fût agi, plus simplement, de types idéaux, et qu'il faille aller chercher les Médicis dans le cortège lui-même, comme la figure de Cosme sur une mule, symbole de son humilité traditionnelle, ou celle de Carlo, le fils qu'il eut d'une esclave circassienne, et que l'on reconnaît (?) à son teint et sa coiffure.

Mais l'essentiel des cortèges était constitué, en une longue litanie ordonnée, de la foule des dignitaires à la base de la gloire de la maison Médicis : des alliés étrangers, comme Giangaleazzo Maria, pour les Sforza milanais, ou Sigismond Malatesta, seigneur de Rimini, plusieurs fois à la tête des armées florentines, ou bien encore, sur le mur ouest, les grands associés de la banque familiale, tels Neri Capponi, Luca Pitti ou Niccolò Soderini, tous vêtus de ces fort brillants atours, velours, brocarts incrustés de perles, riches tissus brodés d'or, coiffures d'apparat et ceintures ouvragées (comme celle de « Gaspard ») et décorées de saphirs, rubis et perles... dont le commerce faisait la fortune des Médicis. Sur le mode trinitaire, c'était donc là un voyage à travers le temps de l'année (le printemps, l'été, l'automne), celui de la vie (jeunesse, maturité, vieillesse), comme à travers le monde connu (l'Asie, l'Afrique et l'Europe) sur un décor gothique sorti de celui des tentures flamandes (dont les Médicis faisaient également un fructueux commerce). Même si, selon certains, le paysage de fond, moins conventionnel qu'il n'y paraît, devait plutôt être la représentation d'un « authentique paysage toscan », ce qui en ferait la « plus vaste étude de paysage dans l'Italie de ce siècle » (Diane Cole Ahl), avec un attachement visible au détail d'un environnement champêtre vivant, habité par des travaux agricoles comme par des fermes, des châteaux et des bourgs. Ces trois cheminements aboutissaient au tableau d'autel de Filippo Lippi, la contemplation du Christ enfant, en présence de saint Bernard, garant de la bonne entente, selon le fameux recueil médiéval de vie de saints, la *Légende dorée*, entre les cités et l'Église, et dont Cosme appréciait les *Sermons sur la Nativité*, ainsi que de saint Jean-Baptiste, le protecteur de la ville. La rupture entre les deux programmes était nette et marquait le passage du monde opulent et orgueilleux d'une Florence fière d'elle-même à l'austère décor de la Révélation. Clairement, ici, l'offrande des Mages allait au-delà de celle de l'or, de l'encens et de la myrrhe, et Lippi, dans l'intimité discrète de la scène, insistait bien plutôt sur la haute teneur en spiritualité de ce don : ce que les Mages offraient là, c'était la charité et l'humilité de leurs cœurs, qualités que prônaient par-dessus tout les *confratelli*, les membres de cette confrérie des Mages dirigée par les Médicis, et qui seront les thèmes dominants dans les sermons de ces *confratelli*, les jours suivant la mort de Cosme.

## *Les villas familiales*

Mais que valait un palais renaissant sans son complément obligatoire, une ceinture de villas de luxe pour les loisirs, studieux ou frivoles mais toujours distingués, de la famille ? Les Médicis se plièrent bien volontiers à la règle, à l'instar de la prestigieuse dynastie d'Este, qui s'enorgueillissait, autour de sa somptueuse ville de Ferrare, de célèbres *delizie*, comme celle de Belriguardo, tant aimée de Lucrèce Borgia. Les Médicis en possédaient déjà deux, celles de Trebbio et Cafaggiolo. La première avait été construite à l'instigation de Giovanni et confiée par son fils Cosme aux bons soins de Michelozzo, qui en avait fait une manière de moderne forteresse médiévale ; la seconde, dans la famille depuis le milieu du XIV^e^ siècle, avait elle aussi été remodelée en 1428, toujours sur le mode médiéval, par le même Michelozzo. Mais le chef-d'œuvre fut celle de Careggi : plus proche de Florence, elle avait également été repensée par Michelozzo, qui, tout en lui laissant sa tour, avait allégé ce manoir gothique en y perçant nombre de baies donnant sur un jardin et l'avait aménagé en sorte qu'il puisse accueillir la bibliothèque de Cosme et une partie de ses collections artistiques. Cette charmante villégiature, à côté de laquelle

Cosme offrit une petite maison à son ami Marsile Ficin et où il mourut, était bien sûr au service de la propagande médicéenne, accueillant les visiteurs de marque dans une ambiance résolument familiale : là, Cosme peaufinait son image de simplicité en affectant de se conduire en (grand-) père de famille. Le diplomate Lodovico Carbo raconte ainsi qu'un entretien de Cosme avec des ambassadeurs lucquois fut interrompu par l'un de ses petits-fils (peut-être Laurent), qui exigeait qu'il jouât pour lui et avec lui de la cornemuse. Cosme s'exécuta, au grand étonnement de ses interlocuteurs : « Eh quoi, leur répondit-il, n'êtes-vous pas aussi des pères ? Ne savez-vous pas ce que signifie aimer ses fils et petits-fils ? Vous êtes stupéfaits de me voir jouer de la cornemuse avec lui : estimez-vous heureux qu'il ne m'ait pas demandé de jouer de la trompette. » Même scène d'intimité « bourgeoise » avec Galeazzo Maria Sforza qui écrivit en 1459 à son père : « Nous avons dîné là, tous ensemble, à l'exception de Giovanni di Cosimo qui ne s'est pas assis et n'a pas mangé avec nous parce qu'il avait beaucoup à faire [...]. À la fin, les dames nous ont donné un charmant petit spectacle : y ont pris part les épouses de Piero et de Giovanni, une grande fille de Piero, l'épouse de Pierfrancesco, une jeune Strozzi et quelques femmes de la campagne. Toutes ont dansé à la mode florentine, sautant et glissant de gracieuse manière. » Faut-il voir là un reste de modestie républicaine, ou plutôt l'affectation de simplicité caractéristique de cette aristocratie dans laquelle les Médicis, en deux générations, avaient fait leur entrée ? Voyons surtout ici la marque spécifique de Cosme au sein de la dynastie, celle de l'image d'un pouvoir patriarcal que la famille oubliera – et dépassera – bien vite...

## *Cosme, ses intellectuels*

Le coup de génie de la maison Médicis, et qui allait bouleverser l'image de la ville de Florence, fut de convertir sa culture originelle, marchande et banquière, en une autre, bien plus prestigieuse dans l'Italie du temps, cette culture philosophico-artistique de haut niveau qui sera sa marque devant l'Histoire. Et la responsabilité en incombe tout entière à Cosme : c'était, on l'a vu, un homme cultivé, helléniste confirmé mais, bien évidemment, non professionnel, ce qui le coupait d'un accès direct aux textes en vogue dans la Florence de la seconde partie du *Quattrocento*. La mode était alors à Platon, mal connu du Moyen Âge et que l'on redécouvrait à travers des manuscrits venus de Constantinople. Mais on s'intéressait aussi à la pensée ésotérique que la postérité avait tirée des grands textes platoniciens, et que l'on se plaisait à rapprocher du credo chrétien. Parmi ces « néoplatoniciens » au grec difficile d'accès, on prisait en particulier Plotin et Denys l'Aréopagite, que Cosme se fit traduire sous le nom d'*Hermetica*. Le premier, philosophe du IIIe siècle après J.-C., posait trois principes : l'Un, l'Intelligence et l'Âme du monde. Au sommet, l'Un, principe de ce monde, assimilable au Bien, cause de lui-même et de toutes choses. Puis l'Intelligence, qui en découlait et contenait tout le pensable, autrement dit l'ensemble des Idées et des intelligibles selon Platon. Et enfin l'Âme, principe parfait de compréhension du sensible, qui se déclinait dans toutes les âmes terrestres contraintes, elles, de s'adapter à la diversité du réel. Pour préserver leur pureté, les âmes humaines devaient donc éviter de se laisser accaparer par la matière, et surtout par ce corps qui, comme chez Platon, demeurait leur « tombeau », sans toutefois le nier.

Le « dernier » Cosme, celui des années 1460, résolument platonicien mais incapable d'accéder par ses propres moyens à pareils textes, créa donc en 1459, dans sa villa de Careggi, une véritable académie néoplatonicienne autour d'un jeune érudit, fils d'un médecin du val d'Arno, futur chanoine (de San Lorenzo, en 1473), Marsile Ficin (1433-1499). On trouvait dans cette académie de fortes personnalités, comme le Guelfe militant Cristoforo Landino, ancien assistant du prestigieux chancelier Poggio Bracciolini (spécialiste de Virgile et d'Horace, il avait été nommé professeur de rhétorique et de poésie en 1458 au *Studio* florentin grâce à l'appui des Médicis), ou bien – et surtout – le grec Jean Argyropoulos : fait prisonnier par les Ottomans en 1453, il avait réussi à se racheter et à se réfugier dans le Péloponnèse (la « Morée ») avant d'être envoyé en ambassade en Italie par le despote Demetrios Paléologue puis appelé en 1456 à Florence par Cosme pour éduquer la nouvelle génération Médicis. Cette académie perdurera et la rejoindront plus tard, sous les auspices du petit-fils du fondateur, Laurent « le Magnifique », des personnalités aussi importantes que Pic de la Mirandole (1463-1494) ou Ange Politien (1454-1494). Tous ces érudits de haut niveau se réunissaient donc dans la villa de Careggi en des banquets « rituels » pour rendre honneur à Platon dont, dit-on, un buste, sempiternellement éclairé d'une bougie, présidait aux débats. Ou bien aussi dans la villa toute proche que Cosme avait offerte à Ficin, l'*Academiola*, dans un paysage bucolique, parmi rochers et sources, avec un magnifique panorama sur Florence. Et c'est au sein de ce décor idyllique que les humanistes se plaisaient à affirmer les possibilités infinies de l'âme, et l'étendue des capacités de l'artiste. Ce qui constituait une véritable révolution : le peintre, le sculpteur n'étaient plus désormais de simples « mécaniques », appellation condescendante appliquée aux travailleurs manuels en tous genres, mais de véritables créateurs, révélateurs de réalités supérieures au monde humain. Tandis que leurs figures s'individualisaient, selon la formule prêtée à Cosme en personne : *Ogni dipintore dipinge se* (« tout peintre se peint lui-même »). Quant aux poètes, ils cessaient – apparemment – de mettre une plume marchande au service de commanditaires fortunés pour faire apparaître, par un agencement savant des mots, les linéaments de ces réalités : l'art devenait donc maintenant, pour toute une société, le moyen privilégié de pénétrer les secrets et les arcanes du monde. Le Beau, en l'occurrence, y constituait, selon l'enseignement de Platon, la valeur suprême, couronnant un univers supérieurement ordonné en une ineffable « musique ». Tout cela dans un contexte religieux soigneusement préservé : si les Textes sacrés de la tradition chrétienne faisaient ainsi connaître Dieu par l'Amour, les enseignements platoniciens permettaient de le saisir en tant que sagesse suprême, en un syncrétisme hautement assumé devenu à Florence une manière d'idéologie officielle.

Cette quête philosophique s'intégrait donc dans le grand mouvement de réappropriation des savoirs antiques qui caractérise la Renaissance italienne. Et, pour la « haute bourgeoisie » florentine, cela passait par l'acquisition, bien matérielle, des vestiges disponibles de l'Antiquité. Chez les Médicis, l'initiateur de ce goût pour les collections anciennes fut, de l'avis général, un artiste proche de la famille, le grand sculpteur Donatello (mort en 1466). Grâce à lui, Cosme acheta des pièces importantes, et lui-même les restaura. Cela n'allait pas de soi, à Florence, où les vestiges antiques n'affleuraient pas spontanément à la surface du sol comme à Rome, et les Florentins du temps en concevaient de l'humeur, mettant en avant ce qu'ils avaient sous la main, comme les thermes voisins de Santa Croce ou le « Capitole » du Marché Vieux, ou bien inventant à leurs monuments un passé aussi lointain qu'improbable : le baptistère devint ainsi, dans le credo local officiel, un temple de Mars élevé au temps d'Auguste... Même si ces Florentins tenaient aussi à souligner leur originalité en rappelant leurs prestigieuses origines étrusques. À partir de 1440, donc, Cosme, à l'instigation et sous le regard de Donatello, se lança dans la constitution de sa propre galerie d'« antiques » : bon connaisseur des ruines romaines, le sculpteur présentait en effet l'avantage de bénéficier de précieux contacts dans les bourgades de l'axe Ancône-Rimini-Padoue, régulièrement suivi par les « marchands » d'œuvres d'art, et surtout de ces camées, intailles et médailles, objets auxquels allaient les préférences des collectionneurs et des artistes. En témoignent les *tondi* des murs du *cortile* du palais Médicis : on y retrouve en effet, dans un médaillon latéral, le personnage de Diomède accompagné d'un faune et de Bacchus enfant; dans un autre, côté entrée, le triomphe de Bacchus et d'Ariane; à l'ouest, ce sont Athéna, Dédale et Icare, et enfin, côté jardin, un centaure et un prisonnier. Toutes ces scènes ainsi juxtaposées n'étaient en fait que la transposition des motifs inscrits sur des gemmes anciennes appartenant aux collections médicéennes, dont la plus fameuse, l'intaille de cornaline « de Diomède ». Un seul motif échappait à la règle : un sarcophage antique, dont le modèle était malgré tout connu de tous, bien visible devant le baptistère.

Quant aux fragments de sculptures antiques acquis par la famille, on les cantonnait dans les jardins, comme celui de la via Larga : là, dira Vasari, on pouvait voir « des panneaux en demi-relief placés sous la loggia du jardin tourné vers San Lorenzo, l'un, un Adonis avec un chien, l'autre, deux nus. […] Et ce jardin était en outre garni de torses de femmes et d'hommes, que n'étudiait pas seulement Marietto mais tous les sculpteurs et peintres contemporains[15] ». Il semblerait que ce jardin pédagogique de San Marco ait au moins hébergé deux antiques Marsyas[16], des fragments de bronze et une importante série de portraits, d'époque romaine. Pourquoi ce choix de Marsyas ? C'est que l'histoire du malheureux satyre, écorché vif pour avoir défié Apollon dans un défi musical, « parlait » éloquemment aux platoniciens locaux : à leurs yeux, Marsyas, en choisissant la lyre, avait opté pour les valeurs terrestres et charnelles, au contraire du dieu, vainqueur du concours, dont la légère flûte ne pouvait qu'élever les âmes vers les mondes éthérés de la spiritualité. Et, paradoxalement, il est une autre œuvre de ce jardin que nous ne connaissons qu'à travers la décision de Laurent de… s'en défaire : une tête de cheval, colossale, dont en 1471 il fit cadeau au comte Diomède Caraffa de Naples. La vogue du jardin-musée, promise à un bel avenir, était ainsi lancée, indispensable complément, comme à Careggi, du *studio* (ici le « cabinet d'étude ») de l'humaniste.

Mais le fondement de cette culture médicéenne était le livre, auquel Cosme voua, sa vie durant, un attachement d'une grande efficacité : Florence ne lui doit d'ailleurs pas moins de trois bibliothèques. L'une à l'abbaye de Fiesole, à laquelle il offrit 200 volumes que le grand libraire Vespasiano da Bisticci (surnommé le « Prince des libraires ») avait réunis pour lui l'espace de deux années (1462-1464) ; une autre, léguée par un autre « humaniste » de la génération précédente, Niccolò Niccoli, qui avait souhaité que fussent mis à la disposition des amateurs, après sa mort, les 800 manuscrits de sa collection. C'était un obligé de Cosme, qui l'avait longtemps soutenu financièrement : à sa disparition (1437), il régla ses dettes et fit placer ses ouvrages dans une pièce aménagée à cet effet par Michelozzo au cœur du couvent Saint-Marc, en 1441. Puis il confia à Tommaso Parentuccelli, le futur pape Nicolas V, le soin de développer le fonds de cette bibliothèque réellement publique. Parallèlement, on sait que très tôt (1412) Cosme se constitua une bibliothèque privée : en 1418, elle recelait 66 volumes, avant de s'enrichir de manuscrits de Niccolò Niccoli échappés à Saint-Marc puis d'ouvrages précieux dont il se fit un commerce important lors du concile de 1439-1440.

### *Cosme et ses artistes : deux peintres et un architecte*

Mais rien n'aurait été possible de cette « révolution » médicéenne sans, à Florence, un aréopage d'artistes assez compétents pour faire passer les images de ce nouveau monde, aussi idéales fussent-elles, dans la matière. Regroupés dans la compagnie de San Luca, les artistes donnaient le sentiment de « fourmiller » à Florence. Au point que Vasari, dans sa *Vie* du peintre Pérugin, fait dire à son vieux maître que s'il est bien des raisons à cette foisonnante abondance de talents dans la ville (le goût passionné des habitants pour l'art, accompagné d'un sens aigu de la critique, ainsi que la haute idée que les artistes y avaient d'eux-mêmes) la principale était la taille de la Toscane, trop exiguë pour donner du travail à tous. Vu la rudesse de l'émulation ambiante, les artistes « médicéens », représentants de l'air du temps, durent d'ailleurs au soutien sans faille de Cosme de réussir à s'insérer dans le paysage artistique local. Confréries et corporations y étaient en effet attachées, pour leurs pieuses fondations, à des figurations traditionnelles de leurs saints tutélaires ou de tel ou tel moment privilégié de l'Histoire sainte. Et, même si ces confréries s'ouvraient peu à peu aux thèmes humanistes dans les *orationes* (discours-prêches) qui s'y prononçaient, l'ambiance culturelle dans laquelle on y baignait était fort conservatrice. Cosme imposa donc « ses » peintres en privilégiant les commandes à un nombre réduit d'artistes de grand talent, souvent devenus d'ailleurs ses amis.

Parmi eux, le peintre (Fra) Filippo Lippi, étrange moine que Cosme eut le grand mérite de repérer, en dépit de ses dangereuses frasques. Avec lui, la protection de Cosme fut loin de se limiter à un soutien économique. En 1421, le tout jeune (quinze ans) Filippo avait été placé au couvent des Carmes, dans l'Oltrarno, où il avait dû prononcer ses vœux. Là, au moins, il avait pu s'imprégner du travail de deux grands, Masaccio et Masolino, à la chapelle Brancacci[17], mais, au bout de dix ans, il dut quitter le monastère, visiblement en froid avec l'institution ecclésiastique qui lui retira les bénéfices dont il jouissait. Indulgents, les Médicis, en 1438, prirent à leur service ce garçon un peu remuant que l'Église n'aimait pas. Ce fut un bon investissement, puisque Cosme et son fils Pierre (que l'on dira « le Goutteux ») le firent abondamment travailler. Ils ne purent toutefois lui éviter l'estrapade, pour une sombre affaire de commande payée et non exécutée, mais à peine tiré de ses embarras il se lança pour leur compte dans une vaste entreprise, les fresques de saint Étienne et saint Jean-Baptiste de la cathédrale de Prato, qui lui prirent treize ans. Entre-temps, apparemment en meilleurs termes avec l'Église, il avait été nommé au poste enviable de chapelain de cette même ville de Prato. Mais le naturel ne tarda pas à revenir et, en 1441, il y enleva en pleine procession une nonne du monastère

Sainte-Catherine, Lucrezia Buti, dont il avait appris qu'elle était enceinte de lui… Cette fois, l'Église n'admit pas le scandale : corrompre une nonne était un vrai crime, passible de la peine de mort. Heureusement, Cosme, ami personnel du nouveau pape Pie II Piccolomini, se précipita à Rome et obtint que le moine et la religieuse fussent relevés de leurs vœux. Les tourtereaux purent enfin régulariser la situation : ils s'installèrent à Prato où naquit quelque temps plus tard une petite Alessandria. La liaison dura, et Lucrezia, en 1457, donna naissance à un futur grand peintre, Filippino Lippi. Jamais Cosme, en dépit de ces débordements, n'abandonna Filippo, au grand étonnement de son entourage, répétant, si l'on en croit Vasari : « Les génies exceptionnels ont forme céleste, et ne sont pas des cochers abrutis. » Il se plaçait ainsi dans le droit fil du néoplatonisme qui revendiquait pour l'artiste un statut à part, celui de *sacerdos Musarum* (« prêtre des Muses »), puisque son âme avait le privilège de coïncider avec l'« âme universelle ». En même temps qu'il faisait preuve d'un attachement – nouveau pour l'époque – du mécène à l'égard de « son » protégé…

Mais l'artiste le plus proche de Cosme fut incontestablement l'un des génies du siècle, Donato di Niccolò di Betto Bardi, autrement dit « Donatello », qu'il prit sous sa protection officielle en 1434. Les deux hommes étaient presque contemporains. Né en 1386, trois ans avant Cosme, mort deux années après lui, il obtint la rare faveur d'être inhumé, à sa demande expresse, dans la crypte de San Lorenzo, tout près de son commanditaire et ami. C'est à lui en effet que Cosme avait passé, tout jeune, ses deux plus importantes commandes, celle du tombeau du pape Jean XXIII au baptistère de Florence et le décor de la « Vieille Crypte » à San Lorenzo. Et aussi la dernière, celle des deux chaires de bronze toujours à San Lorenzo, même s'il dut sans doute collaborer à la conception du tombeau de Cosme, dont l'attachement à son égard était réel. Vespasiano da Bisticci précise même que Cosme, « ami des peintres et des sculpteurs », veilla à ce que sa banque fournît à l'artiste, en le défrayant chaque semaine, de quoi vivre, lui et quatre assistants. Poussant la sollicitude jusqu'au ridicule, ajoute Vespasiano, puisque Cosme, soucieux de renouveler la garde-robe, fort négligée, de son protégé, lui offrit un vêtement rose auquel il renonça bien vite devant les quolibets de ses concitoyens. Mais il était, aux yeux de tous, le maître du dessin (*graphikê*) et de l'animation (*psuchê*), talents appuyés sur une solide information antique. Comme le montrent bien des médaillons tels ceux de la sacristie de San Lorenzo : les Évangélistes y sont assis sur des trônes, devant des tables à l'image d'autels antiques ; deux Éros nus apparaissent sur celle de saint Matthieu, tandis que deux autres, ailés, s'affrontent sur celle de saint Marc, figurant la lutte entre Éros et Antéros, « Amour » et « Contre-Amour ». Autrement dit amour charnel et amour de la vertu, thèmes récurrents qui traverseront allègrement XVI^e^ et XVII^e^ siècles et que l'on retrouvera jusque dans les recueils d'emblèmes jésuites. L'attachement de Cosme à « son » artiste dépassa même les limites de la mort : peu confiant (à juste titre) dans les capacités gestionnaires de son ami, il exigea qu'après sa disparition la famille continuât à entretenir l'artiste. Pierre « le Goutteux » lui fit donc présent d'une petite propriété dont il se défit un an plus tard, les soucis de propriétaire nuisant à sa concentration artistique, et préféra la rente viagère qu'en désespoir de cause lui proposa alors le clan… Peu à peu saisi par la paralysie, il mourut le 13 décembre 1466, et la pompe de ses funérailles ne serait égalée que par celle de Michel-Ange.

Le grand architecte du *Quattrocento*, à Florence, est indubitablement Filippo Brunelleschi (1377-1446) : San Lorenzo, l'église paroissiale des Médicis, c'est lui ; l'hôpital des Innocents, pour l'Art de la Soie, c'est lui ; et c'est à lui aussi qu'on doit la coupole de Santa Maria del Fiore : même si, octogone – un peu – pointu (ovoïde) et rappelant – un peu – le système ogival, elle ne fait pas totalement « renaissante », mais, « assez vaste pour pouvoir couvrir de son ombre tous les habitants de la Toscane », selon la formule d'Alberti, elle renouvelle le paysage ô combien resserré de la ville intra-muros et affirme aux cités concurrentes – Sienne, Lucques, Pise et même Milan – l'évidence de la supériorité de Florence. Aussi eût-il été logique de voir Cosme choisir Brunelleschi pour architecte « officiel ». Or ce choix se porta très tôt sur un proche de Donatello, dont il avait partagé l'atelier jusqu'en 1433 (ils collaborèrent notamment à la réalisation du tombeau de Jean XXIII), Michelozzo di Bartolomeo Michelozzi (1396-1472). C'était un élève de Brunelleschi : le maître le présenta à Cosme, auquel il s'attacha suffisamment pour le suivre à Venise les deux années d'exil que lui imposèrent les Albizzi. Mais désormais les deux hommes étaient liés d'une amitié qui jamais ne se démentit, et les réalisations en tous genres de Michelozzo marqueront durablement la ville : avec le *Chiostro dei voti* de la basilique de la Santa Annunziata, où, dès 1444, il travailla avec Alberti ; avec le lanternon du Dôme ; avec le palais – on l'a vu – de la via Larga où, en quinze ans d'efforts, il créa une nouvelle tradition de « palais » renaissants, ouverts sur leur façade, ce qui permettait dès l'entrée une perspective sur le jardin, au-delà du *cortile*. Michelozzo représenta donc l'intégration dans le système médicéen de la recherche et de la réflexion de son maître Brunelleschi, l'homme de cette perspective artificielle. Alberti la formalisera peu après dans ses traités, et elle gouvernera pour des siècles tout un pan de la perception artistique de l'espace.

Ainsi Cosme laisse-t-il en 1464, au moment de sa disparition, une image complexe, et il ne faut pas moins de deux chapitres à Machiavel, dans ses *Histoires florentines,* pour dresser un bilan de sa « Seigneurie ». Pas de réserves – apparentes – dans l'éloge : « De tous les hommes célèbres qui ne furent pas des capitaines, il fut le plus illustre et le plus renommé qui ait jamais existé, je ne dis pas seulement à Florence mais dans toute autre République[18]. » Pour d'évidentes raisons : « La sage politique, les richesses, la manière de vivre et la fortune de Cosme le firent chérir et craindre des Florentins et lui concilièrent à un degré prodigieux l'estime des Princes non seulement de l'Italie mais de l'Europe entière. » Pour la génération des grands chanceliers, comme Salutati, l'« intellectuel » devait jouer sa part dans la vie de la cité. Mais pour la génération suivante, celle du philosophe néoplatonicien Marsile Ficin, l'ami de Cosme, la réalité tangible n'est pas le lieu de la vérité, laquelle se situe dans un empyrée idéal et éthéré, qui s'atteint non plus par le raisonnement mais par une adhésion affective : ainsi Minerve s'efforce-t-elle, dans le célèbre tableau de Botticelli, d'arracher le pauvre et lourd centaure à son corps d'animal pour le hisser jusque dans le monde de la beauté et de l'harmonie. Le rôle de l'intellectuel n'est donc plus d'imposer au « peuple » la sagesse de son gouvernement mais de l'éclairer sur le monde idéal qui « existe » au-delà des apparences. Inutile de dire combien pareille « idéologie » peut s'avérer précieuse pour n'importe quel gouvernement… Ce projet fut-il délibéré et Cosme poussa-t-il le machiavélisme intellectuel jusque-là ? Et quelles furent alors ses ambitions réelles ?

Stefano Ussi, *L'Expulsion du duc d'Athènes*, 1860.
Rome, galerie d'Art moderne.

Plan de la ville de Florence, réalisé par Francesco di Lorenzo Rosselli en 1490.

Florence, musée Firenze com'era.

Benozzo Gozzoli, *Le Voyage des Mages.*
Au premier plan, Gaspard, sous les traits, peut-être, de Laurent « le Magnifique ».
Florence, palais Medici-Riccardi, chapelle des Mages.

Bronzino (Angelo di Cosimo, 1503-1572), *Portrait de Julien de Médicis*, frère de Laurent « le Magnifique », assassiné en 1478.
Florence, galerie des Offices.

Jean van der Straet, *Joute sur la place Santa Croce*, 1555.
Florence, Palazzo Vecchio.

Giorgio Vasari, *Laurent le Magnifique*.
Florence, galerie des Offices.
© Battaglini/Leemage

Andrea de Piero Ferucci, *Portrait de Marsile Ficin*.
Florence, Dôme. © Bridgeman Images

Cecco Bravo, *La Renommée ovationnant les exploits de Laurent le Magnifique* ou *Laurent le Magnifique recevant une procession de Muses* (1635).
Florence, palais Pitti.

Mino da Fiesole, *Portrait de Pierre le Goutteux.*

Florence, palais Bargello.

© Raffael/Leemage

Bronzino (Angelo di Cosimo, 1503-1572), *Portrait de Julien de Médicis*, duc de Nemours.

Florence, palais Medici-Riccardi.

© Luisa Ricciarini/Leemage

Portrait de Cosme Ier de Médicis (1519-1574).

Florence, palais Medici-Riccardi.

© Luisa Ricciarini/Leemage

Eut-il réellement l'intention de fonder une dynastie, en dépit de l'allure de simple marchand qu'il s'efforça de se donner, et de simple citoyen courant librement les rues ? Ou bien, instruit par l'expérience, brève mais ô combien marquante, de l'exil, travailla-t-il d'abord à assurer à la famille stabilité économique et politique, entre *popolo* et *magnati*, parmi des familles ombrageuses bien résolues à ne lui permettre aucune approximation ? Sans doute y réussit-il et il apparaît bien, parmi ses contemporains et compatriotes, comme le seul à avoir réellement compris les complexités et les enjeux du système bancaire et commercial de son temps. Mais, à ses yeux, cette stabilité, seul gage de prospérité, ne pouvait s'entendre sans une mise au pas des oppositions diverses, et, s'il y parvint, ce fut au prix d'une sévère « domestication » des institutions de la vieille République, dont il connaissait comme personne les faiblesses.

# 9

# Pierre « le Goutteux » : Piero di Cosimo de Medici, les krachs et la question dynastique

## *Un Médicis de transition ?*

Aux yeux de la postérité, Piero di Cosimo de Medici, dit « *il Guttoso* » (« le Goutteux ») en raison d'une arthrite invalidante que soignaient mal de longs et fréquents séjours aux eaux chaudes de Sienne et de Volterra, apparaît comme un successeur en même temps qu'un prédécesseur : successeur d'un « génie » et prédécesseur d'un autre, situation inconfortable s'il en est et qui ouvrait la porte à un dénigrement facile. Selon l'historien des débuts du XX^e^ siècle Romolo Caggese, il était ainsi « d'une nature bornée et obtuse, engourdi, endormi, avec des dispositions marquées à l'avarice et la méchanceté… ». Machiavel, d'ailleurs, s'il détaille longuement sa reprise en main de la mécanique politique florentine, se contente, après avoir fait mention de la mort de son père, de parler de lui comme de l'« héritier de sa fortune et de son pouvoir[1] ». C'était, certes, un « héritier » : il était né le 16 juin 1416 dans la vieille maison familiale de la via Larga, bien avant les aménagements de Michelozzo. Cette maison était alors un centre d'affaires et Cosme avait pris l'habitude d'y régler les siennes après la mort de son père Giovanni di Bicci en 1429. Pierre y vécut donc, semble-t-il, le temps de son enfance et de son adolescence, en compagnie de ses parents et de son frère Giovanni, né en 1421, ainsi que de ses grands-parents Giovanni di Averardo et Piccarda Bueri, mais aussi de son oncle Lorenzo, de son épouse Ginevra Cavalcanti et de leur fils Pierfrancesco. Nous connaissons mal sa formation première : sans doute partagea-il avec son frère Giovanni les leçons du latiniste Antonio Pacini, mais il dut également rencontrer là les humanistes de l'entourage de son père, Niccolò Niccoli, le collectionneur de manuscrits, et surtout celui qui fut vraisemblablement son précepteur officiel, Carlo Marsuppini. Ce fidèle entre les fidèles, helléniste et latiniste de grand talent, professeur au *Studio* de Florence, le suivit en 1430 lorsque la famille entière dut fuir la peste qui toucha gravement la région (Niccoli fut du voyage). Et il accompagna aussi son élève en 1431 à Rome quand il fallut saluer le nouveau pontife, le Vénitien Eugène IV Condulmer. Mais sans doute Pierre garda-t-il également quelque lien avec un ennemi farouche de la dynastie, Francesco Filelfo, dont il avait suivi les leçons de 1429 à 1434. L'exil de Cosme à Venise lui donna aussi l'occasion de parfaire son éducation humaniste : il en profita en effet pour aller de cour en cour se faire (re)connaître de ses pairs et suivre les leçons de tel ou tel érudit en résidence auprès des plus brillants Princes d'Italie du Nord. Ainsi, à Ferrare, côtoya-t-il Guarino Veronese, que Nicolo III d'Este avait fait venir pour l'éducation de son fils Leonello. Il noua également des liens d'amitié avec Leon Battista Alberti dans les années 1434-1436, quand il vint à Florence à la suite d'Eugène IV, et le retrouva en 1438 à Ferrare, à l'occasion du concile. Le polymathe lui dédia alors la version en langue vulgaire de son *Traité du mariage* (*De re uxoria*), insistant fortement dans sa dédicace sur sa grande culture humaniste.

Mais Cosme avait eu soin d'ancrer la carrière de son fils dans le tissu socio-politique de Florence, sans rien négliger de ce qui dans la ville faisait de vous un notable soucieux de respecter les hautes institutions locales : dès 1425, il le fit ainsi inscrire à l'Art du Change, corporation, on l'a dit, des banquiers, puis, en 1435, au prestigieux Art de la Laine, et, en 1436, à l'Art en pleine progression, celui de la Soie, et enfin, en 1439, à l'Art de *Calimala*, plutôt alors corporation marchande. Mais ce n'est qu'en 1451, lorsque Cosme commença à se retirer des affaires, qu'il fit véritablement son entrée dans la banque Médicis, comme associé pour un quart du capital investi, avec son frère Giovanni pour un autre quart et son cousin Pierfrancesco pour la moitié restante. La carrière bancaire de Pierre semble bien d'ailleurs s'être arrêtée là, en raison, pense-t-on, d'une décision ancienne de Cosme qui réservait les finances à Giovanni et la politique à Pierre. Cela ne se fit pas sans difficultés : quand au printemps 1438 les deux frères furent envoyés à Ferrare pour le concile, Pierre fit partie de la délégation officielle, en tant que *giovane*, tandis que Giovanni demeurait, à son grand dam, confiné dans la banque Médicis attachée aux déplacements de la Curie. Après ces expériences diverses, Cosme le trouva apparemment mûr pour la carrière diplomatique, propédeutique nécessaire à qui se destinait au gouvernement d'une cité. Ainsi, en 1447, représenta-t-il Florence lors de l'intronisation du pape Nicolas V, puis, à Rome toujours, en 1450, lors des cérémonies du Jubilé, ainsi qu'à Milan, au printemps de la même année, auprès de Francesco Sforza, et c'est à lui qu'il échut de tisser le réseau d'alliances qui présida à la paix de Lodi.

Prieur et *accopiatore* en 1448, il fut gonfalonier de justice en 1461, dernier Médicis à daigner accepter cette charge naguère encore décisive.

Entre-temps, il avait conforté sa position dans la ville par un (très) beau mariage avec la brillante Lucrezia, de la famille Tornabuoni : c'était une « humaniste » véritable, bien connue pour ses talents de poétesse, amie du poète Luigi Pulci, auteur d'un assez peu catholique *Morgante* où il la célèbre au chant XXVIII. Âme pieuse, elle donnait quant à elle dans une poésie très religieuse, chantant ainsi, dans des laudes, les épisodes fondamentaux de la vie du Christ (Nativité, Passion, Résurrection…), comme elle raconta longuement les histoires de saint Jean-Baptiste et d'Esther. Tout cela voisinant d'ailleurs avec d'étonnants sonnets burlesques. C'était également une femme de tête, comme elle le montrera quelques années plus tard, après la mort de son époux, en prenant à ferme, en modernisant et en gérant les importants bains, prétendument curatifs, de Bagno a Morba. Quant à sa famille, les Tornabuoni, c'étaient des gens sûrs, qui avaient soutenu les Médicis pendant leur exil vénitien et largement contribué à leur retour. À Côme, Lucrezia donna six (ou sept) enfants, dont Laurent, le futur « Magnifique », et l'infortuné Julien. Nous la connaissons par un portrait de Domenico Ghirlandaio, actuellement à la National Gallery de Washington.

## *Pierre dans la crise*

Même s'il serait artificiel, voire illusoire, de faire mécaniquement coïncider l'histoire de chacun des successeurs de Cosme avec un épisode de celle de la banque Médicis, il est évident qu'à sa mort elle avait dépassé son acmé et ne connaîtrait plus désormais qu'un lent déclin. En 1464, déjà, plusieurs branches connaissaient des difficultés grandissantes, avec d'importantes pertes de profit. Pierre suscita donc un audit pour savoir « dans combien de pieds d'eau il pataugeait ». Les résultats durent en être globalement alarmants puisqu'il se lança immédiatement dans une politique de « restructuration » drastique. Avec, d'abord, la banque de Venise, dont les profits avaient régulièrement baissé de 1461 à 1463 : le directeur d'alors, Giovanni d'Oddo Altoviti, devant gérer une situation difficile en raison de prêts excessifs accordés par son prédécesseur aux grandes familles locales, Corner ou Dandolo, Pierre lui intima l'ordre de donner un coup d'arrêt à cette politique et de limiter les taux d'intérêt servis par la banque... dont les jours étaient comptés. La courte guerre entre Florence et Venise (1467-1468) n'ayant pas arrangé les choses, Pierre, sur le conseil de son directeur Sassetti, liquidera cette filiale prestigieuse mais peu lucrative en 1469. Quant à la filiale de Milan, elle avait beaucoup trop avancé à Francesco Sforza et à son successeur, et ni l'un ni l'autre n'avaient jamais eu l'idée de rembourser leur dette, envisagée comme le cadeau d'un allié riche mais militairement faible. Même chose pour la filiale de Londres, avec des prêts excessifs au roi Édouard IV pour sa guerre « des Deux-Roses ». Alarmé, Pierre envoya là-bas son fidèle Angelo Tani, qui découvrit l'énormité de la dette du roi : 10500 livres sans en compter 1000 autres, imprudemment prêtées à de respectables lords anglais. Le roi, malgré tout, fit preuve d'une relative bonne volonté et, grâce à d'importantes livraisons en laine et vêtements, la dette s'amortit – provisoirement – quelque peu, et Tani regagna Florence au printemps 1469. La branche de Lyon elle-même subit en 1467 le retournement d'humeur du roi Louis XI : lui qui, en 1464, avait nommé Pierre conseiller secret et l'avait autorisé, en 1465, à joindre aux armes des Médicis les lys du roi de France, accusa soudain ces Médicis de financer ses ennemis, et fit en sorte de limiter leurs profits sur le territoire français. La filiale attachée à la Curie, enfin, bien que dirigée par l'excellent Giovanni Tornabuoni, frère de Lucrezia, pourtant l'un des piliers du système Médicis, connaissait elle-même des ennuis : la *Depositaria Pontificia*, réservée des années durant à la banque Médicis, avait été concédée en 1465 par le pape vénitien Paul II Barbo à l'un de ses parents, d'où un important et inattendu manque à gagner. De là, tout au long du « règne » de Pierre, une constante : la réduction du volume des transactions financières et commerciales.

Cette politique de resserrement, opposée au dogme de l'expansion continue prôné par Cosme, était-elle uniquement destinée à résoudre les difficultés de la seule banque Médicis, ou Pierre avait-il des desseins plus noirs et plus larges ? Toujours est-il qu'elle provoqua dans la ville de Florence une extraordinaire épidémie de faillites. Les petites banques n'y résistèrent pas, et dès le 13 novembre 1464 s'effondrait l'établissement de Matteo di Georgio del Maestro Cristofano, puis ce furent ceux de Giovanni et Angelo Baldesi, de Bernardo Banchi et frères, etc., pour des dettes inférieures à 20 000 florins. Ce fut bien pire avec la chute de la maison Piero Partini et frères (40 000 florins), de celles de Lodovico Strozzi (32 000) et de Lorenzo d'Ilarione Ilarioni (déficit de 160 000 florins). En décembre 1464, on sut même que le fils de l'exilé Palla, Gianfranco Strozzi, venait de suspendre ses paiements. Difficile, certes, d'incriminer dans cette catastrophe la seule main de Pierre, cette crise de 1464-1465, la plus grave peut-être depuis celle de 1439, ayant eu de l'avis général une cause politique plus profonde : l'affaiblissement des liens de l'Europe avec le Levant, avec la guerre entre Venise et le Sultan qui déchira la Méditerranée orientale de 1463 à 1479. Même si les Florentins n'eurent guère à subir de dommages directs, dans un Empire ottoman avec lequel ils n'étaient pas en conflit alors que les Vénitiens y étaient emprisonnés ou exécutés, ils y perdirent tous les biens et avoirs qu'ils avaient pu y confier aux établissements de la Sérénissime. Sans vouloir « dédouaner » Pierre de toute responsabilité dans l'affaire, force est de remarquer qu'il fit alors son possible pour venir en aide, sur ses fonds propres, à plusieurs banques en difficulté, celle surtout de Lodovico Strozzi, qui parvint ainsi à payer ses créanciers (en puisant également dans sa fortune personnelle), ainsi que celle de Lorenzo Ilarioni qui se tira, lui, de la crise plus riche qu'avant elle. Quant à la banque Salviati, c'est entièrement aux Médicis qu'elle dut son salut : lorsque le directeur de sa filiale de Bruges, incapable de rembourser ses créditeurs, courut se cacher dans un monastère, ils la renflouèrent de 12 000 florins : en avril 1465, elle était à nouveau à flot. Mais, après 1466, Pierre poursuivit cette même politique de resserrement en dépit des réticences des responsables de plusieurs filiales, dont celle de Milan, où Pigello Portinari lui fit valoir qu'à refuser (ou presque) tout prêt, on risquait surtout de perdre tout crédit et toute influence. Ce « resserrement » était en réalité fort délicat à mettre en œuvre, battant en brèche la politique (théorique) d'indépendance des filiales les unes par rapport aux autres, les plus pauvres en ressources, les plus « étranglées », ne pouvant que solliciter les plus « riches » en cas de danger. Pierre lui-même eut du mal à s'y tenir : après avoir averti Tommaso Portinari de limiter les prêts à Charles le Téméraire, il ne put que l'autoriser à prendre à ferme le fameux octroi de Gravelines, et à lui prêter de petites sommes pour rester en bons termes avec lui... Et que dire du problème de la laine anglaise, matériau indispensable à l'abondante production florentine de vêtements de luxe ? Toute rupture d'approvisionnement en ce précieux matériau mettait à coup sûr au chômage technique des centaines d'ouvriers, prompts alors à l'émeute. Or en Angleterre seul le roi disposait du droit d'accorder, selon son seul bon plaisir, les licences d'exportation... Comment donc lui refuser, à lui aussi, le moindre prêt ? Cosme, d'ailleurs, malade et en proie à l'opposition permanente des *Ottimati*, n'avait guère de temps à consacrer à la banque et il en confia très tôt les rênes à un proche, Francesco di Tommaso Sassetti (1421-1490). C'était un homme du sérail Médicis : après avoir débuté comme simple *fattore* (employé) de la filiale de Genève, il en était rapidement devenu le sous-directeur puis, en 1444, le directeur. Là, ses succès avaient été remarqués de la maison mère, au point de le faire rappeler à Florence en 1459. À la mort de Cosme en 1464, la charge entière de directeur général lui était revenue. Il l'assuma, sous la surveillance intermittente de Pierre, tout en gardant un œil sur les filiales de Lyon, Genève et Avignon, où il avait gardé des parts.

## *Florence au bord de la guerre civile*

En fait, cette crise bancaire venait se greffer sur une autre, à caractère plus « dynastique ». Au lendemain immédiat de la mort de Cosme « l'Ancien » se posait en effet à Florence une question politique cruciale, la « Seigneurie » de Cosme n'ayant pas induit de changement officiel dans le régime, toujours réputé « républicain ». De quelle légitimité le clan Médicis pouvait-il alors se targuer pour que Pierre, son fils, ait vocation à revendiquer un rôle dépassant ce que prévoyait le fonctionnement normal des institutions ? Bref : pourquoi Pierre devrait-il « succéder » d'une manière ou d'une autre à son père ? Se faisaient donc face, devant le vide politique, plusieurs légitimités supposées : celle du clan (fort, en plus, d'une petite armée privée), celle des grandes familles (les *Ottimati*) et celle, moins probable, d'un *popolo* simple spectateur, depuis longtemps, du jeu politique. Dans un premier temps, ce fut l'entourage de Cosme, ses *amici*, qui crut son moment venu. Ces gens, que Cosme avait réussi à maintenir unis autour de sa personne, allaient donc tenter, après trente années d'une allégeance plus ou moins spontanée, de reprendre la main. Sédition, comme le fera accroire la propagande Médicis ? Tentative de retour à la tradition républicaine, comme le proclameront les conjurés ? Toujours est-il que deux années durant (1464-1466) ces aristocrates, reprenant à leur compte le vocabulaire républicain, allaient s'organiser autour de deux meneurs, Agnolo Acciaiuoli et Diotisalvi Neroni, et d'autres proches du clan Médicis tels Luca Pitti, chef d'une riche et active famille, ou Manno Temperani.

Par-delà cette affaire de principe, Machiavel prête à la conjuration une cause plus immédiate. Selon lui, pas d'ambiguïté : il y eut bien conjuration, avec un meneur, Diotisalvi Neroni, « citoyen considérable et renommé » que Cosme, au moment de mourir, avait recommandé à Pierre en tant que conseiller pour ses affaires privées comme pour celles de l'État ; Pierre, poursuit Machiavel, prit cet avis au mot et soumit à Neroni, avant de prendre toute décision, ses livres de comptes. Lequel, y découvrant un grand désordre, décida d'en jouer : il montra d'emblée à l'héritier l'importance de ses « découverts » personnels et lui chiffra la somme qu'il lui fallait d'urgence trouver pour éviter de perdre, « avec son crédit, l'opinion que l'on avait de sa fortune et de son pouvoir ». La meilleure solution pour faire rentrer cet argent était, dit-il, de réclamer sans délai aux débiteurs de son père les sommes qu'il leur avait avancées. C'était évidemment là un énorme piège, dans lequel, trop confiant, Pierre tomba à pieds joints, « tous les débiteurs poussant les hauts cris, protestant qu'il était un ingrat et un avare de redemander son argent ». Et, profitant de cette impopularité, Diotisalvi s'entendit alors avec Luca Pitti, Agnolo Acciaiuoli et Niccolò Soderini pour une coalition… hétéroclite : « Luca voulait la place de Cosme […]. Diotisalvi, qui connaissait l'incapacité de Luca, comptait bien que, Pierre une fois supplanté, il aurait vite fait de supplanter Luca à son tour. » Quant à Agnolo, il avait pris Cosme et les Médicis en grippe pour une sombre affaire d'arbitrage touchant le divorce de son fils. Seul vrai républicain dans cette histoire, Niccolò Soderini, qui « désirait voir Florence libre et gouvernée par ses magistrats ». Fait aggravant : les négociations que Pierre lançait, au vu et au su de tous, pour marier Laurent, son fils aîné, avec Clarice, une Orsini. Ces Orsini n'étaient pas n'importe qui : c'était l'une des principales familles romaines, avec armée privée et château féodal à Bracciano, qui comptait parmi ses membres un nombre respectable de grands dignitaires de l'Église, et ce mariage avait vocation à assurer, en principe, la sécurité du clan du côté romain. Indignation dans les grandes familles florentines : « S'il écartait de son fils les filles de Florence, c'est qu'il ne jugeait pas Florence assez grande pour lui ; donc il visait à s'en faire le Prince ; s'il ne voulait point de ses concitoyens pour parents, c'est qu'il les voulait pour sujets[2]. » Tous, donc, et quelles que fussent leurs réelles ambitions, se trouvèrent d'accord pour mettre en avant cette « liberté » perdue sous Cosme, et qu'ils entendaient rétablir au mieux de leurs intérêts. Les deux partis, d'ailleurs, s'organisaient : d'un côté, les grandes familles, le parti *del poggio* (« de la colline »), du nom de l'emplacement du palais Pitti, et de l'autre celui *del piano,* de la « plaine » où se dressait le palais de la via Larga. Les hostilités pouvaient commencer.

## *La victoire du clan*

Le premier prétexte toucha en fait une question clé, celle de la prolongation pour cinq ans du mandat des redoutables *Otto di Guardia,* chargés du maintien de l'ordre public, et de l'extension de leurs pouvoirs. Le 3 septembre 1465, lors de la *pratica* (réunion informelle) qui se réunit ce jour-là, Diotisalvi s'enflamma contre le pouvoir Médicis, corrompu et « répressif », et malgré les efforts de Tommaso Soderini, allié objectif de Pierre, l'idée de l'extension de ces pouvoirs fut abandonnée, ce qui signifiait une esquisse de « retour à la normale ». La conjuration avait gagné le premier round. Deuxième point d'achoppement : la question des *accopiatori.* Temperani en personne mena l'attaque (bien qu'étant lui-même *accopiatore,* comme la plupart des autres conjurés), exigeant que l'on en revînt, pour les élections à la *Signoria,* à un véritable tirage au sort, et que l'on abandonnât le douteux tirage *a mano* qui avait permis aux Médicis, sous Cosme, de manipuler les nominations. Ce que les conseils s'empressèrent, à une large majorité, d'entériner. Et ce fut le nom de Niccolò Soderini qui sortit alors des *borse* pour le poste de gonfalonier de justice (novembre-décembre 1465). Or cet ancien ami des Médicis, en disgrâce depuis le début des années 1450[3], arrivait avec tout un programme de réformes. Et lui aussi s'en prit d'emblée au mode de nomination *a mano* cher aux Médicis et aux excès dans la répartition des impôts. Deuxième round pour les anciens *amici* de Cosme. Pour Pierre, les choses devenaient sérieuses…

Heureusement, les rangs antimédicéens, guère solides, se fissurèrent sur la question des conditions d'éligibilité des citoyens : pressé de toutes parts, Niccolò, accusé de vouloir créer sur le modèle vénitien une manière d'aristocratie électorale, dut retirer son projet. Mais tout n'était pas terminé et l'apogée de la fronde fut atteint en mai 1466, avec une pétition de 400 citoyens réclamant un retour à la « liberté ». Parmi ces noms, on retrouve sans surprise ceux des Pitti, Diotisalvi, mais aussi un Médicis, Pierfrancesco, cousin de Pierre, et un ancien « employé » de la banque, Amerigo di Giovanni Benci, directeur de 1449 à 1461 de la branche Genève-Lyon. Forts de ce soutien, les prieurs crurent pouvoir se lancer maintenant dans des discussions de fond sur le remaniement des institutions, en particulier autour de la suppression du très discuté Conseil des Cent, créé par les Médicis pour contourner les autres conseils.

Pendant ce temps, les deux camps s'armaient, ralliant alliés et affidés. Du côté Médicis, on pouvait déjà compter sur une petite armée privée, et d'éventuels renforts venus d'Arezzo. Mais, surtout, la cavalerie milanaise, cantonnée à Bologne, attendait les ordres de Pierre. Tandis que Borso d'Este, de Ferrare, proposait ostensiblement ses services aux antimédicéens. Dans la ville même, Pierre s'était puissamment retranché dans son quartier, protégé par des troupes levées dans le *contado*. Les Pitti en faisaient autant, dans leur palais de l'Oltrarno, quartier général des conjurés, mais, de l'avis des « observateurs » du temps, avec une étrange mollesse. Il faut bien dire que, globalement, les deux camps manquaient d'enthousiasme : personne n'avait oublié 1378 et les exactions des *ciompi*. Se lancer dans un conflit armé au cœur de Florence, c'était ouvrir de dangereuses vannes à un *popolo minuto* rancunier et toujours aussi vindicatif. Niccolò Soderini eut beau tenir des discours enflammés, les *Ottimati* se dirent que mieux valait sans doute une (détestable) tyrannie qu'une alliance aléatoire avec un « peuple » incontrôlable… Et le tirage au sort tant réclamé donna, le 28 août, une *Signoria*, pour septembre-octobre, bien plus promédicéenne que les précédentes ! Le gonfalonier de justice fut alors un vieil allié des Médicis, souvent lui-même *accopiatore*, Roberto Lioni. L'heure était manifestement aux compromis. Luca Pitti le comprit fort bien et accepta, le 29, un accord secret avec les Médicis : lui-même serait désigné *accopiatore*, son frère recevrait une nomination flatteuse et sa fille épouserait un important Médicis. Luca crut qu'il s'agirait de Laurent, brillant fils de Pierre, mais ce fut Giovanni Tornabuoni, frère de Lucrezia, son épouse. Qu'importe ! Pitti neutralisé, Pierre fit entrer ses troupes privées (6 000 à 8 000 hommes) dans la ville. Et Pitti lui-même appela à un *Parlamento*, qui se réunit sur une piazza della Signoria assiégée par 3 000 hommes des troupes Médicis. Dans ces conditions, la foule accepta la réunion d'une *balia* qui décida sans délai de rétablir la désignation *a mano* de la *Signoria* pour dix ans : la mesure serait d'ailleurs renouvelée pour dix autres années et jamais, durant les vingt-huit ans qu'allait encore durer la « Seigneurie » des Médicis, cette *Signoria* ne serait désignée par un véritable tirage au sort. Quant aux *Otto di Guardia*, ils auraient maintenant le droit de faire arrêter n'importe quel ennemi du régime. Les « républicains » avaient compris : Agnolo Acciaiuoli, Diotisalvi Neroni et Niccolò Soderini quittèrent promptement Florence où, le 7 septembre, on célébra une action de grâces pour remercier Dieu d'avoir évité un bain de sang à la ville. Tous les meneurs du parti antimédicéen encore présents à Florence furent arrêtés (à l'exception, évidemment, de Luca Pitti), comme aussi nombre de pétitionnaires de mai. Quant aux Médicis, ils firent immédiatement courir le bruit que leurs ennemis avaient comploté avec le Ferrarais Borso d'Este pour envahir la cité et renverser, par des moyens violents, le régime en tuant Pierre au passage, ces ragots étant appuyés sur une pseudo-confession de Francesco, le frère de Diotisalvi Neroni. Grâce à Pierre, peut-être goutteux mais ô combien énergique et avisé, le pouvoir des Médicis était désormais solidement installé, et le mythe du *primus inter pares* bien oublié… À sa mort, trois ans plus tard, en décembre 1469, il n'y aurait d'ailleurs aucune ambiguïté et son fils Laurent lui succéderait sans coup férir et sans qu'aucun opposant ne s'avisât de contester publiquement la règle de succession dynastique instaurée dans la douleur en ces années 1464-1466.

## *Un Médicis humaniste ?*

« Humaniste » autant que le voulait l'air du temps, donc latiniste et helléniste, Pierre entra dans l'histoire intellectuelle de la ville en finançant une joute littéraire, en… langue toscane : le *certame coronario*, organisé en octobre 1441 par Alberti. Ce fut, à Santa Maria del Fiore, un somptueux concours de poésie en langue vulgaire, autour du thème de la *vera amicizia* : il se déroula devant l'archevêque, la *Signoria*, les ambassadeurs, une foule immense et un jury composé d'éminents humanistes, dont certains de l'entourage du pape Eugène IV.

Même si d'aucuns voient dans cette joute la simple marque, chez les Médicis, d'une volonté d'élargir leur assise populaire[4], son but officiel était de prouver que la langue dite vulgaire était tout à fait à même de rivaliser avec le latin lorsqu'il s'agissait d'aborder, dans une forme choisie et même contraignante, les thèmes chers à une aristocratie intellectuelle férue de langues anciennes. Y participèrent une dizaine de poètes, dont Alberti lui-même. Aucune œuvre, certes, ne fut retenue, et la couronne, faute de concurrent à la hauteur, ne fut pas décernée, mais les œuvres furent soigneusement consignées par les dix secrétaires apostoliques d'Eugène IV[5]. Le concours « passa » mal, d'ailleurs, auprès de certains humanistes fermement attachés au latin et au grec, et Leonardo Bruni prit à cette occasion ses distances avec Alberti, mais le processus était lancé et Laurent « le Magnifique » s'appliquerait bientôt, lui aussi, à donner un nouvel élan à l'expression poétique de langue italienne. Pierre, pourtant, ne méprisait en rien les Lettres anciennes, même s'il n'est pas réputé les avoir assidûment pratiquées. Sa position dans le domaine « culturel » fut d'ailleurs plutôt de contrôle et d'organisation : ainsi fut-il, certes assez tardivement (en 1456), gratifié d'un poste clé au « conseil d'administration » du *Studio* de Florence, d'où il fit la pluie et le beau temps dans les nominations. Il obtint celle d'Argyropoulos à la chaire de grec, ce dont le savant le remercia en lui dédiant sa traduction de la *Physique* (*Libri Physicorum*) d'Aristote. Quant à Cristoforo Landino, il lui dédicaça la version ultime de son recueil, la *Xandra*, afin d'obtenir une chaire en ce même *Studio*, chaire de rhétorique et poésie dont il fut effectivement chargé en janvier 1458, en dépit de l'opposition des Acciaiuoli. Plus généralement, Pierre suivit dans ses activités de mécénat la voie de son père, mais, surtout bibliophile et grand amateur de musique, il prit soin de déléguer les rapports avec peintres et sculpteurs à son frère Giovanni. De ses options personnelles témoignent malgré tout deux tabernacles somptueux, l'un à Santa Annunziata, devant une image miraculeuse de la Vierge, en 1449, et un autre, à la même période, pour la croix miraculeuse de San Giovanni Gualberto dans la nef de l'église San Miniato al Monte, où sa marque est plus qu'évidente : sur la frise, l'anneau de diamant avec les trois flèches et la devise « *semper* », ainsi que, dans un *oculus*, l'emblème particulier de Pierre, le faucon. L'Art de la Laine, très attaché à cette église, vécut d'ailleurs cette intrusion Médicis comme une véritable agression.

Mais c'est sans doute dans le nouveau palais Médicis de la via Larga, dont les travaux commencèrent peu après son mariage, qu'apparaissent le mieux ses goûts personnels : un appartement, au premier étage, au-dessus de l'entrée, lui avait été réservé en tant qu'héritier désigné. C'est en 1457 que se fit l'emménagement familial (la « vieille maison » fut laissée au cousin Pierfrancesco), dans un décor somptueux : de Bruges, où la banque disposait d'une active filiale, on fit alors venir de magnifiques tapisseries, notamment pour sa grande pièce de réception au premier étage, mais l'essentiel de la décoration fut réservé à des artisans locaux, avec en particulier les trois grands panneaux commandés à Pallaiolo et représentant les *Travaux d'Hercule.* Mais c'est pour le *studiolo* de l'appartement que Pierre se mit le plus en frais : c'était une véritable bibliothèque miniature, où il disposa manuscrits et ouvrages de prix, anciens comme modernes, ainsi qu'un vrai trésor de pierres précieuses et de petits bronzes acquis à Rome et ailleurs. Pour son décor, Piero fit appel à Luca della Robbia, qui lui confectionna en particulier pour le plafond douze *tondi* présentant les mois de l'année. Le *studiolo* fut malheureusement détruit en 1659 et les *tondi* sont actuellement visibles au Victoria and Albert Museum de Londres.

### *Les dernières années*

Pour le clan, la date du 8 mars 1466 fut particulièrement funeste : ce jour-là disparut son plus sûr allié, le Milanais Francesco Sforza, même si cette alliance, on l'a vu, avait coûté cher, au sens littéral du terme, à la banque Médicis. Cette mort, en revanche, réveilla les ardeurs des *fuorusciti*, exilés récents ou plus anciens et réfugiés dans l'accueillante Venise : la Sérénissime se fit alors un plaisir, à l'instigation de Diotisalvi Neroni, de mettre à leur disposition son prestigieux *condottiere*, Colleoni, qu'ils avaient sollicité par l'intermédiaire du Ferrarais Borso d'Este, leur allié objectif. Venise joua double jeu, affirmant que si Colleoni soutenait les exilés, c'était de son propre chef, et qu'elle lui retirait sa *condotta* (sa « mission »). Du coup, les Médicis se retrouvèrent, contre Colleoni, les alliés du Milanais Galeazzo Maria Sforza et de Ferdinand I$^{er}$, roi de Naples. Ils confièrent alors leurs troupes à un autre brillant *condottiere*, Federico de Montefeltre, seigneur d'Urbino, et les deux armées, après s'être longtemps cherchées, se rencontrèrent finalement, par hasard, à la Molinella, le 25 juillet 1467. Il y eut plusieurs engagements, sans grande conviction, les deux *condottieri*, somme toute collègues, ne tenant pas à se nuire gravement l'un à l'autre. Selon Machiavel, d'ailleurs, il n'y eut lors de la « bataille » aucun mort. L'issue fut une sorte de match nul et la paix revint l'année suivante, grâce aux efforts du pape. Mais, pour les exilés républicains, la partie était (pour l'instant) terminée : Niccolò

Soderini « se réfugia à Ravenne, conclut Machiavel, où les Vénitiens lui firent une modeste pension. Il y vieillit et y mourut[6] ». Diotisalvi alla à Ferrare, où il fut reçu et hébergé par le marquis Borso. Il continuera à y comploter contre les Médicis, puis, misant sur la haine de Sixte IV pour le clan, ira vivre à Rome jusqu'à sa mort en 1482.

La dernière année de Pierre, déjà assombrie par une arthrite plus invalidante que jamais, fut encore gâchée par une affaire diplomatique régionale, voire locale, qui dégénéra, comme souvent dans l'Italie du temps, en un invraisemblable imbroglio politico-militaire : celle de la succession, à Rimini, de Sigismond Malatesta, qui entraîna Florence, en octobre 1468, dans une alliance avec Naples et Milan pour soutenir Roberto Malatesta, le fils illégitime du *condottiere*, contre le pape, en principe suzerain de la ville, et son allié vénitien, alliance qui éclata quand Milan s'en retira brutalement. Roberto allait finir par l'emporter, mais avec l'appui du *condottiere* Federico de Montefeltre, ancien chef des armées du pape, qui ne tenait pas à voir le pontife prendre possession d'une aussi redoutable place forte, si proche de sa belle ville d'Urbino.

Le 1er décembre 1469, Laurent adressa un courrier à Galeazzo Maria Sforza : son père avait subi « des accidents » mais il se remettait. Quant à lui, il se faisait un plaisir de « rappeler » la « vieille affection » de sa famille pour la dynastie Sforza, exprimant l'espoir de pouvoir compter sur l'appui milanais en ces graves circonstances. Pierre, pendant ce temps, s'affaiblissait, la paralysie gagnait et il avait perdu l'usage de la parole : il mourut, tard dans la soirée, le 2 décembre, sans avoir pu se confesser ni donner ses ultimes conseils à Laurent. Ses funérailles furent simples, et il fut enterré dans la « Vieille Sacristie » de San Lorenzo : en 1472, Laurent « le Magnifique » et son frère Julien demandèrent au grand

Verrocchio d'édifier là, pour leur père et leur oncle, un somptueux tombeau.

Il laissait un État fort, que les événements et réformes de 1458 avaient fermement placé dans les mains de la famille et que les menées maladroites des *Ottimati* lui avaient permis de renforcer encore. Il laissait aussi une épouse avisée, tout à fait à même de gérer ses propres affaires. Trois filles : Maria, qui épousa un directeur de la filiale de Lyon, Lionetto de Rossi, et donna naissance à un jeune Luigi, dont le pape Léon X Médicis ferait un cardinal ; Bianca, qui épousa en 1459 un Pazzi (Guglielmo). Il lui « donna » quinze enfants et la malheureuse mourut en 1488. Et Lucrezia, surnommé Nannina, pour la distinguer de sa mère. Cette brillante jeune fille épousa le 8 juin 1466 un membre éminent de la famille Rucellai, Bernardo, avec qui elle vécut au château de Quaracchi. Et deux fils : Julien et Laurent, entre qui l'entente fut d'autant plus parfaite qu'il était clair depuis longtemps que le « successeur » de Pierre serait le second.

# 10

# Laurent « le Magnifique », Lorenzo di Piero de Medici (1449-1492)

« Sarebbe impossibile avessi avuto un tirano migliore e più piacevole. »
« Impossible d'avoir tyran meilleur et plus agréable. »

Guichardin

## *Le premier prince de la famille ?*

Le soir du 2 décembre 1469, à peine connue la nouvelle de la mort de Pierre, 600 à 700 citoyens, réunis au cloître Sant'Antonio, vinrent proclamer leur fidélité aux Médicis : la situation était tendue et les troupes du duc de Milan, assemblées sur le territoire de Parme, ne toléreraient, tout le monde en était bien conscient à Florence, aucune réaction antimédicéenne. Mais, dès le 4, les notables de la ville se rendirent en délégation auprès de l'héritier présomptif pour, dira-t-il dans ses Mémoires, le supplier de prendre en charge *la cura della città et dello Stato* (le « soin de la cité et de l'État »), ainsi que l'avaient fait avant lui son grand-père et son père (« *come avevo fatto l'avolo e il padre mio* »). Comme il le dit encore dans ces *Ricordi*[1], si, en dépit de son âge, il accepta, ce fut contre son gré (« *mal volentieri* ») et seulement pour préserver les amis et les biens de la famille (« *per la conservazione delli amici e de sustanze nostre* »). C'est dire si l'on était loin de la pénible transmission du « pouvoir » de Cosme à Pierre cinq années auparavant… Âgé de vingt ans et déjà marié à une non-Florentine, Laurent, au moment de succéder à son père, était jeune, ce qui allait contre tous les principes florentins : dans la ville, il était de tradition de laisser le pouvoir à des hommes d'âge et d'expérience, auxquels les « jeunes » devaient le respect. Un âge minimal était d'ailleurs requis pour toutes les charges, de même qu'il était de coutume de ne se marier qu'après avoir usé l'impétuosité de sa jeunesse. Laurent était le premier Médicis né après la prise du pouvoir, à Florence, par un clan désormais pénétré de l'idée de sa légitimité, et, surtout, il devait être le premier à habiller cette légitimité d'insignes dépassant largement ce que l'Italie, pourtant peu avare dans ce domaine, réservait en général d'oripeaux étincelants à ses « héros ».

Guichardin, déjà, dans son *Histoire d'Italie*, fait de lui l'indispensable gardien de la concorde et de l'équilibre entre les États italiens, dont la mort a précipité l'Italie dans les guerres et le chaos. Et, de son vivant même, les poètes le célèbrent comme le « sauveur de la patrie », cher aux Muses et nouveau Mécène. Difficile de discerner le vrai Laurent derrière ce rideau d'éloges rhétoriques, d'autant que lui-même s'est prêté de bonne grâce à son tissage. Née très tôt, donc, la légende de Laurent allait perdurer et s'enrichir au point de parvenir aux sommets du genre en devenant… un lieu commun. Jusqu'à faire dire à Voltaire que « son » XV^e^ siècle fut l'une des quatre époques phares de l'Histoire, avec l'Athènes de Périclès, la Rome d'Auguste et la France de Louis XIV.

Et si Cosme puis Pierre s'étaient contentés de tirer, depuis les coulisses, les ficelles du pouvoir, Laurent ne craignit pas de s'afficher en tant que « seigneur » de Florence, du vivant encore de son père. En trois générations, la cité toscane s'était fabriqué ce Prince qui lui manquait. Il avait retenu les leçons des événements de 1465-1466 (comme Louis XIV se souviendra de la Fronde) qui avaient failli ruiner tout ce que la famille avait construit, et ferait tout, sans scrupule, pour en éviter le retour. Il serait donc le centre du pouvoir : par ses mains passeraient toute décision, toute nomination. En se plaçant ostensiblement au centre du système, il allait ainsi ouvrir un abîme entre son mode de fonctionnement et celui de Cosme et de Pierre « le Goutteux ».

### *Le problème du frère*

Aux yeux des Florentins, les *fratres Medices* étaient difficilement dissociables. Quelle place tint Julien dans la vie de son frère, il est difficile de le mesurer. Botticelli, notamment dans l'*Adoration des Mages* aujourd'hui au musée florentin des Offices, ou dans le portrait posthume exposé à la National Gallery de Washington, en a fait une manière de « beau ténébreux » aux yeux noirs et à la chevelure abondante, mais cet homme, de haute taille pour le temps, pêcheur et chasseur, bon latiniste, bibliophile comme son père et amateur d'échecs comme son grand-père, était surtout un vrai « sportif », un passionné de chevaux, suffisamment robuste pour endurer tournoi sur tournoi : il fut le héros de celui de 1475, et c'est au milieu des préparatifs de la prochaine joute florentine qu'il fut assassiné. Est-ce ce goût pour les exercices violents et spectaculaires qui lui valut la très grande popularité dont on nous parle?

Ou bien son affection pour les confréries où, nous dit-on, il aimait à prier en compagnie et à prêcher avec une bien émouvante éloquence? Cette popularité ne suscita apparemment chez lui aucune ambition intempestive : résolu (ou résigné) à jouer les brillants seconds, jamais il ne donna le sentiment de chercher à empiéter sur les prérogatives de son frère aîné, se contentant de fonctions diplomatiques à caractère fortement symbolique : ainsi, en 1469, fut-il chargé d'aller quérir à Rome chez les Orsini la brillante Clarice, future épouse de Laurent. Sans parler de son long séjour (avril-mai) en Lombardie, en 1471, auprès de Galeazzo Sforza, à l'occasion des célébrations de la Saint-Georges, où le jeune duc multiplia pour lui joutes et bals, puis de sa belle réception à Venise, où il fut fêté un mois durant, avant un aimable séjour chez les Gonzague, à Mantoue, d'où il rentra à la fin du mois, échappant de peu, d'ailleurs, en route à une embuscade tendue par des sbires de Diotisalvi Neroni, qui ne désarmait pas. Seule ombre au tableau : l'impossibilité de lui obtenir cette pourpre cardinalice qui aurait permis d'ajouter une touche supplémentaire à la reconnaissance dont la famille était si friande. Jamais Sixte IV della Rovere en effet ne daigna le faire figurer parmi les « fournées » de cardinaux qu'il créa en 1471, en 1473 et moins encore en 1476, en dépit des pressions exercées par Laurent en personne, appuyé par le clan et ses alliés Tornabuoni, ou même le tout dévoué évêque de Pavie. Même si, en définitive, Julien ne pesa jamais très lourd sur les choix de son frère, il fut pour beaucoup, de l'avis général, par sa jovialité, sa courtoisie et ses enthousiasmes, dans l'atmosphère de jeunesse et de gaieté insouciante où baigna alors Florence – jusqu'à la conspiration, en 1478, des ambitieux et maladroits Pazzi.

## *Une éducation humaniste*

Si le détail de la toute première éducation de Laurent nous échappe, nous avons la chance de bien connaître son précepteur, personnalité haute en couleur qui lui fut, sa vie durant, d'une fidélité absolue (Laurent parlait de lui comme de son « second père ») : Gentile Becchi, *paedagogus* et *praeceptor* (« gouverneur » et professeur), qui veilla sur sa formation dès 1454. Cet ecclésiastique distingué devait tout aux Médicis, qui lui avaient fait attribuer dès 1450 la cure de Saint-Jean-l'Évangéliste, à deux pas de la via Larga, ainsi que des bénéfices nombreux et divers à Decimo, Cascina et Fagna, avant d'en faire le chanoine de Santa Maria del Fiore en 1462. Il sera évêque d'Arezzo en octobre 1473 mais la vindicte de Sixte IV l'empêchera de parvenir à la consécration cardinalice. Innocent VIII puis Alexandre VI Borgia, se méfiant de ce proche des Médicis, ne se montreront pas plus généreux, d'autant que sa notoriété ecclésiastique lui venait surtout d'une violente invective latine contre Sixte IV (*abeat itaque leno, casta erit mater* : « Que s'en aille donc le maquereau, et la Mère [l'Église] retrouvera sa pureté ! »). Le Sacré Collège, susceptible, ne lui pardonna guère pareils emportements qui, finalement, retombaient sur l'institution dans son entier. C'était, à côté de cela, un homme d'une grande éloquence civile : les Médicis mirent à profit ce talent en l'envoyant, en tant qu'ambassadeur, à Paris en 1483, auprès du nouveau roi Charles VIII qui confessa bientôt ne connaître meilleur « bec » que lui. Poète latin et épistolier de talent, il laissait même parfois sa plume, redoutée, s'égarer dans le temporel en évoquant à l'occasion la vie dissolue des religieuses vénitiennes, ce qui ne lui valut guère, on peut s'en douter, de sympathies dans le milieu.

On ne connaît évidemment pas le programme de l'enseignement que reçut alors le jeune Laurent, même si son caractère éclectique est avéré : « Il manifesta un grand talent dans les arts libéraux, maniant aussi excellemment la langue romaine que la langue vulgaire, la prose que les vers[2] », affirme ainsi Valori. À huit ans, raconte-t-on, il servait de répétiteur latin à son frère Julien et, à douze, il se plaisait à lire Ovide, selon les dires de Landino dans ses *Disputationes Camaldulenses*, tout en se plongeant assidûment dans l'œuvre de Dante. Sa culture et ses capacités linguistiques furent d'ailleurs vite connues dans la ville : les solliciteurs et flagorneurs écrivaient en latin à cet enfant de quatorze ans qui, à seize, composait, au vu et au su de tout le monde, des poèmes italiens…

Père et grand-père discernèrent-ils les talents du jeune Laurent à travers ses premières prouesses scolaires ? Toujours est-il que c'est à cinq ans, en mai 1454, qu'il fit sa première apparition publique. Vêtu à la française, avec la gravité exigée pour la circonstance, il félicita dignement, rapporte Gentile Becchi, devant une assemblée de choix, le duc Jean II d'Anjou, fils de René Ier (d'Anjou), roi titulaire de Naples, que le gonfalonier de justice Manno di Temperano venait de faire chevalier et à qui la République allait confier pour trois ans ses armées. Il retrouva heureusement les plaisirs de son âge l'année suivante quand, à Macerato, lors d'une fête d'enfants, il fut couronné « roi du bain » avec le lot de friandises qui accompagnait ce titre, comme s'empressa de l'écrire, ravi, Pierre « le Goutteux » à son père Cosme. Mais les contemporains semblent avoir surtout été frappés par les joyeuses cérémonies d'avril-mai 1459 où ils virent comme l'officieuse intronisation du toujours bien jeune (dix ans) Laurent. L'occasion était solennelle puisqu'il s'agissait de recevoir deux personnalités de premier plan : Galeazzo Maria Sforza et le pape Pie II. Et c'est là, pour la première fois, que la personnalité de Laurent fut réellement mise en scène, aux côtés, au début, de son frère Julien, puisque tous deux vinrent saluer l'arrivée de leurs hôtes de deux « admirables » discours, l'un en vers, l'autre en prose. Il y eut ensuite tournoi, bal, combat de fauves et *armeggeria*[3] autour du triomphe de Cupidon, puis ce fut, via Larga, un somptueux défilé sur lit de sable fin, avec trente musiciens suivis de l'étendard du seul Laurent, cette fois, devant douze jeunes gens précédant... Laurent en personne. Devant le palais Médicis, il invita d'ailleurs le cortège entier à une collation, qu'il honora d'un long discours. Tout était bien fixé : celui que la famille poussait en avant, pour lui donner – et c'était une première dans son histoire – tournure princière, c'était – définitivement – Laurent, magnifique avant la lettre.

L'héritier, par ailleurs, voyageait : en 1463 à Lucques, Pistoia et Pise, l'année suivante dans le Mugello. Au point que son père s'en irritait à l'occasion. Mais l'Histoire pressait : Pierre, gagné par la maladie, déléguait de plus en plus. Ainsi, dès sa dix-septième année, Laurent dut-il représenter la République à Milan, puis peu après à Rome, afin d'y plaider devant le pape Paul II la cause de Galeazzo Maria Sforza, dont l'alliance était plus nécessaire que jamais aux Médicis : il obtint gain de cause et, le 20 mars 1466, Galeazzo Maria succéda sans coup férir à son père. La même année, il fut à Capoue puis à Naples pour y combattre l'influence des ennemis de la famille, dont les puissants Acciaiuoli. Puis à Ferrare, Venise, Milan... Mais, pendant les tribulations qui affectèrent Florence lors de la conjuration menée par les Pitti, son rôle n'apparaît pas clairement. Les thuriféraires de la famille vantent le « sang-froid » dont il fit preuve alors, son « habileté », son « courage », etc., mais sans entrer dans des détails concrets. À moins de prendre pour argent comptant une légende, rapportée par Niccolò Valori, selon laquelle il permit à son père d'échapper à une embuscade en lui conseillant de modifier son itinéraire à l'intérieur de la ville. Il apparaît en tout cas que, dès cet âge de seize à dix-sept ans, Laurent est un bon connaisseur des réalités diplomatiques italiennes, et qu'il sait y peser la valeur des alliances et des amitiés. Les Florentins ne s'y trompent pas et c'est à lui que dès 1466 on s'adresse pour obtenir un secours pour vivre (*per potere vivere*[4]), pour pousser la carrière d'un proche[5] ou régler une sombre histoire de gabelle[6], ou bien encore réclamer le commandement de « deux galères équipées[7] ».

Mais voyages italiens et initiation aux Lettres latines ne firent pas, on s'en doute, l'essentiel de la formation de Laurent, même s'il est hasardeux de se lancer dans une liste des maîtres (à penser) de l'adolescent. Par une dédicace d'Alberti, nous devinons malgré tout qu'il reçut, parallèlement à celles de Gentile Becchi, les leçons de Cristoforo Landino, grand client des Médicis, mais sans que celui-ci l'accompagnât à quelque titre dans ses pérégrinations. Peut-être même Laurent se contenta-t-il de suivre, à partir de janvier 1458, ses cours de rhétorique et de poésie au *Studio* de Florence, d'où aurait pu lui venir le goût véritable qu'il manifesta, sa vie durant, pour la langue « italienne ». Plus sûrement s'attacha-t-il, une dizaine d'années, aux différents cours que donna un autre protégé des Médicis, le savant Argyropoulos, professeur de grec et de philosophie au *Studio* de 1456 à 1471 (puis de 1477 à 1481) et qui rassemblait ses disciples dans une docte académie, le *Chorus Academiae Florentinae.* De cours publics en conversations privées, il apprit beaucoup à son contact, en philosophie grecque, aristotélicienne comme platonicienne. Mais c'est sans doute grâce à l'incontournable Marsile Ficin que s'affina sa relation avec le platonisme, sa philosophie de prédilection. Sans doute les enseignements de Ficin n'avaient-ils pas la forme de cours orthodoxes : ils étaient plutôt accessibles à travers des « causeries » (*sermoni*) ou des commentaires de Platon, Plotin, saint Paul prononcés dans des églises. Mais l'adolescent Laurent eut la bonne fortune d'assister aux entretiens métaphysiques de Ficin avec ses père et grand-père Pierre et Cosme : ainsi suivit-il, le 20 juillet 1464, la lecture par Ficin du *Philèbe* et du *Parménide*. Et surtout il eut, à partir de 1462, le privilège (familial) de fréquenter l'académie de Careggi où régnait Ficin, à travers des *declamationes*, des explications de texte et des débats sur des thèmes choisis par lui : mérites des vies contemplative et active, Bien suprême, noblesse véritable ou… les affaires de l'État. Il eut également la chance, en cette Florence où Cosme et la Providence avaient assemblé au même moment autant de « génies », de côtoyer Leon Battista Alberti, un ami – mais non pas un client – des Médicis pour qui il ne travailla jamais, et avec qui il entretint des rapports plus amicaux que hiérarchiques : ainsi l'architecte-philosophe avait-il dédié son traité *De la tranquillité de l'esprit* à Niccolò, fils de Vieri, ou son traité du mariage (ses *Avvertimenti Matrimoniali*) à Pierre « le Goutteux ». De Laurent, il ne fit la connaissance qu'en 1459, lors de l'étape florentine du voyage de Pie II auquel il était attaché en tant qu'abréviateur apostolique au congrès de Mantoue : l'entretien de l'architecte érudit et de l'enfant déboucha sur le *Trivia*, manuel de gouvernement dédié bien sûr à Laurent. Mais c'est entre 1467 et 1471 que leurs liens se resserrèrent, notamment quand, en octobre 1468, Alberti eut acquis un palais florentin.

Les deux hommes se revirent à de nombreuses reprises et c'est en septembre 1471 qu'Alberti lui fit connaître les ruines romaines. Seule la mort du vieil artiste, le 25 avril 1472, mit fin à leurs amicaux entretiens.

Si la fréquentation des peintres ou sculpteurs ne semble pas l'avoir beaucoup marqué, il développa très tôt avec l'art de la musique une relation privilégiée, à l'image de ses sœurs et selon les enseignements de Ficin, qui le tenait en grande estime : on connaît ses développements du *De triplici vita* sur les effets de la musique sur l'esprit humain ou de l'*Epistula de musica* sur les rapports entre médecine et musique. Ainsi, sans en savoir beaucoup sur les prestations musicales de Laurent, connaissons-nous les attentions de ses amis : de Rome, Filippo Martelli lui fait parvenir un luth, et des gens attentionnés font réparer, à son intention, une cornemuse ou un trombone. Sans doute, dans ce domaine, subit-il l'heureuse influence d'un instrumentiste célèbre, l'organiste de Santa Maria del Fiore, Antonio Squarcialupi, objet, pour la cour florentine, d'une dévotion sans pareille : Politien, Gentile Becchi et bien d'autres composèrent à sa mort un florilège poétique qui nous a été conservé à la Bibliothèque Laurentienne. Et c'est Laurent lui-même qui, dit-on, composa la longue épitaphe, visible aujourd'hui encore sous son buste, œuvre de Benedetto de Maiano, dans Santa Maria del Fiore.

## *Un très bon élève*

Une éducation littéraire et artistique aussi poussée ne pouvait déboucher que sur la création, par l'élève, d'œuvres inspirées de celles de ses maîtres, preuve de la réussite de leurs efforts. Ainsi Laurent fut-il poète.

On connaît de lui un *Simposio* (ou *I Beoni*) dans la veine de l'un de ses modèles de jeunesse, le joyeux Luigi Pulci, poème composé les étés de 1466 et 1467, voyage burlesque d'ivrognes dans le *contado* florentin et parodie de la quête spirituelle propre, en principe, aux épopées médiévales. Une chasse fictive au sterne, en noble compagnie, dans les collines florentines, l'*Uccellagione di starne* (1473-1476), où se dévoile la sensibilité, littéraire et personnelle, de Laurent pour le *contado* : « Era gia rosso tutto l'Oriente/E le cime de monte parean d'oro[8]... » Une *Ambra* (1474-1485), d'inspiration fortement mythologique, où l'Ombrone, rivière locale, tombe amoureux de la nymphe Ambra : la déesse Diane, pour lui permettre de lui échapper, la transforme alors, dans la plus pure tradition ovidienne, en un rocher salvateur. Et enfin un *Comento de'miei sonetti d'amore* que Giovanni Pico (Pic de la Mirandole), flagorneur, plaçant sa poésie au-dessus de Dante et de Pétrarque, pressait Laurent, en 1484, d'achever. Sans compter quelques pièces de circonstance destinées aux fêtes du carnaval[9]. Laurent, donc, était de ces poètes qu'aimait l'époque : il n'avait rien en effet d'un « professionnel » de la plume, condition peu valorisante, mais il était capable de montrer dans le genre un savoir-faire suffisant pour suggérer un vrai talent. Et de dominer assez sa matière pour faire voir qu'il n'en était pas dupe, en la parodiant à volonté. Laurent fut donc aussi philosophe, selon le même schéma, comme le prouve sa rencontre, l'été 1473 à Careggi, avec Marsile Ficin. Tous deux alors discutent à bâtons rompus d'une question rebattue, celle du Souverain Bien, mais ils s'engagent, au moment de se séparer, à rédiger un compte rendu de ce débat. Cela donnera, chez l'un, son traité du bonheur, le *De felicitate*, et, chez l'autre, le disciple, un petit poème intitulé simplement *De summo bono*, dont le maître fut enchanté[10]. Le dialogue philosophique entre eux ne s'arrêta d'ailleurs pas là, et les deux hommes échangèrent, début 1474, plusieurs lettres qui firent un véritable traité épistolaire, le *De amore*. Là aussi, Laurent, par l'exemple, prouvait avec clarté son appartenance à la prestigieuse communauté des philosophes maison, en s'impliquant juste ce qu'il fallait dans leurs débats.

Bref, l'instruction de Laurent apparaît comme le modèle de ce que l'humanisme du temps pouvait produire, et sa vie entière peut se lire comme la mise en œuvre – magnifique – de ces savoirs réellement « renaissants ». Une ambition de Cosme, au moins, se réalisait : celle de voir un membre de la famille entrer dans le monde des humanistes. Éclatante promotion pour des gens droit issus de la banque et du commerce et qui, maintenant, pouvaient en remontrer aux dynastes héréditaires qui, tels les Este à Ferrare, revendiquaient cette culture comme la leur. Mais aussi brillante, aussi diversifiée, aussi éclectique fût-elle, il manquait justement à cette instruction une dimension importante. Avec Laurent, le clan oubliait en effet, et tâchait de faire oublier, son ancrage dans le réel, celui de la banque et du commerce, assises de la fortune des Médicis. Faisait donc ici défaut la formation du marchand, qu'avaient, pour le plus grand bien de la *consorteria*, cultivée tous ses ancêtres

## *La banque de Laurent*

Selon Machiavel, Laurent manqua vraiment de chance dans ses activités commerciales (*fu, quanto alla mercanzia, infelicissimo*), la faute en incombant à l'incompétence de ses directeurs (*il disordine de'suoi ministri*). Les avis de ses contemporains sont à ce sujet partagés. Son propre neveu,

Alessandro de Pazzi, attribue les problèmes financiers de la maison Médicis à son manque de sens des affaires et à sa tendance à confondre fonds publics et fonds privés, et Guichardin lui reproche d'avoir mal lu les rapports de ses principaux agents, Tommaso Portinari et Lionetto de Rossi, de s'être laissé manœuvrer par eux et d'avoir sauvé sa banque en puisant dans l'argent public, tandis que Giovanni Michele Bruto partage la faute entre les deux parties : Laurent, coupable d'avoir imputé à ses agents ses fautes de gestion, et eux-mêmes, pour s'être retranchés derrière ses supposées dépenses somptuaires. Reproche mal fondé en effet, Laurent, coupable peut-être de manque d'attention, ne pouvant être à l'origine directe des pertes énormes des filiales de Lyon, Bruges et Londres...

Toujours est-il qu'au lendemain du décès de Cosme, le 2 décembre 1469, la maison Médicis se retrouva, on l'a dit, dans les mains de deux jeunes gens, Laurent, âgé de vingt ans, et Julien, de seulement seize. Leur éducation commerciale à tous deux avait été largement négligée, celle de Laurent se bornant à un « stage » effectué à Rome auprès de Giovanni Tornabuoni, en 1466, à l'instigation de son père. C'était bien insuffisant, et Laurent le reconnaissait lui-même : quand l'avisé Angelo Tani se plaignit auprès de lui, peu après le décès de Pierre « le Goutteux », de la mauvaise politique de Sassetti à Londres, il ne put lui répondre que par un aveu d'impuissance : il n'y entendait rien (*lui non se intendeva*). Et, en 1487, l'obligeant Lorenzo Spinelli ne put, pour lui être agréable, que noter ses progrès : « J'ai plaisir à voir que vous commencez à vous intéresser aux affaires et à les gérer mieux qu'elles ne furent par le passé : si vous persévérez, profits et bénéfices vont vous revenir. »

On n'en était pas là en 1469, et les deux frères, largement coupés, via Larga, des activités bancaires, ne demandaient, dans ce domaine au moins, qu'à « déléguer »... Et c'est donc tout à fait normalement à Sassetti qu'échut la charge de la banque Médicis, sans désormais aucun contrôle. Or Sassetti était un homme autoritaire, imperméable au doute et sans vision à long terme : sa politique, quand il fut par la force des choses livré à lui-même, devint plus erratique et manqua de la fermeté nécessaire, comme il le reconnut curieusement lui-même dans une lettre adressée à la fin de sa carrière à Laurent : « Je n'omettrai pas de vous dire que si votre équipe de direction n'est pas dirigée avec plus de discipline et une plus grande fermeté que par le passé, vous aurez des ennuis, tout relâchement de l'autorité conduisant à l'anarchie. » Tardive – et cynique – autocritique : Sassetti, réellement à la tête de la maison, y amassa une fortune considérable. En 1462, après vingt ans de bons (et loyaux?) services, il était à la tête d'une fortune équivalant à 27000 florins, comprenant une maison à Florence, trois fermes, des bijoux, une bibliothèque, sans compter 18000 florins investis dans la banque de son employeur, sous la forme de dépôts et de parts dans les filiales d'Avignon et de Genève. Quatre ans plus tard, cette fortune avait presque doublé et ses investissements étaient passés à 45000 florins – avec une splendide (12000 florins) villa sur les hauteurs de Montughi, d'où l'on avait une vue magnifique sur toute la vallée du Mugnone et, en arrière-plan, sur les collines de Fiesole... Peu avant sa mort, Sassetti devait perdre une bonne part de ses investissements lors de l'effondrement de la filiale de Lyon, où il fit malgré tout un passage à l'extrême fin de sa vie, à soixante-sept ans, pour tenter, on le verra, de rattraper en sept mois les énormes bourdes du directeur, Lionetto de Rossi. À son retour, en mars 1490, une attaque cérébrale le laissa hémiplégique et aphasique. Sans doute mourut-il le 31, et Laurent annonça alors en personne (par courrier) à Philippe de Commynes, Ymbert de Batarnay et à plusieurs autres de ses clients la nouvelle du décès de son redoutable « fondé de pouvoir ».

De l'avis général, Laurent et Sassetti partagèrent le tort de laisser à chaque directeur de filiale le sentiment qu'il était, « chez lui », un prince libre de distribuer à ses homologues locaux, selon son bon plaisir, l'argent de la maison mère, au point qu'un Commynes s'étonne de voir Caniggiani s'accorder le droit d'octroyer 120000 écus à Édouard IV. Trop de libertés furent également laissées aux trois frères Portinari, directeurs des filiales de Milan (Pigello [1453-1468] et Accerrito [1468-1478]) et de Bruges (Tommaso [1465-1480]). En consentant à Francesco Sforza, à Édouard IV d'Angleterre et à Charles le Téméraire des prêts d'un montant très supérieur au capital social de leurs firmes respectives, les Portinari ne purent financer ces opérations qu'en mobilisant les autres fonds dont ils disposaient : bénéfices accumulés, sommes investies à gain ou à perte par les associés et dépôts, rémunérés par un intérêt annuel fixe mais remboursables à vue aux souscripteurs. Ne pouvant se faire rembourser (en 1468 les Sforza doivent 179000 ducats; en 1478 les Valois de Bourgogne 16150 « gros »), Laurent décida donc de liquider en 1478 la filiale de Milan afin d'arrêter l'hémorragie financière. Puis, du fait de la mort prématurée de Charles le Téméraire devant Nancy en 1477, il se résolut à se retirer en 1480 de celle de Bruges, en obligeant Tommaso Portinari à assumer sous sa propre responsabilité la charge de rembourser les 70000 ducats engagés par sa firme, pour l'essentiel aux Valois de Bourgogne et aux Habsbourg, et pour partie à Édouard IV d'Angleterre, dont l'insolvabilité avait déjà entraîné la dissolution, en 1472, de la filiale de Londres : réouverte en 1473 sous une nouvelle raison sociale dans la dépendance de la filiale de Bruges, elle sera finalement liquidée en 1478 avec un déficit de 51 233 florins.

### *Le cas de la filiale de Lyon*

Et que dire de tribulations de la branche lyonnaise dirigée depuis 1470 par l'improbable Lionetto de Rossi, devenu beau-frère de Laurent en épousant Maria de Medici, fille « naturelle » de Pierre (elle mourut en 1479) ? La situation commença à s'y gâter en 1476 quand de Rossi fit parvenir à Florence des comptes fort peu satisfaisants : il y apparaissait à l'évidence que le directeur ne tenait aucun compte des consignes de la maison mère : réduire le volume des opérations et éviter toute immobilisation excessive de fonds. De Rossi prit très mal les remontrances et accusa Sassetti de vouloir ruiner la réputation de la branche lyonnaise. Rapidement, toutefois, la situation empira, même si Tornabuoni, depuis Rome, accepta de renflouer Lyon à hauteur de 5 000 ou 6 000 ducats. Rien n'y fit, et quand en 1483 le déficit lyonnais atteignit les 8 000 ducats, Tornabuoni protesta énergiquement auprès de Laurent. Et Lionetto en fut réduit à expédier à Rome ses propres bijoux et tapisseries, difficiles d'ailleurs à revendre, le pape ayant décidé de tailler dans ses dépenses de luxe…

Il faut dire qu'à ce moment précis la position des Médicis en France était assez délicate, du fait des ambitions personnelles de Laurent, passionnément à la recherche de bénéfices pour son fils Giovanni (1475-1521), destiné à une carrière ecclésiastique que l'on souhaitait aussi lucrative que possible. Tonsuré à huit ans, cardinal à treize et pape à trente-sept, Giovanni réussirait au-delà des espérances paternelles, mais dans les années 1480 il ne pouvait compter sur aucune prébende sérieuse. De là la frénésie de son père, qui jeta d'abord (en 1483) son dévolu sur l'abbaye de Fontdouce, en Saintonge. Pour découvrir que le pape avait conféré ce bénéfice à Antoine de la Balue, évêque de Saint-Pons de Tomières, frère de Jean de la Balue, cardinal d'Angers et Premier ministre de Louis XI. Après des trésors de diplomatie, les Médicis réussirent pourtant à imposer leur tout jeune candidat... Ils envisagèrent ensuite l'abbaye bénédictine de La Chaise-Dieu, en Auvergne, mais cela ne se fit pas. Consolation : Giovanni reçut le prieurat de Saint-Gemme, près de Chartres. Mais nouvel échec avec l'abbaye cistercienne du Pin, près de Poitiers : quand Cosimo, fils de Francesco Sassetti, voulut en prendre possession, les moines, qui avaient élu leur abbé, se barricadèrent et lui en interdirent l'entrée.

Pendant ce temps, les affaires de la banque lyonnaise stagnaient et Laurent décida d'y envoyer, en juillet 1484, Sassetti en personne, à qui Lionetto présenta un bilan aussi faux qu'optimiste. Nouvelle mission, en février 1485, cette fois dirigée par Lorenzo Spinelli : lors de la première rencontre des deux hommes, Lionetto entra dans de véritables transes, accusant Sassetti de tous les maux de sa banque et promettant de le mettre physiquement à mal s'il venait à le rencontrer. Laurent sut toutefois trouver les mots pour le persuader de venir le visiter à Florence, où il arriva fin juin, pour être aussitôt incarcéré. Il restera quatre mois aux Stinche, la prison des débiteurs indélicats. Il la retrouvera d'ailleurs deux ans plus tard, sur la plainte de ses créanciers qui ne lui réclamaient pas moins de 30000 florins, et ne sera libéré qu'en 1487, le 20 octobre, quand l'inutilité de l'incarcération de ce banquier insolvable apparaîtra une évidence. En attendant, à Lyon (et jusqu'à la cour de France) c'était l'émoi chez les clients, et Laurent dépêcha un proche, Agostino Biliotti, pour l'audit qui s'imposait. Biliotti découvrit immédiatement les « irrégularités » du bilan de Lionetto et les signala dans l'urgence à Laurent : il était terrorisé, expliqua-t-il, par les pertes qu'il découvrait, pires que celles de Bruges au moment de sa liquidation ! Avec les mêmes erreurs de gestion et les mêmes pratiques frauduleuses ! Laurent, là aussi, parla de liquidation mais ses conseillers furent formels : le cas de Lyon n'était pas désespéré et, pour limiter les dégâts, le mieux était de créer une société intitulée « Francesco Sassetti, Giovanni Tornabuoni et Compagnie ». Laurent convaincu, la direction en fut confiée à Spinelli, qui eut pour premier travail de liquider les passifs de la précédente société. Tâche de longue haleine, et difficile à mener de front avec la création de la nouvelle. D'autant que les *maggiori*, à Florence, rechignaient à envoyer les fonds nécessaires à ce renflouement, tout en exigeant de lui de nouveaux profits, mais sans élargir l'éventail des prêts et investissements… Les résultats tardèrent évidemment et Laurent se résolut à envoyer sur place le vieux mais toujours virulent Sassetti qui se fit un plaisir de dénoncer la gestion de Spinelli. L'impression fut désastreuse à Lyon, où l'on eut le sentiment, encouragé par la concurrence, de désaccords profonds au sein de la *consorteria* Médicis. Au départ de Sassetti, en 1489, les affaires reprirent, doucement, grevées par la lourde liquidation des pertes provoquées par l'incurie de Lionetto. À la mort de Sassetti, la société, devenue « Héritiers de Francesco Sassetti, Giovanni Tornabuoni et Compagnie », conserva son directeur, et resta à peu près à flot jusqu'à la mort de Laurent, en dépit d'un perpétuel « combat des chefs » alimenté notamment par Cosimo, digne fils de Francesco.

## *Les dernières difficultés*

Lyon n'était pas la « chasse gardée » des Médicis, et les Pazzi, sous la direction d'un technicien compétent, Francesco Capponi, aidé de six « facteurs », leur disputaient âprement, dans les années 1470, le *leadership*. La concurrence y était rude, comme d'ailleurs dans bien d'autres villes, et la conjuration de ces Pazzi, en avril 1478, peut d'ailleurs se lire comme une tentative pour venir à bout de la banque des Médicis en même temps que de leur régime. La crise survint en effet à un moment très dur pour les finances de la famille, ébranlées par les pertes subies dans les Flandres, en Angleterre et à Milan. Quant à la banque Pazzi, c'était sans doute la deuxième de Florence, avec des filiales à Rome, Lyon et Bruges, et leurs partenaires et directeurs étaient parfaitement au courant des difficultés de leur principal concurrent. Renato de Pazzi, la tête pensante de la famille, refusa d'ailleurs de participer à la conjuration, persuadé que l'cffondrement de la banque Médicis, imminent, allait entraîner la chute de leur régime. La conspiration échoua (voir *infra* p. 215), mais cela ne fit que renforcer Sixte IV dans sa volonté d'abattre la banque Médicis. Aussi mit-il leurs biens, à Rome, sous séquestre, avant de dénoncer la dette de la Chambre apostolique envers la banque et de chasser de la ville le directeur de sa filiale locale, Giovanni Tornabuoni. Le coup était rude et Laurent donna alors le sentiment d'être aux abois, cherchant un peu partout un minimum de liquidités. Ce fut d'ailleurs pour lui l'occasion de se brouiller avec des cousins dont la famille éprouverait un peu plus tard la rancune. Entre mai et septembre 1478, Laurent mit en effet la main, en plusieurs « emprunts », sur un total de 53 643 florins en pièces appartenant à Giovanni et Lorenzo, fils de Pierfrancesco de Medici, dont il avait la garde. En 1485, l'argent n'était toujours pas rendu, et les « enfants » le réclamaient en vain. On trouva un compromis, et les cousins reçurent en toute propriété la villa familiale de Cafaggiolo. Ce n'était pas suffisant à leurs yeux, et ils se plaignirent d'avoir *de facto* à supporter « solidairement », et sans l'avoir demandé, le tiers des pertes de la branche londonienne et le poids de dépenses somptuaires dues aux fêtes de Laurent, auxquelles leur père Pierfrancesco n'avait pourtant pas donné son aval. Les deux branches issues de Giovanni di Bicci étaient désormais – et définitivement – antagonistes Les choses allèrent très loin, et il est des chroniqueurs pour accuser Laurent, cette année-là, de détournement de fonds publics. Toujours est-il qu'en janvier 1495 la nouvelle Commune déposera une plainte à propos de 74 948 florins payés en plusieurs fois à Laurent ou à ses agents par Francesco della Tosa, responsable du Monte, paiements effectués sans base légale, « au détriment et préjudice de la Commune ». À confondre ainsi caisses de l'État et caisse personnelle, Laurent commettait une lourde faute aux yeux des Florentins : c'était là se comporter comme les tyrans qui – ainsi à Milan – n'établissaient guère de frontière entre les deux ! Sans qu'on sache d'ailleurs à quoi Laurent aurait eu l'intention d'utiliser la somme, même si elle dut être employée, d'une manière ou d'une autre, au renflouement d'une banque qui, après la conjuration des Pazzi, prenait manifestement l'eau de toutes parts.

De telles pratiques, avérées ou non, ne pouvaient être qu'emplâtres sur une jambe de bois. Une restructuration eût sans doute été nécessaire, et plusieurs projets furent alors déposés – sans suites – auprès de Laurent. Dès 1482, ou en tout cas entre la liquidation de la branche de Bruges, en 1480, et l'arrestation de Lionetto de Rossi, en 1485, il fut proposé de diviser l'ensemble du consortium en deux entités, l'une dirigée par Francesco Sassetti et l'autre par Giovanni Tornabuoni. Tout y était prévu, jusqu'au montant des participations au capital des deux directeurs (15 000 ducats chacun) et, bien sûr, de Laurent, sollicité pour « seulement » 18 000 ducats – ce qui suffit à prouver que les promoteurs du projet (sans doute autour de Giovanni Battista Bracci, dirigeant de la *Tavola* de Florence) ne se faisaient guère d'illusions sur sa solvabilité. Il y eut de nouvelles propositions dans le même sens de la part de Lorenzo Spinelli, qui les adressa à Laurent en 1486. Bien qu'elles revinssent à un retour aux fondamentaux d'avant 1455, elles ne reçurent pas davantage l'agrément d'un Laurent qui, malgré tout, semblait s'intéresser davantage – sa correspondance le prouve – à « sa » banque. Il était sans doute trop tard : trop de mauvaises habitudes avaient été prises, à l'encontre du credo médicéen exigeant une stricte indépendance des filiales, garantie en principe contre un effondrement global de la maison. Et quand Giovanni Battista Bracci succéda à Sassetti, mort le 31 mars 1490, rien ne changea vraiment : Tornabuoni continua à prodiguer ses conseils, bons ou mauvais, dans le sens d'une restriction générale des activités de prêt, et Spinelli à exiger de l'argent pour relancer son importante filiale lyonnaise. Laurent, de toute façon, n'avait plus les moyens financiers d'une intervention énergique dans le fonctionnement – compliqué – de sa banque, que – lassitude ? épuisement physique ? – il donna le sentiment, les deux dernières années de sa vie, de laisser s'enliser.

# 11

# Le temps des tribulations (1470-1492)

## *L'affaire de Prato*

Quoi de plus tentant, pour les caciques du clan médicéen à la mort de Pierre, que de se convaincre qu'il était enfin possible de gouverner Florence à travers la personnalité, non encore affirmée, de Laurent ? Ainsi deux des plus anciens du clan, Tommaso Soderini, son oncle, et Luigi Guicciardini, se virent-ils dans la position du mentor, le premier, surtout, s'efforçant dans l'urgence de lui faire abandonner l'alliance milanaise au profit de celle de Naples et/ou de Venise : il reprenait, ce faisant, la tradition des *Ottimati* qui bénéficiaient, dans ces deux vieux États, de relations bien plus avantageuses que dans celui de Milan, aux mains des parvenus Sforza. Mieux encore, l'ambassadeur de la République à Naples trouvait le moyen de faire parvenir ses rapports non pas à la *Signoria* mais à l'influent Tommaso. Et il fallut toute la force de persuasion de l'ambassadeur milanais Sacramoro Mengozzi pour montrer à Laurent que les intérêts de son vieil oncle ne coïncidaient pas forcément avec les siens et lui ouvrir les yeux sur les activités, souterraines et autres, des *Ottimati*. Il apparut en effet, en avril 1470, que les exilés florentins, humiliés et appauvris, ne désespéraient pas encore de reprendre la main. Ainsi les frères Nardi, Bernardo et Salvestro, emportés dans la catastrophe des Pitti, déclarés rebelles et réduits à un état proche de la misère. Encore riches, toutefois, d'un puissant réseau amical en Toscane, ils misèrent sur Prato, prospère bourgade rurale à 15 km au nord de la cité du lys, pensant pouvoir s'y appuyer sur le mécontentement potentiel d'une cité vassale de Florence et gouvernée par un podestat (florentin), Cesare Petrucci. Persuadé, donc, de l'importance du ressentiment antiflorentin dans la ville, Bernardo sonda dans un premier temps l'opposant (florentin) de référence, Diotisalvi Neroni, qui crut pouvoir l'assurer, s'il s'emparait de Prato, du concours de Bologne et de Ferrare. Trop vite rassuré de ce côté, il mit d'emblée son plan (fort simple) à exécution : lorsqu'il se fut saisi, dans la chambre même du naïf podestat, des clefs de la ville, ses troupes y pénétrèrent sans violences excessives et furent bientôt maîtresses de la citadelle et du palais. Lui restait à convaincre les Huit du « Conseil suprême » (Machiavel) de Prato que son seul but était de les libérer du joug de Florence. Échec : les Huit lui répondirent que les affaires florentines ne les regardaient pas, que l'actuel « gouvernement florentin » ne leur avait porté aucun tort et qu'ils le priaient en conséquence de quitter la ville avec ses hommes. Bernardo joua alors sa dernière carte avec le podestat, incarcéré en compagnie de sa famille : terrorisé par un simulacre de pendaison, Cesare, dont la témérité n'était pas la qualité principale, donna effectivement au peuple l'ordre d'obéir à la « nouvelle autorité ». Après quoi on le remit en prison. Mais ce peuple, moins impressionnable, ne suivait pas. Non plus, d'ailleurs, que les Florentins résidant dans la ville, et c'est l'un d'eux, un chevalier de Rhodes, Giorgio Ginori, qui réussit à mettre la main sur Bernardo occupé, sur la place principale, à rallier à sa cause d'éventuels mécontents. L'affaire était perdue : on délivra le podestat et les rebelles, à vrai dire fort peu nombreux, furent bientôt pris et exécutés. Quant à Bernardo, le « meneur », il fut conduit à Florence, interrogé et immédiatement décapité. Dans la ville, sur la foi de fausses nouvelles (le podestat et sa famille avaient été exécutés, Pistoia s'était révoltée...), le clan Médicis accusa le coup : une répression à la mesure de la peur s'abattit sur 60 complices présumés des Nardi et les pendaisons, tant à Prato qu'à Florence, se multiplièrent, au point d'y émouvoir une « opinion publique » pourtant blasée en ce domaine.

Laurent avait compris le danger : il profita d'une *pratica* favorable, en juin, pour redonner une base légale à l'alliance milanaise, la seule fiable, et il la consacra en invitant à Florence, en mars 1471, Galeazzo Maria Sforza, avec des centaines de ses courtisans qui prirent pratiquement possession de la ville. Cela donna lieu à une fête, brillante mais coûteuse, que l'on reprocha – déjà – à Laurent. L'alerte de Prato avait été chaude, et Laurent (sur)réagit avec une belle vivacité à la menace. Et c'est alors que l'on put constater à quel point il avait profité de ses années d'apprentissage pour discerner, au sein des rouages compliqués de la vie politique florentine, où se trouvaient les nœuds du pouvoir. C'est ainsi qu'en juillet 1471 il parvint, par le moyen d'une *balia* bien composée, à se fabriquer un Conseil des Cent à sa botte et, bien sûr, tout acquis à l'alliance milanaise, avec pleins pouvoirs sur l'établissement des taxes, les questions militaires et l'organisation des élections, autour de 40 membres permanents, dont lui-même, chargés de recruter leurs collègues : c'était là le meilleur moyen de dévitaliser complètement les vieux conseils communaux. Même si, dix ans plus tard, il devait juger nécessaire de resserrer encore le mode de recrutement de son conseil, avec les Soixante-Dix, dès 1471 les institutions républicaines se vidaient dangereusement de leur substance.

## *Le massacre de Volterra*

Autre alerte encore, très vite, sur un autre front, dans une cité vassale là aussi, mais où la remise en cause du pouvoir de Laurent se fonda cette fois sur une raison aux apparences économiques. Jadis commune libre, Volterra, bourgade-évêché à quelques lieues de Florence, était en effet depuis longtemps sous sa coupe. En 1361, d'ailleurs, elle lui avait accordé le droit d'y lever l'impôt et de contrôler son armée, dont le capitanat revenait en général à un Grand de Florence. Mais pareille proximité, en induisant des liens entre les deux aristocraties, avait malheureusement déplacé vers Volterra les conflits interfactionnels qui troublaient la vie politique florentine. Quand Volterra résista, en 1429, à l'établissement d'un *catasto*, ce furent ainsi les Médicis qui se firent leurs patrons et défenseurs, et Cosme, une fois au pouvoir, se fit un plaisir de dispenser ses amis volterrans de leurs arriérés de taxe… Mais tout s'envenima en 1470, quand on découvrit près de la ville un gisement de cet alun si précieux pour la teinture des vêtements de laine. Un groupe d'investisseurs siennois, florentins et volterrans, présidé par un client des Médicis, Paolo Inghirami, pétitionna alors pour obtenir le droit de l'extraire et de le vendre. Il fut accepté mais les prieurs de Volterra déposèrent réclamation : le concours n'avait pas été limpide, protestèrent-ils, et de toute manière les revenus de ce minerai devaient servir au bien commun et non enrichir une compagnie privée. Il faut dire que quelques années auparavant, quand de l'alun avait été découvert sur le territoire pontifical, les Médicis en avaient obtenu la concession, à leurs propres conditions. Et il se trouva des Volterrans pour affirmer que, cette fois, Laurent en avait confié l'exploitation locale à des clients à lui pour continuer à en contrôler le prix, d'autant que parmi les associés de la nouvelle compagnie figuraient deux de ses alliés locaux et l'un de ses partisans florentins, Antonio Giugni. En juin 1471, le gouvernement volterran décida donc de saisir la mine et de chasser tout ensemble associés et mineurs. Le capitaine de Volterra, Serristori, un allié des Médicis, réagit alors avec grande violence, traitant les Volterrans, dans un courrier à Laurent, d'ânes bâtés qui méritaient de voir corriger leur insolence : de notoriété publique, ajoutait-il, le gouvernement de Volterra n'agissait d'ailleurs que sur les injonctions d'*Ottimati* florentins opposés aux Médicis, et Laurent devait choisir sans attendre entre ses amis et ses ennemis. Il disait vrai, et l'incontournable ambassadeur milanais, Sacramoro, révéla que l'incorrigible *condottiere* Bartolomeo Colleoni se préparait encore une fois à traverser la montagne pour venir renverser les Médicis, tandis que Diotisalvi Neroni et les Acciaiuoli, Jacopo et Neri, poussaient à qui mieux mieux les Volterrans à la révolte.

Laurent en fut d'autant plus troublé que le moment de la saisie de la mine correspondait à l'évidence avec le mandat de gonfalonier de justice de Bardo Corsi, allié et client de Jacopo Pazzi, et opposé à l'alliance milanaise. Il fallait reprendre la situation en main et Serristori, sur son ordre, réussit à faire punir quatre Volterrans « coupables » d'avoir récupéré la mine d'alun confisquée. La situation ne pouvait qu'empirer et, en février 1472, quand des Volterrans énervés tuèrent deux de leurs compatriotes médicéens, dont Paolo Inghirami, on bascula définitivement dans la violence : prise de frénésie, la ville recruta une milice et multiplia les vexations à l'encontre des médicéens locaux... jusqu'au moment où les gouvernants volterrans, comprenant qu'on était allé un peu trop loin, multiplièrent les missives apaisantes à destination de Florence. Trop tard : impossible, pour le jeune homme qu'était encore Laurent, de laisser passer cette atteinte à son autorité. En dépit de nombreux appels à la modération, dont celui de l'archevêque florentin de Volterra, le Conseil des Cent décida la réunion d'une *balia* de la guerre, d'apparence consensuelle mais majoritairement médicéenne. Elle vota immédiatement l'engagement d'un redoutable *condottiere*, Federico da Montefeltro, qui, en mai, à la tête de ses troupes personnelles renforcées de Milanais et de Florentins, se mit en marche vers Volterra. Le 16 juin, la bourgade se rendit sans résistance, confiante dans les garanties qu'elle croyait avoir obtenues de Laurent et du gouvernement florentin. Mais, deux jours après les accords, Federico da Montefeltro pénétra dans la ville avec ses soudards : peu payés et mal nourris, ils la mirent en coupe réglée, au cri de « *al saccheggio !* » (« au pillage ! »), massacrant sans scrupule un nombre indéfini de citoyens. La responsabilité de ces exactions retomba sur Laurent qui, de concert avec la *balia*, avait demandé à Montefeltro de remporter la guerre coûte que coûte, « en se préoccupant moins de la sauvegarde de Volterra que de la victoire, quel qu'en fût le moyen ». Federico tenta bien de se défendre en affirmant qu'il n'avait pu retenir ses soldats : ce bibliophile averti assura même que son attention avait été distraite par la découverte d'une Bible rare, en plusieurs langues... mais tout le monde savait qu'il avait de son propre chef accordé à ses troupes douze heures de pillage (qui faisait traditionnellement partie du « salaire » des soldats), au bout desquelles il n'avait eu aucune difficulté à les retirer de la ville. Quelques jours après, Laurent vint constater sur place l'effroyable étendue des dégâts, et ne cacha ni sa tristesse ni son trouble : « nous ne dirons rien de plus sur ce sac, de façon à l'oublier le plus vite possible ». Les Volterrans, d'ailleurs, ajoutait-il, l'avaient peut-être mérité, en raison des péchés de certains d'entre eux… Ces Volterrans, eux, n'oublièrent rien, malgré les 2 000 florins qu'il versa pour la reconstruction de leur ville, et chroniqueurs et poètes non plus, qui ne célébrèrent guère ce « haut fait ». Mais à Florence, rapporte Machiavel, « la nouvelle de la victoire fut reçue avec grande joie… et parce que l'entreprise était entièrement imputable à Laurent, sa réputation en fut considérablement grandie ».

## *Le bonheur dans l'opulence*

Ces épreuves, plus dramatiques les unes que les autres, avaient en dépit de tout conféré à Laurent une leçon de « sagesse » politique : laisser aux vieux médicéens – « Messer Tommaso et les autres », comme le dit Guichardin – les rênes trop lâches pouvait être contre-productif. Aussi décida-t-il de leur accorder tout ce qui pouvait satisfaire leur *ego* – *legazione et tutti gli onori* (« ambassades et tous les honneurs ») » et de pousser en avant des hommes « dont il n'avait rien à craindre, n'ayant ni parents ni crédit ». Plus ou moins rassuré de ce côté-là, il put alors se consacrer à ce qui comptait avant tout pour établir sa crédibilité « sociale » dans cette ville encore bien médiévale : se construire une famille. À vingt-quatre ans ce jeune homme se retrouva donc père de 5 enfants : Lucrezia, née en août 1470, des jumeaux, nés en 1471, qui ne vécurent que le temps d'être baptisés ; puis, enfin, en février 1472, ce fut le fils tant attendu, Piero, suivi en juillet 1473 d'une autre fille, Maddalena (Giovanni, futur pape, ne naîtra que le 11 décembre 1475). Quant à lui, il s'attacha alors à donner de sa personne l'image la plus apaisée possible, consacrant ostensiblement à la chasse (et en particulier à la fauconnerie), plaisir aristocratique, bucolique et pacifique, un temps non négligeable. Ce fut aussi le temps d'une grande amitié, celle d'un humaniste dévoué et compétent, Ange Politien. Dévoué depuis ce jour de 1470 où, âgé d'à peine seize ans, orphelin et sans ressources, il avait osé venir présenter à Laurent sa traduction latine du Chant II de l'*Iliade*. En trois ans, ce poète, cet helléniste érudit et spirituel, sut s'attacher la famille Médicis. Il en devint même un intime et Laurent, qui lui apporta constamment son soutien financier, lui fut reconnaissant d'avoir, par ses traductions, mis enfin à la portée du public des écoles et des cours cet Homère auparavant inaccessible, ce qui était, pour l'humanisme local, un formidable « bond en avant ». Aussi n'hésita-t-il pas à lui confier le préceptorat de ses enfants. Sans compter un rôle officieux de secrétaire, à qui il laissait souvent le soin, hors de chez lui, d'écrire en son nom à sa pieuse épouse Clarice... L'idylle avec cette remarquable dame Orsini se termina malgré tout assez vite lorsqu'elle découvrit, horrifiée, que Politien, dans leur villa de Cafaggiolo, faisait apprendre le latin aux enfants à partir de textes certes de haute tenue littéraire, mais parfaitement païens, comme ceux de Sénèque ou Cicéron. Sans le dire à son époux, elle prit donc sur elle de leur substituer une version latine des Psaumes, moralement, pensait-elle, plus orthodoxes et peu susceptibles en tout cas de détourner l'attention et la sensibilité du jeune et (très) précoce Giovanni, que la famille destinait à la carrière ecclésiastique. Pour Politien, c'était insupportable : sans doute édifiant, le texte de ces Psaumes ne brillait pas en effet par la qualité de sa syntaxe et risquait fort de nuire à l'expression latine des enfants. Il écrivit donc le 6 avril 1479 à Laurent pour lui dénoncer les menées secrètes de sa femme. Peine perdue : même si Laurent, peut-on penser, pouvait se sentir au fond assez proche de son ami poète, il lui était impossible de se mettre à dos son épouse, en même temps que le dangereux clan Orsini. Il se résolut alors à retirer à Politien l'éducation de sa descendance et l'envoya dans sa villa de Fiesole, moins rurale que celle de Cafaggiolo et plus propre, lui expliqua-t-il, à son activité poétique. C'était d'ailleurs vrai, et Politien ne se plaignit guère de ce déménagement, qui pouvait paraître plus une faveur qu'une mise à l'écart. C'est d'ailleurs ainsi que l'entendit Clarice, qui en conçut une forte aigreur.

Laurent, d'ailleurs, s'absentait régulièrement, à cette époque, pour un projet qui lui tenait à cœur : son Université. Le problème étant que celle de la voisine Pise avait depuis longtemps pris le pas sur Florence, qui végétait avec un *Studio* étique. S'imposait donc une relance, mesurée et bien pesée, des deux établissements. Aussi Laurent et Julien passèrent-ils à cette époque de longs mois, avec parfois leur famille, dans l'une ou l'autre de leurs résidences, en cette ville de Pise où bien des susceptibilités devaient être ménagées. Après de multiples discussions avec ces universitaires, philosophes et hommes de sciences qu'ils connaissaient parfaitement, les deux frères, pour atténuer au maximum la concurrence entre les deux centres, prirent une décision digne de la sagesse de Salomon : à Florence la philosophie et la philologie, à Pise la théologie, la médecine et le droit. Il va sans dire que Laurent assuma, sur ses deniers, toutes les dépenses liées à la restauration et la restructuration de l'Université de Pise : elles furent somptuaires, mais il y allait des équilibres locaux. Pise était une ville ombrageuse et fière de son passé commercial qui l'avait vue rivaliser avec Venise ou Gênes un peu partout en Méditerranée, et elle supportait mal sa vassalité à l'égard de Florence, cité de prestige récent et tard venue dans le grand commerce. De là la générosité ostentatoire de Laurent à son égard : Volterra avait senti ce qu'il en coûtait de s'opposer aux Médicis, et Pise pouvait maintenant mesurer les avantages de leur amitié.

Pour un observateur extérieur, Florence, ces années-là, offrait toutes les apparences d'une heureuse opulence. Ainsi, en 1472, Benedetto Dei fait-il de sa cité natale, avec sa plume de commerçant, un descriptif tout à fait à même d'impressionner ses interlocuteurs vénitiens, auxquels est adressé ce bilan : 270 boutiques adhérant à la corporation des marchands de laine, 83 à celle des marchands de soie, 54 tailleurs de pierre et marbriers, 44 boutiques d'orfèvrerie, 30 « batteurs d'or » (*battiloro*) et autant de « batteurs d'argent » ainsi qu'un fabricant de statues de cire. Les ateliers de peintres y étaient plus nombreux que jamais avec, parmi les plus prestigieux, ceux de Verrocchio et de Ghirlandaio, qui recrutaient par dizaines des apprentis, futurs tâcherons pour la plupart à moins d'être appelés à un brillant avenir comme un certain Léonard, fils illégitime d'un notaire de Vinci, brillant élève du premier et inscrit à la compagnie de Saint-Luc comme peintre indépendant… L'art du portrait, surtout, fleurissait dans les nombreux ateliers, de qualités fort diverses, où Florentins et étrangers venaient faire fixer, avec ses qualités et aussi ses approximations, l'image de leur importante physionomie. L'ambiance, donc, était apparemment à la paix, et le 22 janvier 1475 Niccolò Bendedei, ambassadeur de Ferrare à Florence, pouvait adresser à son maître ce message des plus iréniques : « Rien de nouveau ici, si ce n'est que dans les environs de Pise, où l'illustre Laurent chasse au faucon avec les hommes du roi Ferrante, deux des dix faucons envoyés par Votre Majesté, les meilleurs, se sont perdus. Votre Excellence ne doit pas s'étonner si je parle de choses pareilles : je suis seulement en cela l'exemple des autres. L'indolence a tellement pris pied en Italie que, s'il n'arrive rien de nouveau, cela signifie que nous avons plus à dire de la mort des volatiles et des chiens que des armées et des questions de guerre. Pour le reste, je suis de l'opinion que ceux qui sont appelés à gouverner pacifiquement l'Italie n'obtiendront pas moins de gloire que ceux qui la plongeront dans la guerre. Parce que la fin de la guerre est avant tout la paix. »

Dans quelque temps, malheureusement, les hommes du roi Ferrante auront d'autres occupations, plus rugueuses, que la fauconnerie.

## *Meurtre dans la cathédrale : la conjuration des Pazzi*

Au-delà des flatteuses apparences qu'il savait ainsi ménager, la situation pour Laurent était en réalité difficile, et la période de 1472 à 1478 fut marquée à Florence par une constante opposition entre les Médicis et le pouvoir pontifical incarné dans la vindicative personne de l'austère Franciscain Sixte IV della Rovere. Et cette collision allait entraîner la *consorteria* dans ce qui fut pour elle la pire crise du XV^e^ siècle. Le monde de la Renaissance italienne était certes un monde troublé, agité constamment par des conflits appuyés sur des alliances instables, mais la crise de 1478 dépassa largement les limites de la traditionnelle confrontation entre Florence et la papauté sur les zones d'influence de part et d'autre de leur commune frontière ou la répartition des bénéfices ecclésiastiques. Tout cela venant se greffer sur un fléau spécifique à la papauté du temps : le népotisme. Pratiqué sur le mode outrancier, dans ces années 1470, il finit par déstabiliser les équilibres fragiles régissant la vie de la région.

Les relations entre Sixte IV et Florence avaient pourtant bien débuté : le nouveau pape, bardé de sa singulière réputation d'austérité, s'était attiré de nombreuses sympathies quand à peine intronisé, le 26 juillet 1471, il avait lancé un appel pathétique à une urgente croisade. Projet qui ne pouvait que s'accompagner d'une importante levée de fonds. Les Médicis y répondirent avec enthousiasme et Laurent alla lui-même, le 23 septembre, convoyer à Rome la contribution de la ville (130 kg d'argent, des services de table précieux, etc.). L'accueil au Vatican fut chaleureux, et le pape parut subjugué par le charme et la culture du jeune Laurent à qui il fit don de deux bustes antiques représentant Auguste et Agrippa. Côté pratique, Sixte IV confirma la nomination de l'oncle de Laurent, Giovanni Tornabuoni, comme trésorier général de la Chambre apostolique, ainsi que le monopole de la banque Médicis sur la vente et la distribution de l'alun de la Tolfa. Laurent resta douze jours sur place, et Alberti compléta sa culture classique en lui offrant une visite guidée des ruines antiques. Après quoi il rentra à Florence, ébloui et riche de plusieurs camées, gemmes et vases achetés dans les collections pontificales. Pour ce qui était de la nomination d'un cardinal florentin, Sixte IV était certes un peu resté dans le vague, parlant d'un candidat « proche du cœur de tous les habitants de cet État », mais Laurent ne se voyait aucune raison de douter de la bonne foi pontificale : le pape avait certainement compris que ce candidat ne pouvait être que son frère Julien. Mais il fallut bientôt se rendre à l'évidence : dans la première « fournée » ne figuraient que deux noms, ceux de deux neveux de Sixte, Pietro Riario et Giuliano della Rovere. Les ambitions du pape s'éclairaient peu à peu : parti de rien (il était fils de pêcheur), il entendait hisser sa famille au niveau des plus grandes d'Europe et seule un Chambre apostolique à sa botte pouvait lui donner les moyens de cette ambition. Ce fut plus clair encore en 1477 quand il éleva au cardinalat son petit-neveu de seize ans, Raffaele Sansoni Riario.

Mais il apparut également que les ambitions de Sixte IV ne se limitaient pas à la conquête d'un maximum de titres cardinalices pour ses parents. Sur le plan territorial, ses visées « expansionnistes » étaient tout aussi claires, même cachées derrière le souci de mettre au pas les villes semi-autonomes des États pontificaux, qui rechignaient à payer l'impôt à leur exigeant suzerain et n'hésitaient pas à passer des accords « de défense » avec leur voisine Florence. Tout se noua alors autour de la résistance d'une petite ville d'Ombrie, Città di Castello, contre la « lourde » autorité pontificale. Or son « seigneur » était un proche des Médicis, Niccolò Vitelli, et, dès que les troupes pontificales firent route dans sa direction, il leur lança un pressant appel : les secours florentins « ne furent point à la vérité suffisants pour défendre Niccolò mais ils le furent pour jeter entre Sixte et les Médicis les premiers germes de cette inimitié qui produisit bientôt après les effets les plus funestes », explique Machiavel[1]. Città di Castello, difficile à défendre, tomba bientôt en effet dans l'escarcelle pontificale, mais Sixte IV n'entendait pas limiter sa campagne à cette bourgade d'importance très relative. Le même problème de suzeraineté, fiscale autant que politique, se posait d'ailleurs pour une ville de Romagne d'une autre qualité stratégique, la cité fortifiée d'Imola. Le pape, disait-on, la destinait comme « fief » à un autre de ses neveux, Girolamo, auquel était dévolu un rôle capital dans la promotion programmée de la famille della Rovere : assurer, au moyen d'un mariage prestigieux et d'une descendance consistante, l'ancrage de la nouvelle dynastie dans l'espace et la durée. Imola était certes liée par un accord de défense à Milan, mais Galeazzo Maria ne tenait guère à conserver dans sa zone d'influence cette ville bien éloignée de sa Lombardie. Il proposa donc à Florence, plus proche, de l'acheter. Laurent y eût bien volontiers consenti mais, averti de cet accord en principe secret, Sixte IV, sans surprise, protesta et menaça Galeazzo Maria d'excommunication s'il persistait dans son offre. Peu décidé à se battre pour Imola, le seigneur milanais changea alors de politique et proposa au pape de la lui vendre pour 40000 ducats. Sixte IV, qui ne les avait pas, se retourna à son tour vers la banque Médicis pour les lui emprunter, mettant ainsi Laurent dans une situation impossible : comment, décemment, avancer au pape des fonds destinés à l'achat d'une ville dont l'acquisition venait d'être refusée à Florence ? Il répondit donc que sa banque ne disposait pas des liquidités suffisantes mais commit l'imprudence d'exiger de ses concurrents Pazzi d'en faire autant. Trop heureux de l'aubaine, ces Pazzi, sollicités à leur tour par le pape, non seulement se firent un plaisir d'avancer la somme mais révélèrent à Sixte IV la demande de Laurent ! Violente réaction, à Rome, de della Rovere, qui retira sur-le-champ à la banque Médicis la gestion (la *Depositaria*) des fonds de la Chambre apostolique.

L'affaire ne s'arrêta pas en si bon chemin et vint s'y greffer un grand classique de l'époque : une vive querelle, entre papauté et pouvoir temporel, sur la nomination d'un évêque. Les Florentins, du temps des Communes, avaient toujours su éviter que les 7 évêchés de Toscane (Florence, Pistoia, Volterra, Fiesole, Arezzo, Pise, Cortona) ne revinssent à des Florentins, et au début du XVe siècle on s'était tacitement entendu sur un partage équitable entre Florentins et étrangers. Mais quand en 1462 le pape Paul II décida de nommer archevêque de Florence Giovanni Diotisalvi Neroni, l'un des pires ennemis des Médicis, son candidat fut expulsé de la ville dès son arrivée et renvoyé à Rome : plus jamais il ne mettrait le pied à Florence, même si Paul II refusa de le remplacer. À sa mort en 1473, Sixte IV désigna sur ce poste son neveu Pietro Riario, qui mourut un an plus tard. Mais après l'affaire d'Imola les deux camps étaient définitivement irréconciliables, et Sixte IV donna dans la provocation élémentaire en nommant archevêque Francesco Salviati, autre ennemi juré des Médicis. Refus immédiat de la *Signoria* qui proposa la nomination de Rinaldo Orsini, le propre beau-frère de Laurent, pour le plus profond embarras de Sixte IV qui ne pouvait refuser un membre éminent d'une des plus redoutables factions romaines. Il accepta donc, la mort dans l'âme, mais se vengea en refusant la demande de la *Signoria* d'en faire un cardinal... Rinaldo demeurerait trente années sur ce poste mais laisserait bien volontiers aux Médicis l'administration du diocèse. Sixte IV n'avait pas dit son dernier mot et lorsque se libéra l'évêché de Pise, le second en importance, il s'empressa d'y nommer Salviati, ce que la *Signoria* refusa pendant trois ans. Elle finit par l'accepter en échange de la promesse qu'aucune nomination d'évêque ne se ferait en Toscane sans son aval.

Mais, bien que Sixte IV eût récupéré Imola et Salviati son évêché, demeurait à Rome un lourd ressentiment contre les Médicis en général et Laurent en particulier : et c'est là que dès 1475 se fit jour, dans les cercles pontificaux, l'idée de la nécessité d'assassiner Laurent et Julien. La chose s'ébruita, on entendit parler de ce projet jusqu'à

Milan, et Galeazzo Maria (il sera lui-même assassiné en 1476) en prévint Laurent à plusieurs reprises. C'était très grave, et toutes les grandes familles n'acceptèrent pas d'emblée d'en être. Parmi les plus réticentes, la grande *consorteria* des Pazzi, qui ne furent poussés dans la conjuration que par une histoire d'héritage où Laurent n'hésita pas à faire promulguer une loi à effet rétroactif...Le complot, finalement, réunit les plus éminents des *Ottimati* : en dehors des Pazzi, on y retrouvait Francesco Salviati, Girolamo Riario, Jacopo Bracciolini (le fils du célèbre humaniste Poggio). Sixte IV, bien sûr, bénissait l'entreprise (à condition, avait-il fait dire, qu'il n'y ait pas d'effusion de sang...) à laquelle était lié un *condottiere* célèbre, Federico da Montefeltro. Dans l'ombre attendait Ferrante, roi de Naples... Après avoir rejeté plusieurs plans, les conjurés finirent donc par décider d'assassiner Laurent et Julien dans le palais familial de la via Larga lors d'un banquet, au soir du dimanche 26 avril 1478, mais on apprit au tout dernier moment que Julien, légèrement blessé lors d'un accident de chasse, serait absent. Le mieux était donc d'attendre que la famille fût au complet, dans la cathédrale, mais le sbire choisi, Giovanbattista da Montesecco (le « capitaine » de Riario), pris d'un scrupule tardif, refusa de tuer dans une église. On le remplaça par deux prêtres, moins scrupuleux : l'un d'eux, originaire de Volterra, brûlait, selon Politien, de venger sa ville... Julien, frappé par un marchand de près de soixante ans, Bernardo Bandini Baroncelli, au cri de « *Prendi, traditore* » (« Prends ça, traître ! »), fut immédiatement tué (il reçut en tout 19 coups de couteau, portés en majorité par Francesco de Pazzi), mais Laurent, à peine blessé, parvint à se réfugier dans la sacristie nord de l'église puis à gagner le palais familial, pour rassembler ses partisans. Pendant ce temps, Salviati se lançait à l'assaut du palais de la *Signoria* mais les prieurs, prévenus, avaient eu le temps de se barricader et de lancer la contre-attaque où Salviati fut immédiatement tué. Restait le peuple, que Jacopo Pazzi essaya alors de rallier, parcourant les rues au cri de « *popolo e libertà* » ! Sans aucun succès. Quant aux médicéens, après un temps de sidération, ils s'étaient repris : très vite, la rue fut à eux. Bien armés, ils se saisirent de 50 conjurés qu'ils exécutèrent sur-le-champ avant de pendre leurs cadavres aux fenêtres du palais. La répression, quatre semaines durant, fut terrible et toucha quiconque ayant eu un rapport avec les conjurés. On alla chercher des complices partout où ils avaient pu se réfugier, et jusqu'à Constantinople, où Bernardo Bandini avait cru pouvoir se cacher : on le ramena à Florence où il fut pendu – Léonard de Vinci fit, sur le vif, le croquis de son exécution. Pendant ces semaines tragiques, 80 personnes, semble-t-il, furent exécutées. Les propriétés des Pazzi furent confisquées, les survivants de la famille forcés de changer de nom, et leurs filles et sœurs interdites de mariage pendant des années.

Trente ans après ces événements, l'historien Guichardin remarquera ironiquement qu'à deux doigts de perdre sa vie et *lo stato* (le « pouvoir »), l'attentat valut à Laurent « tant de gloire et d'avantages qu'on pourrait dire que ce jour fut le plus heureux de sa vie » : son frère Julien, avec qui il aurait dû à un moment ou un autre partager le pouvoir, était mort, et ses plus puissants ennemis éliminés. Quant au « peuple », qui se défiait des Grands, il avait pris les armes pour lui et le reconnaissait comme son *padrone* : nul ne lui contestait désormais le droit légitime de se déplacer protégé par une milice, prérogative princière s'il en fût. Plus question de *primus inter pares :* ce qu'il était maintenant c'était l'*arbiter* et le *signore* de la cité. Mais on était allé trop loin dans la répression : Salviati exécuté, c'était l'Église entière qui était touchée, et Sixte IV excommunia Laurent sur-le-champ, exigeant même de la *Signoria* qu'elle le livrât à Rome. Refus « sans surprise » de ladite *Signoria*, et le pape jeta alors, le 22 juin, l'Interdit sur la ville, sanction qui en principe devrait « interdire » à tout État d'entretenir avec Florence les moindres relations, politiques ou commerciales. Parallèlement, Ferrante, devenu par la force des choses le bras armé de l'Église, se lança en son nom dans une véritable guerre – qui allait durer un an et demi – contre la République. Florence, bien mal armée comme d'habitude, n'eut guère le temps de louer les services d'un *condottiere* de qualité et les troupes de Ferrante, commandées par son fils Alfonso, duc de Calabre, et Federico da Montefeltre, s'emparèrent sans problème de plusieurs villes toscanes, tout en se rapprochant dangereusement de Florence. Ce qui n'empêchait pas Sixte IV d'affirmer son amour pour la « Commune de Florence » et son simple désir de la « libérer » de Laurent, coupable de jeter le trouble en Italie et d'empêcher la nécessaire croisade contre les Turcs. À Florence, la réponse à la propagande pontificale s'organisait, et on fit appel à dix juristes reconnus pour la composer : tuer Salviati, qui d'ailleurs lors de l'assaut contre la *Signoria* n'était certes pas vêtu comme un ecclésiastique, n'avait été ni plus ni moins qu'un acte de légitime défense, dont la *Signoria* en entier revendiquait d'ailleurs la responsabilité. Quant au pape, en condamnant Laurent sans le moindre procès, c'était lui qui se plaçait dans l'illégalité. Rédigée par le remarquable chancelier Scala, cette réponse bénéficia des avantages de la toute nouvelle imprimerie, et put ainsi être diffusée dans toute l'Italie.

La situation militaire, toutefois, empirait de jour en jour : l'allié milanais était réduit à l'impuissance par des troubles internes et, même quand Lodovico (Ludovic « le

More ») se fut solidement emparé du pouvoir, il n'adressa à Florence que de bien maigres contingents. Quant à Venise, suffisamment occupée avec la montée turque, mieux valait ne pas compter sur elle. Or les Napolitains étaient à Castellina in Chianti, puis à Poggibonsi, à Certaldo... La catastrophe approchait. Seule solution envisageable : une paix séparée avec Ferrante, moins déterminé que le pape. Il y eut donc des pourparlers secrets (menés notamment par Filippo Strozzi, que les Médicis avaient précisément exilé à Naples) et Laurent, la mort dans l'âme, dut se résoudre à faire le voyage jusqu'en Campanie. C'était risqué, et, la veille de son départ, il réunit une *pratica* composée des membres de la *Signoria* et des *Dieci* de la Guerre, pour leur tenir un discours, « rapporté » par l'historien Guichardin, où il expliquait combien il plaçait l'intérêt de l'État au-dessus de son confort personnel : au moment de quitter sa patrie, il recommandait à la loyauté de la ville sa maison et sa famille, remettant ainsi son devenir dans les mains de ces *Ottimati* pour lesquels il n'avait aucune sympathie. De sa pénible démarche, à laquelle les *Dieci* avaient donné une allure légale, il informa en même temps, pour plus de sûreté, le duc de Ferrare, le marquis de Mantoue, de même que les ambassadeurs de Venise et de Milan. À Florence, les *Ottimati* relevaient effectivement la tête et le fidèle Scala prévint rapidement Laurent qu'il était des gens pour évoquer au grand jour la question de son remplacement, qu'on avançait même le nom de son successeur, un homme de consensus, Girolamo Martelli, et qu'il lui fallait impérativement rentrer au plus tôt avec des résultats. À Naples, d'ailleurs, Laurent se rendit vite compte que Ferrante faisait, bien au contraire, traîner les choses en longueur, d'autant que le pape interdisait à tout le monde une paix laissant le moindre espace de pouvoir aux Médicis. Laurent avança donc dans l'urgence trois points de négociation : retour de la Toscane dans ses « frontières » d'avant guerre, protection des villes de Romagne alliées de Florence contre les agressions du pape, et annulation de la demande de Sixte IV de le voir lui, Laurent, venir s'humilier à Rome. Mais, à Florence, la situation échappait au contrôle de ses partisans, et il dut précipitamment quitter Naples, sans aucune assurance concernant ces trois points. Ferrante, « heureusement », avait d'autres soucis, et plus pressants, du côté de la France où les Angevins faisaient connaître haut et fort leurs visées sur son royaume ; aussi s'empressa-t-il de donner très officieusement des garanties aux Florentins sur le recouvrement de l'intégrité de leurs territoires et la sûreté des seigneurs de Romagne. Et quand il apprit, en octobre 1480, que les Turcs s'étaient emparés d'Otrante, dans les Pouilles, il s'empressa de retirer ses troupes de Toscane, ce qui permit aux Florentins de réoccuper sans coup férir leur territoire que les troupes du Napolitain avaient sérieusement ravagé. Sixte IV, de plus en plus seul et confronté à la nécessité d'unir les États italiens contre la menace ottomane, finit d'ailleurs par accepter de recevoir une délégation florentine, à la seule condition que Laurent en fût absent.

## *Vers le pouvoir absolu*

Tout cela n'était guère glorieux pour Laurent, mais Florence, avide de cette paix nécessaire à la tranquillité publique autant qu'aux affaires, lui fit un véritable triomphe à son retour en mars 1480. Et d'aucuns virent dans le tableau de Botticelli *Pallas domptant le Centaure* l'écho direct des efforts de Laurent face à Ferrante… Les comptes rendus contemporains que nous avons de l'épisode tragique de la « Conspiration des Pazzi » sont pour la plupart promédicéens, à la notable exception, en 1479, du *De Libertate* de Rinuccini, républicain brouillé avec Laurent depuis, semble-t-il, une ambassade à Rome en 1475-1476. Lui seul profita de la circonstance pour faire l'éloge des « tyrannicides » du moment : les assassins, à Milan, de Galeazzo Maria Sforza, en décembre 1476, et, à Florence, Jacopo et Francesco Pazzi. Tout cela sur fond de regret du bon vieux temps, celui de la République aristocratique. À sa rhétorique enflammée répondit un pamphlet tout aussi vindicatif et fort médicéen, celui de Politien, le *Conjurationis commentarium*. Mais la conspiration ne serait vraiment analysée, froidement et méthodiquement, que quelques dizaines d'années plus tard (vers 1515-1516) par Machiavel qui, dans son *Discours sur la Première Décade de Tite-Live* s'appuierait sur son mécanisme pour montrer ce qu'en matière de conspiration… il ne faut pas faire.

S'il n'y avait pas eu de révolution à Florence, Laurent était parfaitement au courant des « murmures » qui avaient en son absence troublé la quiétude « politique » de la ville. Sa réaction fut non pas de tenter de renouer avec les *Ottimati*, mais de resserrer le pouvoir autour de ses seuls affidés. Il suscita une inévitable *balia*, laquelle créa un nouveau conseil, celui des Soixante-Dix, organisme de contrôle et de décision nommé pour cinq ans, qui concentra dans ses mains un invraisemblable assortiment de pouvoirs électoraux, législatifs et exécutifs, couronné par le droit de dire le dernier mot sur toutes les propositions émanant des différents – et nombreux – conseils, en principe l'émanation de l'« opinion publique » florentine. Lui était enfin dévolu le pouvoir exorbitant d'« élire » *a mano* les membres de la *Signoria*. Ces Soixante-Dix furent reconduits en 1484 puis en 1489 et, en 1493, un an après la mort de Laurent, mais avec beaucoup de difficultés.

Toujours est-il qu'après cette terrible crise des années 1478-1480 Laurent se retrouva investi d'une autorité dont personne avant lui n'avait bénéficié. Sans doute même ses prérogatives dépassèrent-elles ce qui était accordé aux Princes italiens de son temps : aucun citoyen ne pouvait être déclaré éligible sans son aval ; impossible à aucun conseil de prendre une initiative en politique extérieure sans ses consignes ; la politique fiscale reposait tout entière en ses mains par l'intermédiaire d'un « officier » à la tête du *Monte*. Mieux, Laurent s'était imposé dans le Conseil des Dix-sept Réformateurs, à haute compétence en matière financière, ce qui lui donnait libre accès, tel un monarque absolu, aux finances de l'État pour ses besoins personnels (il reçut ainsi, a-t-on calculé[2], la somme énorme de 50000 florins). Aucun mariage aristocratique ne pouvait non plus se faire sans sa bénédiction. Sans compter un pouvoir discrétionnaire sur les mécanismes de la justice. Exemple célèbre : en 1488, les *Otto di Guardia* ayant condamné à mort un homme coupable d'avoir tué l'un des membres de leur administration, une foule immense vint implorer la pitié, piazza della Signoria, pour cet « homme de bien ». Mais Laurent, exaspéré par la manifestation, exigea qu'on le suppliciât sans attendre et ordonna l'arrestation, la torture et l'exil de quatre des « manifestants ». Définitivement au-dessus des lois florentines que, par *balie* interposées, il créait ou abrogeait selon les nécessités du temps, il dut évidemment faire face, en contrepartie, à un isolement grandissant. Accompagné d'une paranoïa tout aussi grandissante : en 1480, plusieurs membres des grandes familles furent mis en accusation pour tentative d'assassinat sur sa personne. L'année suivante, des Frescobaldi, des

Baldovinetti, des Balducci « confessèrent » le même crime et furent pendus. En 1484, ce fut un jeune Tornabuoni (la famille de la mère de Laurent) qui fut exilé en Sicile pour complot. Il faut bien dire que les *Ottimati* ne cessaient de dénoncer haut et fort les abus du pouvoir en place, tel cet Alamanno Rinuccini qui, peu après la sanglante répression de la conspiration des Pazzi, avait dénoncé tous ses excès et la « corruption », par ses exactions, des institutions communales. Le *popolo* n'était d'ailleurs pas uniformément « médicéen » et, de temps à autre, il en émanait, dans tel ou tel conseil, des propositions carrément opposées à la politique de Laurent : le paya d'une inéligibilité permanente Pier Parenti, fils du marchand-écrivain Marco, pour avoir proposé l'interdiction de concéder la levée d'impôts à des personnes privées. La mesure ne « passa » pas mais Laurent avait bien senti l'attaque personnelle…

Aussi diminua-t-il encore l'aire de recrutement de son personnel administratif, en éliminant des centres de pouvoir toute l'élite florentine : si son père, répétait-il, s'en était tenu à cette politique, il n'aurait pas eu autant d'ennuis en 1466. Aux Grands, il laissa certes, s'ils faisaient montre de loyauté, ambassades et honneurs, mais sans leur manifester la moindre confiance. Au point que Guichardin limite à 10 le nombre des hommes à qui il accorda cette confiance, des « parvenus » aux yeux de ce membre éminent de l'élite républicaine, dont Bartolomeo Scala, fils d'un meunier de Colle (Valdesa) devenu gonfalonier de justice après avoir été chancelier, à la grande indignation des « gens de bien », les *uomini da bene.* En résumé, pour l'historien aristocrate, il y eut tellement de gens des classes moyennes (*uomini mezzani*) dans les conseils et les offices à fonctions financières et/ou fiscales (avec qui Laurent aurait eu des accords secrets…) que l'on aurait pu dire que c'étaient eux les « maîtres du jeu » (*signori di giuoco*). Émergea ainsi, sous Laurent, toute une classe de notaires ou secrétaires particuliers, gens cultivés qui accompagnèrent les ambassadeurs et rédigèrent à l'occasion leurs lettres, lors de négociations officieuses souvent menées au seul nom de Laurent. Exemple le plus frappant : l'humaniste Niccolò Michelozzi, fils de l'architecte favori de Cosme, devenu le chancelier personnel de Laurent. Attaché à l'éducation de son fils Piero, le futur « Malchanceux », il le suivra lors de ses longues années d'exil, après 1494, mais connaîtra une brillante revanche puisqu'il finira par remplacer Machiavel sur le poste de second chancelier de la République quand la dynastie Médicis retrouvera le pouvoir en 1512. Mais Laurent, fin connaisseur du *contado* florentin, ne limitait pas son aire de recrutement à la ville intra-muros et beaucoup de ses fidèles venaient même des territoires soumis : ainsi Piero Dovizi, de Bibbiena, engagé comme précepteur des enfants de Laurent, finira-t-il chef du secrétariat du « Malchanceux ». Quant à son frère Bernardo, lui aussi secrétaire de Laurent et tuteur de son fils Giovanni, il resta à son service quand son « élève » fut élevé au cardinalat. Et quand ce brillant disciple sera élu pape sous le nom de Léon X, il ne tardera pas lui-même à être nommé protonotaire apostolique puis, lui aussi, cardinal (de Santa Maria in Portico Octaviae)… Attachés aux seuls Médicis auxquels ils devaient tout, ces fonctionnaires subalternes, à la base d'une nouvelle forme d'administration, passaient aux yeux des *Ottimati* frustrés pour d'arrogants ambitieux et beaucoup d'entre eux, lors de l'accès de fièvre antimédicéenne de 1494, seront cassés puis exilés.

Ce réseau s'étendait jusque dans les villes du *distretto*, comme à Pistoia, où les Médicis étaient implantés depuis longtemps, Giovanni di Bisticci y ayant par exemple été podestat dès 1407, Donato de Medici, évêque pendant près de quarante ans, Pierre « le Goutteux » honoré en 1464 du titre de père de la patrie et la famille reconnue comme protectrice en 1476. Jusqu'à la moitié du siècle, dans le « patronage » du *contado* et du *distretto*, les deux familles dominantes avaient été les Pitti et les Médicis mais, après l'humiliation de Luca Pitti en 1466, les seconds y occupèrent la plus grande partie du terrain et, en 1470, ce fut Laurent lui-même qui apparut comme le « patron » du territoire, ainsi qu'en témoigne l'abondante correspondance qu'il reçut des gouvernements et institutions locaux, et même « et surtout » des particuliers à la recherche d'appuis, de secours ou de faveurs. Entre 1400 et 1494, on a pu ainsi comptabiliser, sur le millier de lettres adressées à la famille, près de 900 pour la période qui suivit 1460, et près de 660 pour Laurent en personne, avec une majorité de courriers émanant de Pistoia. Même histoire pour Arezzo, où Pierre prit le pas sur Luca Pitti et se construisit sur place un réseau de clients et d'amis assez fidèles pour proposer un secours militaire en 1466 : en 1473, Gentile Becchi, précepteur de Laurent, fut agréé comme évêque de l'endroit, et bientôt Laurent devint le seul intermédiaire entre Arezzo et Florence pour les questions d'exemptions de taxes et de nominations. Les lettres de demandes de faveurs, jusqu'en 1494, abondèrent, venant de Prato, Volterra, Pise, San Gimignano, Cortona (en tout, a-t-on calculé, de 125 communes), toutes accompagnées de déclarations de fidélité à Laurent : il y fut largement répondu, qu'il s'agît de nominations à des postes administratifs (d'enseignants, de notaires, de secrétaires…) ou même religieux. Et même de demandes d'interventions *contre* l'administration fiscale florentine…Mais à procéder ainsi, en favorisant un peu partout ses amis et affidés, Laurent créait inévitablement d'abondantes frustrations, sans compter l'humiliation des « patrons » locaux habitués à faire la pluie et le beau temps dans leurs cités campagnardes, et qui voyaient leur traditionnelle autonomie peu à peu rognée. Ces interventions dans les instances juridiques de ces communes, en ruinant le crédit des notables locaux, le plus souvent liés, par le sang ou des relations de clientèle, aux grandes familles florentines, contribuaient ainsi, paradoxalement, à affaiblir à la marge la position politique de Laurent.

## *Le* maestro della Bottega ?

Mais, pour scruter les moyens qui permirent à Laurent de devenir ainsi le « patron de la Boutique », le mieux est sans doute de passer en revue les fonctions, toutes républicaines, qu'il y exerça. La liste est édifiante même si jamais, quoique éligible dès 1479, il ne fit partie de la *Signoria*, et si jamais non plus il n'exerça de magistrature territoriale. En dépit, d'abord, de la piètre réputation de banquier que lui a fabriquée la postérité, force est de reconnaître qu'il fut loin de négliger celles, plus discrètes, qui conféraient une puissance financière dans la cité : il tint à appartenir, on l'a dit, aux Dix-sept Réformateurs en 1481-1482 puis à nouveau en 1490-1491 et, de 1487 à 1490, il fut l'un des cinq officiers du *Monte*. Il ne dédaigna pas non plus la charge clé d'*accopiatore* qu'il occupa tous les deux ans, en tant que membre des Soixante-Dix (à une époque où ces *accopiatori* n'étaient plus que cinq) de 1481 à 1489, puis peu de temps avant sa mort. Il fut également membre des *Dieci di Balia* pendant la guerre générée par la conjuration des Pazzi, et de la commission de police des *Otto di Guardia*, mais une seule fois, les jours qui suivirent l'attentat du 26 avril 1478 : il y avait été élu peu avant et en démissionna quelques jours après, pour éviter sans doute d'être accusé de diriger la répression. Il appartint aussi, plusieurs fois, aux Cent lorsqu'il eut atteint l'âge requis de trente-cinq ans, en 1484, et fit preuve, pour faire partie des Soixante-Dix, de trésors d'ingéniosité : de 1471 à 1480, il fut des Quarante, inamovible noyau de ces futurs Soixante-Dix, puis, en 1480, des 30 membres supplémentaires, avantage qui lui donnait la possibilité, en tant qu'*accopiatore*, de prendre une part décisive dans la qualification électorale des candidats.

L'essentiel de sa puissance passa en effet par ce contrôle des nominations : qu'il fût lui-même l'un des *accopiatori*, ou qu'il fût en mesure d'en contrôler la désignation, il avait tout pouvoir sur la composition de la *Signoria*, des Cent et finalement des Soixante-Dix, de même que des Dix pour les affaires extérieures et militaires, des Huit pour la juridiction criminelle, et enfin des officiers du *Monte* pour l'administration financière. Nul besoin, ainsi, d'une quelconque magistrature exceptionnelle pour exercer un véritable pouvoir discrétionnaire sur les institutions clés de la cité. Mais, loin de se contenter d'un tel contrôle pourtant décisif, Laurent et derrière lui le clan entier s'attachèrent à régler également les rouages de qualification aux emplois subalternes, pratique proche du clientélisme mais qui permit aux Médicis, par le jeu d'innombrables recommandations, de se constituer un réseau d'amis et clients traversant toutes les couches sociales, éminente garantie dans une ville où la tentation de l'émeute ne s'éteignait jamais vraiment. Difficile, malgré tout, de saisir précisément par quel mécanisme Laurent parvenait à imposer ses vues au sein même des différents conseils, le compte rendu de leurs délibérations après 1480 ne nous étant pas parvenu – même si l'ambassadeur de Milan, Giovanstefano Casiglione, confirme bien, peu après sa mort, que chaque fois que Laurent faisait connaître sa volonté à la *Signoria* ou au Huit il était « entendu ». Mais par quel truchement ? Des « groupes de pression » auxquels font allusion certains observateurs, sans qu'on puisse clairement les identifier (ce qui était sans doute le but visé...) ? Cela n'empêchant pas les conseils de regimber à l'occasion, comme en 1486, au début de la « guerre des Barons », où, dans le royaume de Naples, quelques nobliaux, restés fidèles à la France, se révoltèrent, soutenus par le pape, contre l'autorité de Ferdinand Ier. Ou en 1485 quand, en l'absence de Laurent parti se « soigner » à San Filippo, les Soixante-Dix choisirent de ne pas le suivre pour une élection que nous ne connaissons pas autrement. Il fallait, conseille alors Pierfilippo Pandolfini qui rapporte l'histoire, réformer d'urgence la procédure, ce que seul Laurent était en mesure de faire.

Que penser alors de la réflexion de Guichardin faisant de Laurent un « *tiranno piacevole* », un « agréable tyran » qui avait réussi, en manœuvrant au cœur des institutions républicaines, à accroître son pouvoir « au point de faire paraître imminente la transformation de la République en Seigneurie » ? Déjà Savonarole, après la révolution de 1494, avait multiplié les dénonciations de la tyrannie médicéenne, reflétant sans doute le sentiment de nombre de Florentins. Mais cette accusation de tyrannie, courante dans le vocabulaire de l'invective politique du temps, était plus ancienne : l'accusant d'avoir, à Florence, usurpé tous les pouvoirs tel un tyran, Sixte IV, dès 1478, espérait gagner des sympathies dans la ville. Et au « *tyrannus !* » du traité *De libertate* de Rinuccini, en 1479, faisait écho le « César ! » d'Ugolino Verino, futur partisan de Savonarole, tandis qu'à l'opposé Politien désignait Laurent comme la « tête » (*caput*) de la ville, et que Landino le remerciait de supporter à lui seul « toute la charge d'une aussi grande République ». Et tandis que lui-même s'efforçait de donner de sa puissance une image plus conforme aux fameuses affirmations de ses *Ricordi*, où il assenait sa volonté de faire les choses (en particulier sur la sempiternelle question de la désignation des *accopiatori*) le plus conformément possible aux traditions républicaines.

Autre élément de prestige à Florence : son éminente position internationale, appuyée, les premières années, sur de solides amitiés, comme celle de Milan, et ses succès diplomatiques, comme la résolution de la guerre des Pazzi. Dans ce domaine, toutefois, il aimait à l'occasion se « prévaloir » de l'opposition de tel ou tel conseil : ainsi quand, peu après la création des Soixante-Dix, l'ambassadeur de Ferrare lui proposa des informations secrètes, le dirigea-t-il vers les *Otto di Pratica* seuls habilités à les recevoir. Et lorsqu'à l'occasion de la « guerre de Ferrare », opposant Hercule d'Este à Venise et au pape, les envoyés milanais vinrent plaider auprès de lui leur cause, il leur soutint avoir fait le maximum pour persuader les Florentins d'accepter le point de vue de leur duc, n'étant pas « *il Signore di Firenze* » mais un simple *citadino* (« citoyen »)...

## *Les rituels du nouveau pouvoir : la fête comme instrument de pouvoir ?*

Le jugement de Machiavel dans les *Histoires florentines* est sans ambiguïté : « En ces temps de paix, il garda constamment sa patrie en fête ; aussi y voyait-on souvent des joutes, des spectacles, des triomphes à l'antique, son objectif étant de garder l'État dans l'abondance, le peuple uni et la noblesse honorée. » Largement véhiculé, ce lieu commun a très tôt fait de Laurent un roi de la fête, capable d'en mettre à profit les ressorts pour « faire passer sans trop de heurts une forte tyrannie dans sa cité » (Jacques Heers). Cette idée de la profusion des fêtes laurentiennes vient s'appuyer sur des témoignages, certes, mais surtout sur d'authentiques panégyriques, comme celui de l'orfèvre Benedetto Dei, avec sa prodigieuse énumération de 18 fêtes annuelles en 1472, moment de leur apogée : « D'abord la grandissime fête de San Giovanni du mois de juin ; la grande fête du Corps du Christ, le même mois, à Santa Maria Novella ; la grandissime fête de l'Annunziata, à Santa Felicia, en mars ; la grandissime fête de l'Ascension, au Carmine, en mai ; la grandissime fête du Saint Esprit, à San Aghostino, en juin ; la grande fête de la joute, à Santa Croce, en janvier ; la grande fête des masques, pour le Carnaval ; [...] la grande fête de la course du *palio* de San Giovanni ; la grande fête de la course du *palio* de San Barnaba... ; la grande course et fête du *palio* de San Eligio [...] ; la grande fête des Mages à la grande église de San Marco... Ô Romain, Ô Napolitain, Ô Milanais, Ô Génois, Ô Siennois, Ô Ferrarais, [...] Ô Levantin... Ô Chypriote... Ô Sicilien...Pouvez-vous me parler d'une autre cité où se fasse le quart de tout cela ? » Suit l'énumération des plaisirs des Florentins en ces occasions : joutes, duels, spectacles de théâtre, concours de saut, de lancer de pierres, de soulèvement de poids, de balle au pied... « Jeux semblables à ceux de nos Romains d'autrefois, desquels descend le si glorieux et si puissant peuple florentin[3] ! » Et Laurent nous est ainsi présenté comme un véritable créateur de jeux publics, page lui-même dans une procession des Mages, dieu de l'Amour dans un triomphe, promoteur des joutes et des courses de chevaux, des *sacre rappresentazioni* et des *canti carnascialeschi*... image largement colportée au siècle suivant, quand la nouvelle « dynastie médicéenne » se revendiquera haut et fort de son ancêtre le Magnifique.

Difficile de nier, certes, sa participation à la culture de la fête, tant abondent les témoignages à ce sujet. Demeurent toutefois plusieurs questions, dont celle-ci, essentielle (et double) : y eut-il vraiment chez lui, dans ce domaine, un véritable esprit de système, et son attitude à l'égard de la fête fut-elle monolithique ou connut-elle des évolutions ? À vrai dire, cette culture de la fête était solidement ancrée dans la tradition communale florentine, et appuyée sur des groupes constitués, confréries, corporations, associations de voisinage, pour des parades équestres, des défilés de chars de triomphe dans les rues de la ville, ou bien des joutes et des jeux paramilitaires. Tout cela culminant, comme le fait remarquer Benedetto Dei, avec la fête de la Nativité de Saint-Jean, véritable vitrine de trois journées où s'affichaient d'éclatantes représentations de tous ces genres de spectacles, pour promouvoir aux yeux de l'Italie, au moins en cette occasion, l'image d'une cité unie. Indéniablement, Laurent demeura fidèle à cette tradition et lui marqua un grand respect. Sa première prestation publique avait d'ailleurs eu lieu lors de la visite en 1459 du pape Pie II Piccolomini et de Galeazzo Maria Sforza, duc de Milan, prestation qui devait introniser ce tout jeune homme comme successeur officiel de ses père et grand-père. De l'avis de Benedetto Dei, « jamais à Florence il n'y eut pareilles fêtes, défilés et spectacles ». Ce fut magnifique : une joute piazza Santa Croce, un « jeu de chasse » piazza della Signoria et, surtout, la famille Médicis, sur ses deniers, offrit des jeux équestres via Larga devant le palais familial. Ce genre de jeux constituait traditionnellement le clou de la fête : après un défilé dans les rues de Florence, les jeunes gens de la haute société, sur un espace libre, place ou avenue, faisaient assaut public d'habileté équestre, debout sur leur monture ou brisant des lances sur des mannequins mobiles. Ce spectacle, sans doute le plus prisé des Florentins, était organisé sous l'autorité d'un *messere* qui assignait à chacun des concurrents une livrée, avec emblème et *motto* (devise), mais offrait à tous les participants le banquet final. C'était, pour les familles aristocratiques, le moment et l'occasion de montrer leur richesse et leur puissance. Rien d'étonnant donc à voir la famille Médicis organiser semblables *armiggiere.* En 1459 toutefois ils introduisirent dans le défilé équestre une variante, légère mais significative, en plaçant en tête de cortège un magnifique char censé célébrer le Triomphe de l'Amour, laïcisant ainsi la fête en privilégiant ce thème « humaniste » emprunté notamment à Pétrarque. Ce que la tradition appelle les « joutes Médicis », celles de 1469 et 1475, n'est donc pas, au sein de la culture florentine, une exception : lors du Carnaval, la *Parte Guelfa* (faction guelfe) en donnait chaque année sans que cela parût une marque outrancière d'orgueil. Pareilles joutes équestres s'apparentaient plutôt à des rites de passage nécessaires aux jeunes gens de l'oligarchie florentine, jusque-là inconnus du public, au moment d'entrer dans la carrière des honneurs. Nombre de princes étrangers étaient également conviés à ces fêtes, et rendaient la pareille à la brillante jeunesse florentine, traitée avec tous les honneurs dans ces riches principautés sans qu'il fût tenu compte aucun de ses origines parfaitement mercantiles. Brillants vainqueurs de ces joutes, les deux frères (surtout le jeune Julien) furent célébrés, à la différence de leurs homologues, par une abondante littérature panégyrique. Avec toutefois entre les deux événements une différence notable : pour la première, qui ne coûta

« que » 10000 florins, on donna volontiers dans l'image épique et l'assimilation aux héros chevaliers du Moyen Âge. Le poète Luigi Pulci chanta ainsi, dans sa *Giostra di Lorenzo*, la beauté des équipages des 12 concurrents, celle surtout, bien sûr, du jeune Laurent qui, pour la circonstance, ne portait pas les couleurs de son officielle fiancée romaine mais celles de la reine de fête, Lucrezia Donati, avec son surcot de velours, sa cape de soie blanche bordée d'écarlate, son écharpe de soie brodée de roses, agrémentée de la devise « Le temps revient » et rehaussée de perles. Sans oublier l'énorme diamant de son couvre-chef. Alors que pour la seconde, celle de janvier 1475, qui coûta 60000 florins et dura deux mois, la tonalité, sous l'influence de Politien, auteur de *Stances pour le tournoi de Julien de Médicis*, fut nettement plus « néoplatonicienne », la victoire de Julien prenant la couleur, aux yeux de certains, d'une initiation aux valeurs et responsabilités morales de l'âge adulte.

Les couleurs de Julien, ici, étaient celles en effet d'une dame inaccessible, Simonetta Cattaneo, l'épouse de Marco Vespucci. Grâce au poème de Politien, la symbolique de la fête devint lumineuse : Julien, au cours d'une chasse, y poursuivait une biche bientôt métamorphosée en une jeune femme, évidemment Simonetta. Symbolique éloquemment relayée par l'étendard de Julien, puisque sur cette œuvre (peut-être de Botticelli) figurait Pallas, avec son bouclier orné de la figure de Méduse voisine d'un Amour. Tout était clair : désormais, Julien, empruntant la voie de la sagesse, ne rejoindrait la femme aimée qu'au terme d'une ascèse spirituelle représentée par la déesse. Cet amour sans espoir était célèbre dans Florence et sans doute la figure d'une autre déesse, Vénus elle-même, dans la célèbre *Naissance de Vénus* de Botticelli, n'était-elle autre que celle de Simonetta.

Il va sans dire qu'après 1478 la fête des Médicis, sans son héros, prit une tournure plus morose, celle de la Saint-Jean se ramenant à un simple rituel dépourvu des habituels et brillants cortèges des confréries. À cela, plusieurs raisons : le décès du roi de la fête, Julien ; une cause récurrente : la peste, dont la propagation s'accélérait avec les trop grands rassemblements de foule, et un changement d'orientation dans la mentalité de Laurent lui-même, lié, pense-t-on, à l'évolution de son maître Ficin. 1474 fut en effet l'année de l'entrée de l'érudit dans les ordres, et du recentrage de son intérêt vers la réconciliation « néo-platonicienne » – de la philosophie païenne et de l'orthodoxie chrétienne. Et c'est à cette époque que Laurent, délaissant le modèle des formes et jeux littéraires de son autre maître, le joyeux poète Pulci, choisit ostensiblement de « christianiser » sa pensée. Ce qui ne l'empêcha pas de soutenir un spectacle plus élitiste et plus intimiste, celui de la représentation théâtrale, où Florence manifesta sous son impulsion un savoir-faire supérieur à celui de n'importe quelle ville italienne contemporaine. L'auteur à la mode était alors un ancien, Térence, avec surtout son *Andrienne* (la « Fille d'Andros ») dont la première lecture eut lieu dès 1476, avant d'être représentée dans des établissements scolaires et finalement dans le palais de la via Larga, devant la *Signoria* au complet. Ce fut, à Florence, un grand succès, célébré comme l'occasion d'une renaissance miraculaire (la pièce, disait-on, avait été « rappelée des Enfers », *excitata ex inferis*). Parallèlement se créaient de nouvelles pièces latines, comme celle, très morale, de la *Licinia* écrite par leur directeur Piero Domizi pour les séminaristes de la *Schola Cantorum* de Santa Maria del Fiore. Laurent fut bien sûr invité à la représentation. Le souci principal de l'érudit Domizi étant, tout en respectant les formes des pièces antiques de Plaute ou de

Térence, et en reprenant jusqu'à leurs formes métriques (l'iambique sénaire), d'imposer aux cadres ainsi obtenus un contenu nettement plus édifiant. Sans compter la pratique fort édifiante de la *Sacra rappresentazione*, naguère tant appréciée de Cosme et à laquelle Laurent donna une nouvelle vie en écrivant lui-même une *Rappresentazione di San Giovanni e Paolo* pour la *Compagnia di fanciulli* où figuraient ses propres enfants. Tout cela n'allait pas de soi et Laurent dut s'employer à défendre cette résurrection du théâtre antique, comme en témoigne le prologue, suscité par lui, de l'édition donnée par Politien en 1488 des *Ménechmes* de Plaute, violente attaque contre les gens incapables de mesurer l'apport moral et culturel de la lecture des classiques.

Mais, même si les polémiques y étaient virulentes, ce monde du théâtre érudit se limitait aux milieux aristocratiques, et il semble bien qu'en ses toutes dernières années Laurent soit revenu vers de plus traditionnels spectacles. En 1488, les interdits pesant sur la fête de la Saint-Jean furent levés, et à l'occasion du Carnaval de 1490 Laurent lui-même écrivit la *Canzona delle sette pianetti* (*Chanson des sept planètes*), et ses *Triomphes de Paul Émile* furent inclus dans la célébration de la même fête en 1491. Ce qui ne choqua personne, les Florentins ayant coutume de voir, au sein de la manifestation, un *Templum Pacis* (Temple de la paix) avec des tableaux « anciens ». Où l'on voyait par exemple la Sibylle, au milieu de nymphes, faunes et centaures, adressant ses célèbres prédictions à l'empereur Auguste. Quant aux sept planètes de Ptolémée, elles constituaient, depuis au moins le milieu du siècle, un lieu commun artistique. L'originalité de la fête résiderait alors plutôt dans l'implication de Laurent puisqu'il « sponsorisa » les deux manifestations et proposa ses propres idées, surtout pour le *Triomphe* où il suggéra quinze scènes à la nouvelle *Compagnia della Stella* chargée de monter le spectacle. Difficile donc de parler, à propos de Laurent, d'une réelle *politica festiva,* mais bien plutôt d'une implication personnelle dans le rituel festif afin d'en orienter la tonalité selon les nécessités de la situation. À moins que ce nouvel intérêt pour la fête, en ses dernières années, n'ait été, comme le pensent certains, motivé par des intentions purement dynastiques : le montrerait alors sa *Rappresentazione di San Giovanni e Paolo,* composée à l'occasion de ce carnaval de 1491 pour les enfants de la compagnie de Saint-Jean-l'Évangéliste et jouée dans l'*orto* (le jardin) de la maison de la via Larga, et où son fils Giuliano, futur duc de Nemours, alors âgé de douze ans, fut le *messere*...

## Patriae Decus ; Familiae Amplitudo ; Artium Incrementum[4]

> « La fortune, ennemie du génie, brisa les espérances des gens de mérite en enlevant Laurent de Médicis ; cette mort fut un malheur non seulement pour les artistes et la ville de Florence mais encore pour l'Italie entière. »
>
> Giorgio Vasari

Laurent fut-il donc un mécène, au sens plein, comme put l'être son aïeul Cosme « l'Ancien » ? André Chastel rapporte en des mots très durs certaines opinions à ce sujet : « Laurent, qui fut un financier incertain et un amateur égoïste, s'efforça en vain d'agir sur les arts grâce à ses collections de bibelots, de médailles et de statues antiques[5]. » La faute en incombant en partie à un entourage philosophique, en particulier Ficin et Politien, peu porté sur les arts plastiques et l'architecture. Si le célèbre historien de l'art nuance ensuite ces opinions trop tranchées, il n'en reconnaît pas moins qu'« il ne faut pas chercher à Florence, sous Laurent, l'action d'un patronage cohérent, comparable à celui de Louis XIV [...] ni même des interventions précises et efficaces, à la manière de Jules II ». Impossible, malgré tout, de nier l'intérêt, reconnu par ses contemporains, de Laurent pour les arts en général, Guichardin lui-même soulignant son intérêt efficace pour « la musique, l'architecture, la peinture, la sculpture [...] tous les arts de l'esprit et de la main (*di industria*), si bien que toute la ville regorgeait de chefs-d'œuvre, qui se voyaient d'autant mieux que, étant donné ses goûts universels, il était à même de juger et de distinguer les hommes, qui, pour lui plaire, rivalisaient les uns avec les autres ». Pas d'allusion ici, certes, à une activité de mécénat, mais plutôt à l'impulsion que Laurent, vu l'ampleur de sa culture, sut donner dans sa ville à la production artistique. Fut-il alors simplement ce collectionneur « égoïste » et passionné, soucieux de compléter par tous les moyens la galerie laissée par Cosme ? Véritable – et reconnu – *vetustatis amator* (« amoureux des antiquités »), il récupéra effectivement le cabinet de médailles du pape Paul II, tout en entretenant un peu partout en Italie, comme son grand-père, un réseau d'agents et de rabatteurs au courant du commerce de ces « médailles », alimenté le plus souvent par des intermédiaires byzantins. De cette passion témoignent assez les inventaires des collections de la via Larga, établis en 1456 et 1463 pour Cosme, en 1465 pour Pierre « le Goutteux » et en 1492 pour lui-même : tout cela constituant *Il Tesoro di Lorenzo il Magnifico*, le « Trésor de Laurent », partagé pour l'essentiel entre *gemme* (pierres précieuses) et *vasi*, désormais bien étudiés et bien connus[6]. Corollaire de cette passion, elle fut pour les artisans de Florence une source inépuisable de travail, Laurent ne se contentant pas d'amasser ainsi les souvenirs de l'Antiquité mais faisant sans cesse appel, pour les mettre en valeur, à une infinité de bronziers, « médailleurs » ou marqueteurs…

Ce qui lui est finalement « reproché » est de s'être ainsi attaché aux « arts mineurs » et de n'avoir pas prolongé, pour son propre compte, le mécénat architectural de son aïeul. Ce à quoi on peut répondre que la majorité des villas médicéennes étaient déjà en place (et fort remarquablement ornées) en 1469 et qu'il ne ressentit sans doute pas le besoin d'en accroître encore le nombre. Curieusement, d'ailleurs, il fut très tôt félicité pour un goût pour l'architecture qu'il ne mettait guère alors en pratique : assimilé à Mécène dès 1468, il est ainsi encensé, bien des années plus tard, par le notaire (d'envergure internationale) Filippo Redditi non pour ses réalisations mais pour avoir plutôt « orné et perfectionné la théorie de l'architecture avec les plus hautes raisons géométriques ».

Ses contemporains lui savent gré, en général, d'avoir su donner dans Florence l'impulsion qu'il fallait à la flambée artistique qui couvait alors dans une ville où grouillaient les ateliers – d'ailleurs de valeurs fort inégales. C'est ainsi que Vasari, en 1550, loue par-dessus tout Laurent d'avoir, du fait de l'absence en son temps de sculpteurs *celebrati e nobili*, « fondé une école dans son jardin, près de San Marco ». Au détour de la biographie de Torrigiano, un condisciple de Michel-Ange, il évoque donc cette école qui, dans la seconde édition du livre en 1568, deviendra une sorte d'académie, préfigurant celle du grand-duc Cosme, créée sous son impulsion en 1561. Cette *scuola* aurait d'abord eu un recrutement aristocratique, *il Magnifico Lorenzo* croyant fermement que « les gens de sang noble sont les plus capables de porter les choses à leur perfection », avec pour directeur le vieux sculpteur Bertoldo. Quant aux cours, ils auraient été donnés « dans le jardin qu'il avait près de la place Saint-Marc de Florence », au milieu des collections antiques de la famille mais en présence également de cartons contemporains, émanant d'artistes aussi prestigieux que Donatello, Masaccio ou Paolo Uccello... Vasari donne alors les noms de 10 élèves, dont celui de Michel-Ange, qui auraient bénéficié de cet enseignement touchant tous les arts du *disegno* (dessin), dont la peinture et la sculpture. Y eut-il donc là une véritable académie, structurée et organisée, comme on l'a longtemps pensé, ou, plus simplement, vu certaines incohérences des textes de Vasari, la simple autorisation accordée à de jeunes artistes d'accéder aux collections antiques des Médicis ? Et Vasari aurait-il été poussé dans cette forgerie par le souci d'ancrer dans ses biographies la formation d'artistes tels que Michel-Ange dans un système imputable à la famille Médicis ? Que cette académie ait été ou non une belle fiction, il est bien établi que Laurent ouvrait effectivement ses jardins érudits non pas à n'importe qui (*non palam omnibus*) mais à une élite choisie pour son excellence (*sed generoso cuique*). Et c'était bien Bertoldo, excellent restaurateur d'œuvres antiques, qui, sous Laurent, dirigeait le musée des Médicis, développé par Cosme à partir des années 1440. Sous Laurent, donc, les « antiques » de la famille étaient regroupés dans deux jardins, celui de San Marco et celui de la maison de la via Larga, où dans les années 1480-1490 il fit disposer de nombreuses pièces. L'objectif y était la création d'un musée en plein air avec portique, modèle célèbre qui inspirerait, un peu après 1502, la cour du Belvédère au Vatican avant de se répandre dans l'Europe entière. Les villas suburbaines des Médicis, celles de Careggi, Fiesole,

Poggio a Caiano, furent d'ailleurs comme l'écho de ces deux jardins humanistes, où le décor était brillamment rehaussé de ces bustes et corps anciens, toutes pièces qui, après la catastrophe de 1494, seraient confisquées (dès 1495) et entreposées au Palazzo Vecchio. Avec pareil décor, grandement, donc, alimenté par Laurent, la production littéraire et philosophique locale de même que le cortège de la fête trouvaient un cadre concret qui, sans rivaliser évidemment avec les ruines que l'on identifiait peu à peu à Rome, permettait aux artistes d'ancrer matériellement leur méditation dans les références culturelles propres à leur humanisme.

Reste le problème du rapport de Laurent avec la peinture, dont les maîtres abondaient dans la Florence d'alors. Pour la période qui précéda le grand traumatisme de 1478-1480, beaucoup de commandes à destination du *palazzo* de la via Larga furent adressées, comme par le passé, aux Pollaoiuoli, même si l'atelier de Verrocchio fut sollicité à l'occasion de la fameuse joute de 1475 et si c'est lui que Laurent recommanda au chapitre de Pistoia deux ans plus tard. Et même si, en 1489, il continuera à parler d'Antonio Pollaiuoli comme du *principale maestro della città*. Et si – et on le lui a reproché – il ne crut pas devoir retenir les deux frères Pollaiuoli, Antonio et Piero, partis en 1484 à la demande des della Rovere réaliser à Rome le tombeau de bronze de Sixte IV. Comme on lui a reproché également d'avoir recommandé au roi de Naples toute une série de grands artistes florentins : Giuliano da Majano en 1490, puis Luca Fancelli et même Giuliano da Sangallo auquel il était particulièrement attaché. Il enverra même Andrea Sansovino réaliser, pour Jean II du Portugal, son palais à quatre tours… Le précieux Verrocchio, à l'atelier si réputé, quittera Florence pour Venise dans les années 1485, en même temps à peu près que son élève

Léonard de Vinci, recommandé par Laurent à Ludovic le More à la recherche d'un artiste-ingénieur assez compétent pour lui réaliser une monumentale statue équestre en l'honneur de son père Francesco Sforza. Et après la réconciliation avec le pape, en 1481, c'est toute une équipe qu'à la demande du souverain pontife il envoya à Rome pour la décoration de la chapelle Sixtine. Et quelle équipe ! Botticelli, Domenico Ghirlandaio, Signorelli… et Filippino Lippi, que dès son retour à Florence il y renvoya décorer la chapelle du cardinal Caraffa au sein de l'église Santa Maria Sopra Minerva. Quant aux deux grands cycles de l'époque à Santa Maria Novella, dus aux pinceaux de Ghirlandaio (chapelle Tornabuoni) et de Filippino (chapelle Strozzi), ils correspondent en fait à des commandes d'autres familles (certes alliées aux Médicis). Y eut-il donc une vraie politique de Laurent en matière picturale ? Si oui, elle ne peut sans doute se comprendre que dans la perspective du souci de la grandeur de Florence. Dans ce domaine, il a en effet contribué à « exporter » les talents locaux, l'*incrementum artium* (le « développement des arts »), étant toujours intimement lié, dans la célèbre formule florentine, au *decus patriae*, l'« honneur de la patrie ». Cette politique se fondant sur un sentiment largement répandu dans la ville : pour beaucoup, il était en effet du devoir de chaque artiste, après avoir tant reçu d'elle, d'aller ailleurs, comme dit Vasari, « vendre à l'étranger la qualité de ses œuvres et la gloire de cette cité » (*vender fuora la bontà dell'opere sue e la reputazione di essa città*).

*Une politique de la ville ?*

Si jamais Laurent n'eut sans doute l'idée d'imposer à la ville un véritable *piano regulatore* (plan directeur), il usa de son autorité personnelle pour y favoriser l'essor du bâtiment par tout un arsenal de lois, en faisant par exemple exempter de taxes les constructions nouvelles réalisées en moins de cinq ans, et surtout en arrachant à la papauté, en 1489, après d'homériques négociations, la possibilité pour ses concitoyens d'acquérir des terrains ecclésiastiques. Mais, au-delà, il eut manifestement en tête dans ce domaine un programme intéressant la cité entière. C'est encore une fois Machiavel qui l'affirme dans ses *Storie Fiorentine* (VIII, 36) : « Sa cité, il voulait la rendre plus belle et plus grande, et comme il y avait là bien des espaces vides d'habitations, il ordonna d'y ménager de nouvelles rues, avec de nouveaux édifices ; ainsi cette cité devint-elle plus belle et plus grande. » Et, si lui-même ne construisit rien de particulier dans la ville, il facilita la construction d'au moins deux édifices qui changèrent la physionomie de son centre, le palais Strozzi et le palais Gondi. Pour le second, c'est lui personnellement qui permit à Giuliano Gondi d'acheter ce qu'il fallait d'immeubles anciens pour la construction de son *palazzo*, tâche ardue puisque plusieurs de ces immeubles appartenaient à l'*Arte di Calimala* (Art de la Laine), dur en affaires. C'est lui aussi qui procura à Giuliano la boutique de soie avec laquelle l'*Arte* voulut bien conclure l'échange. Et c'est lui enfin qui, en 1489, aida Filippo Strozzi à acquérir la piazza de Tornaquinci, propriété des Tornabuoni. Mais il était impliqué depuis longtemps dans des affaires immobilières sans grand éclat – d'aucuns parlèrent de spéculations… – à l'origine de la réputation de

« bâtisseur » qui, à des degrés divers, lui fut constamment attachée : nous apprenons ainsi qu'il s'entremit pour la vente en 1469 d'une grande maison à Francesco Nori; qu'en 1474 il fut procurateur (garant), pour le compte de la corporation des bouchers, dans celle d'un immeuble aux Ricasoli, lesquels l'incorporèrent dans leur palais des bords de l'Arno; qu'en 1475 il se porta acquéreur du *palazzo Antinori*, dont le propriétaire venait de faire faillite, et le revendit à Carlo et Ugolino Martelli. Et on le retrouve ainsi à la base de nombreux autres projets, de tailles diverses, même si tous – ce qui suffit à montrer là aussi les limites de ses pouvoirs – n'aboutirent pas. Deux d'entre eux concernèrent la via de Servi et la piazza Santa Annunziata, mais le plus célèbre d'entre tous fut sans doute celui de la « via Laura », dans lequel il se lança peu avant sa mort, en 1492. Ce devait être gigantesque (à l'échelle de Florence) : sur le vaste terrain qu'il acheta entre les actuelles via Alfani et Giusti, le long des deux rues qu'il eut le temps de faire tracer, devaient s'édifier de 80 à 100 maisons, dont une partie des loyers serait versée à la corporation des banquiers pour ses bonnes œuvres. Les Dix-sept Réformateurs du *Monte* exemptèrent les transactions de gabelles et autres impôts indirects, et tout semblait en bonne voie quand la mort de Laurent interrompit l'affaire – et seules 4 maisons furent édifiées. En 1493-1494, son fils Pierre « le Malchanceux » en vendit l'essentiel, par lots, à des promoteurs. En 1494, les lots restants retournèrent à leurs anciens propriétaires, et les 4 maisons miraculées furent cédées à l'Art du Change. Et que penser enfin du projet d'un immense palais, toujours « via Laura », dont Sangallo conçut, semble-t-il, les plans, et qui eût, au sein de Florence, semblé la *Domus Aurea* voulue par Néron au cœur de Rome? Même si, aux yeux de beaucoup actuellement, il semble s'agir plutôt là d'un projet datant du retour aux affaires de la famille Médicis, donc d'après 1512.

Mais Laurent n'était certes pas dénué de conceptions personnelles en matière de construction moderne, donc « humaniste », et il les assuma, en 1480, avec celle d'un véritable joyau, la villa de Poggio a Caiano, villa idéale sur la route de Pistoia, à 17 km de Florence. Le projet lui tenait tout particulièrement à cœur : sur cette propriété achetée aux Rucellai, il lança un concours d'architectes, dont aucun plan ne lui agréa jusqu'à ce que Giuliano da Sangallo lui en présentât un qui correspondît à ses vœux (*suo capriccio*). Il fallut détourner l'Ombrone pour aménager un parc, avec potagers à l'est et vergers à l'ouest, l'ensemble étant placé sous les auspices d'une nymphe, Ambra, à laquelle Laurent consacra d'ailleurs un poème. L'édifice, carré, repose sur un rez-de-chaussée fait d'une galerie ouverte, à arcades sur piles de brique, avec un avant-corps, sur la façade, pour trois baies et un escalier à rampes droites, au-dessous de chapiteaux et d'une frise continue. Éléments qui, ainsi conjugués, donnent à l'ensemble (soixante ans avant Palladio) l'apparence, originale à Florence, d'une façade de temple grec. Mais l'intention de Laurent était simple : il lui fallait ici une authentique villa inspirée de Virgile, et Politien comme aussi Ugolino Verino en 1491 chantent les élevages, viviers et potagers modèles assemblés là pour le maître, comme un écrin pour la nymphe du lieu, véritable « Trianon florentin » (Chastel). Une frise complète d'ailleurs le décor de la façade, œuvre sans doute d'Andrea Sansovino, sur le cycle des temps (le jour et la nuit) et des saisons, largement inspiré d'Ovide. En rapport, bien entendu, avec l'exploitation rurale de la villa, mais aussi avec le grand cycle des âges (âge d'Or, âge de Saturne...) cher aux néoplatoniciens. Laurent, hélas, ne vit pas la fin des travaux, qui furent repris par son fils Giovanni, devenu pape en 1513. La rupture avec l'âge de Cosme était nette : on était loin désormais de Cafaggiolo, château fort avant d'être villa, qu'un document de 1468 décrit comme un « grand bâtiment à l'allure de forteresse avec enceinte fortifiée, barbacanes, et deux tours ». Ou du *palazzo Bentivoglio*, à Bologne, très beau, comme le dit un contemporain, mais bien semblable à une *rocca* (citadelle). Laurent devait se souvenir de la remarque d'Alberti selon laquelle seuls les tyrans construisent des bâtiments fortifiés, et non les citoyens. Avec Poggio a Caiano, on avait définitivement basculé, un peu avant tout le monde, dans les demeures pour plaisirs savants, ces *delizie* où la modernité se disait avec les langages et images d'une Antiquité rêvée.

## *Les derniers feux*

Placées sous le signe des pires manifestations de l'arthrite goutteuse, les années 1490 furent avant tout pour Laurent un long calvaire : torturé à chaque instant par l'inflammation de ses articulations enflées d'œdèmes, les reins peu à peu détruits, de poussée en poussée, jusqu'à l'insuffisance terminale, son entourage le vit restreindre ses déplacements à la ville intra-muros, avec parfois, entre deux crises, des visites à ses chères villas. Laissant délibérément la banque lui échapper, il se contenta alors de resserrer les alliances locales et de conforter la position de la famille dans un monde pour elle jusque-là fermé, celui du haut clergé. Depuis longtemps, on l'a vu, il misait pour cette mission sur son fils Giovanni et le moins qu'on puisse dire est qu'il n'avait pas ménagé ses efforts : en 1487 il avait déjà posé d'excellents jalons en mariant sa fille Maddalena à Franceschetto Cibo, le fils du pape Innocent VIII. Il tenait sa revanche : ce qui avait été refusé naguère à son frère Julien ne pouvait plus l'être aujourd'hui à son fils Giovanni, désormais de la famille même du pontife, ou alors le concept même de népotisme n'aurait plus de sens ! Effectivement, Giovanni est « élu » cardinal, le 9 mars 1489, par le Consistoire. C'est contre tous les usages : le « lauréat » n'a que quatorze ans et, même s'il a reçu la tonsure à sept, cela ne suffit pas ! Le pape, qui en est bien conscient, décide que la nomination restera secrète pendant trois années. En attendant, on confère à Giovanni l'indispensable doctorat en droit canon et on l'envoie à Pise suivre, rétroactivement, les études qui mènent à ce titre. Mais nous sommes maintenant en 1492, les trois années sont écoulées et on touche au but : le 10 mars, le pape en personne vient remettre la mitre au jeune homme (dix-sept ans) en l'abbaye de Fiesole. Pour Laurent, c'est, écrit-il, « ce qui est arrivé de mieux à la famille ». Son mal l'empêche d'assister à la – brillante – cérémonie, comme aussi à la messe solennelle célébrée par le nouveau cardinal, le lendemain, à Santa Maria del Fiore. Mais, lorsque Giovanni vient rendre visite, après cette messe, à la *Signoria*, il a la surprise de voir venir à lui un invraisemblable chargement d'objets d'argent, pour une valeur de 20 000 florins : c'est là le somptueux cadeau de ses compatriotes ! Il fait alors porter le présent à la maison de la via Larga pour offrir à son tour aux dignitaires locaux et étrangers une fête « magnifique », et Laurent, le visage émacié, cassé en deux par la souffrance, peut recevoir les hommages de ses concitoyens. C'est sa dernière apparition publique.

Laurent est homme lucide : l'heure est pour lui, il le sait, aux testaments, et sans doute la lettre de direction qu'il adresse à « Messer Giovanni » aussitôt après son départ peut-elle se lire dans ce sens. Les conseils y sont tous, comme il sied au genre, à la modération. Rarement en effet de telles lettres incitent-elles à l'excès et à la démesure, mais Laurent paraît donner là les leçons de toute une vie. Ses conseils y sont étrangement pratiques : se lever tôt est une habitude salutaire pour qui entend réguler rationnellement ses activités de la journée ; avec la lourde hérédité médicale qui pèse sur la famille, le mieux est d'opter pour un régime alimentaire modéré, sans négliger les exercices physiques. On retrouve là, également, les soucis du collectionneur : mieux vaut privilégier, à l'achat, objets de grande valeur et livres de prix… Mais, plus globalement, Laurent invite son fils à user avec modération des privilèges que lui confère sa charge, et à rendre grâces au Seigneur de tous les bienfaits et honneurs reçus par la famille en menant une vie de sagesse, de modestie et de sobriété.

Du côté politique, Laurent pouvait partir rassuré : de partout on lui faisait savoir que la succession se ferait sans à-coups et que son fils Pierre recevrait ce qu'il fallait de pouvoir(s) pour diriger l'essentiel des affaires de la cité et surveiller celles du clan Médicis. Le 18 mars, il se sentit assez de forces pour gagner Careggi, où Cosme et Pierre « le Goutteux » avaient choisi de passer leurs derniers moments. De l'avis de l'ambassadeur de Ferrare, ses souffrances étaient telles alors que l'on se demandait comment il pouvait leur résister – Politien rapporte que les « fièvres » s'attaquaient non seulement à ses artères et veines mais à ses bras, ses jambes, ses intestins, ses os… Et l'on peut s'interroger, sans vraiment les connaître, sur les médications apportées en ces circonstances par la médecine, à ce mal si difficile à conjurer aujourd'hui encore, et le suicide de son médecin personnel, aussitôt après sa mort, peut incliner au doute. À Careggi, il fit venir Pierre, et parvint à lui prodiguer des conseils de modération analogues à ceux qu'il avait donnés à Giovanni, ainsi que le jeune polymathe Pic de la Mirandole, qu'il protégeait depuis 1486 et qu'il assura encore une fois, raconte Politien, de sa réelle affection. Une ambiance apparemment apaisée entoura donc les ultimes moments de Laurent en sa villa préférée. Même si, pour nous, cette fin ô combien douloureuse est encombrée par une légende tenace sur un prétendu dialogue, rapporté de seconde main, entre Laurent, représentant du luxe et du culte de l'apparence, et le champion de la pureté éthique et spirituelle, le moine ferrarais Savonarole. L'histoire est célèbre : sentant sa mort prochaine, Laurent aurait fait appel, pour son ultime confession, à l'intransigeant Dominicain, qui aurait mis à son absolution trois conditions : il devait, pour assurer le salut de son âme, lui confirmer la réalité de sa foi, s'engager à rendre, ou à faire rendre, les richesses indûment acquises, et restituer à Florence ses libertés républicaines envolées. Aux deux premières exigences, Laurent aurait alors acquiescé, avant de demeurer silencieux face à la troisième, raison pour laquelle Savonarole s'en serait alors retourné sans prononcer le moindre mot de « pardon ».

Le 8 avril, enfin, une dernière crise l'emporta, après qu'il eut, dit-on, demandé à son entourage de bien vouloir l'excuser des désagréments causés par sa maladie. Tard dans la nuit, une procession ramena son corps, à la lumière des torches, jusqu'au monastère de San Marco, où il reçut le lendemain l'hommage de ses compatriotes. Le soir du 10, son cercueil fut transporté, sur les épaules des membres de la confrérie des Mages, jusqu'au tombeau familial de l'église San Lorenzo, où il retrouva son frère Julien. Comme de juste, la *Signoria* célébra ses mérites en une longue épitaphe, et Politien chanta sa douleur en un émouvant poème (« Qui offrira à mes yeux suffisante fontaine de larmes pour pleurer la nuit, pleurer le jour… »).

## *Laurent et la famille*

Au moment de mourir, Laurent pouvait être satisfait : sur le plan de la stratégie familiale, sa réussite était indéniable. Les Médicis, avec lui, avaient fait un véritable bond dans la caste des *uomini da bene*, celle des « gens de bien » : sa mère était une Tornabuoni, sa grand-mère une Bardi – mais son épouse à lui était une Orsini, de sang romain, et, ainsi qu'il le fait remarquer dans une lettre qu'il lui adresse en novembre 1484, son fils Pierre était maintenant « mieux né » que lui… Quant à son entourage, il était également fait de ces « gens de bien », des Rucellai, des Capponi… Du même registre, cette attention qu'il portait maintenant au sort des nécessiteux, les *poveri vergognosi*, ces « pauvres honteux » invisibles dans l'opulente cité, à travers en particulier le soutien financier à l'organisme charitable des Buonomini di San Martino. Quant à sa politique matrimoniale, elle avait dépassé ce qui pouvait apparaître comme la norme chez les *uomini da bene*, c'est-à-dire le mariage avec des *principali*, « ceux qui comptent », à Florence : s'il avait ainsi marié Lucrezia à Jacopo Salviati, honorable marchand florentin, pour Maddalena (épouse d'un Cibo) et Pierre (mari d'une Orsini), il avait placé la barre beaucoup plus haut, hissant ainsi la famille au niveau de ses rivales en prestige, les Este ou les Sforza. Ce faisant, il avait réellement ouvert la porte à ce qui serait le destin princier de la famille : après la traversée du désert, de 1494 à 1512, les Médicis n'auraient qu'à suivre ses traces, malgré quelques sévères embûches (les révoltes républicaines de 1527), pour devenir les ducs de Florence, puis les grands-ducs – autoproclamés – de toute la Toscane. Et que dire du destin français de la famille, avec la propre arrière-petite-fille de Laurent, Catherine, épouse d'Henri II ? Tout cela en affirmant, comme dans une lettre de novembre 1481 à Pierfilippo Pandolfini : « Je ne suis pas le Seigneur de Florence mais un citoyen, avec un peu d'autorité. » Étrange et fragile équilibre politique, que seul un successeur de sa trempe eût pu assumer.

# 12

# Pierre « le Malchanceux » (Piero II di Lorenzo de Medici, 1472-1503), ou l'infortune des Médicis

## *Le « farfelu » au pouvoir*

Parlant de ses trois fils, Piero, Giovanni et Giuliano, Laurent « le Magnifique » avait coutume de dire : « Le premier est farfelu, le deuxième intelligent et l'autre un gentil garçon. » Dommage alors, si l'on en croit les historiens et chroniqueurs du temps, que la succession soit revenue au premier, le moins fait, selon eux, pour les emplois de chef d'État et de directeur de banque. À la mort de Laurent, le 8 avril 1492, les conseils en une semaine avaient en effet confirmé Pierre, un jeune homme de vingt ans, dans les anciens postes de son père, y compris celui de membre des Soixante-Dix, sans qu'il y ait eu ni démonstrations de soutien comme en 1469 ni, comme en 1465-1466, tentative de restauration de l'ordre républicain. Pierre était donc un tout jeune homme, né le 15 avril 1472, dont Ghirlandaio nous a transmis un aimable portrait. Son père Laurent, qui sans jamais s'en cacher le destinait au pouvoir, veilla de près à son éducation, dont il confia d'abord le soin à un homme de l'envergure de Politien, mais les Orsini, et surtout

Clarice, ne l'appréciaient guère, on l'a vu, et Laurent dut le congédier pour le remplacer par le fils de l'architecte préféré de son père, Bernardo Michelozzo, dont la correspondance révèle malgré tout quelques doutes sur le tempérament de son élève, trop porté selon lui au luxe et à l'ostentation. Très vite, la famille avait choisi à l'héritier une épouse, Alfonsina Orsini, fille du défunt comte Roberto, que son tuteur, le *condottiere* Virginio Orsini, lui avait présentée : les noces « par procuration » avaient été célébrées à Naples le 25 février 1487, avant le mariage « réel » en mai de l'année suivante, et naquirent bientôt au très jeune couple plusieurs enfants, dont Clarice en 1489 et Lorenzo, futur duc d'Urbino, en 1492.

Il ne bénéficia guère, vu son âge, de cette expérience diplomatique nécessaire, selon les critères du temps, avant une accession au pouvoir. La plus délicate de ses missions fut sans doute celle qu'il dut diriger à Rome, le 7 novembre suivant son avènement, pour saluer le nouveau pape Alexandre VI Borgia et faire oublier le soutien que les Médicis avaient apporté, au dernier conclave, à son adversaire della Rovere. Mais dès son intronisation, fidèle à sa réputation d'amoureux de la fête, il laissa la direction des affaires publiques à son secrétaire, Piero Dovizi da Bibbiena, et la charge de la banque familiale à son grand-oncle, Giovanni Tornabuoni. Ce dernier choix, de l'avis des contemporains, n'était pas vraiment judicieux. Dévoué, Tornabuoni était surtout connu pour son tempérament cyclothymique, passant de mystérieuses dépressions à des moments, tout aussi étranges, d'un optimisme injustifié. Sans compter, de l'avis général, une incapacité à envisager dans leur ensemble les tenants et aboutissants d'un problème… La banque, de toutes manières, allait mal : la plupart des branches étaient fermées et les survivantes toujours à la recherche d'un oxygène devenu rare. La filiale romaine elle-même, pilier de l'édifice, était empêtrée dans des prêts à la Chambre apostolique et à une famille Orsini décidément bien encombrante. Pis encore : la maison mère, la « banque Médicis », devait à sa propre branche romaine 11 243 florins. Et Giovanni, frère de Pierre et cardinal de Santa Maria in Domenica, 7 500 ! Bref : n'eussent été les événements de 1494, l'édifice prenait l'eau de toutes parts et la banqueroute menaçait.

On n'en était pas encore exactement là en avril 1492, mais déjà le jeune Pierre inquiétait : les exemples de gouvernement autoritaire ne lui avaient malheureusement pas fait défaut. Et dès que reprirent, comme naguère, les audiences, non pas au palais de la *Signoria* mais à celui de la via Larga, sous la protection d'hommes en armes, la cité entière, dit le chroniqueur Piero Parenti, craignit de tomber dans une servitude pire que les précédentes. Et le peuple, ajoute-t-il, se tourna alors vers des religieux à l'éloquence enflammée qui annonçaient en chaire l'arrivée d'un bienfaisant fléau à même de ramener tout un chacun dans le droit chemin. Confiants en Dieu, les gens « se mirent à attendre des événements inouïs, incapables de croire que la violence et l'intimidation employées cinquante-huit ans durant par les Médicis, sur trois générations, puissent devenir permanentes ». Ce n'était pas de Savonarole que Parenti parlait ainsi mais plutôt d'un de ses prédécesseurs, Franciscain exalté, Fra Domenico da Ponzo. Quant à la majorité du peuple, soucieuse certes de sa liberté mais prudente, elle demeurait dans l'expectative, se contentant d'observer les « premiers pas » de Pierre tandis que, selon les historiens du temps (Guichardin, Parenti notamment), les *Ottimati* les plus proches du pouvoir, comme Bernardo Rucellai, son oncle par alliance, ou Paolantonio Soderini, s'efforçaient de convaincre Pierre d'user « avec modération » de son autorité, et d'éviter ces relents de tyrannie qui avaient aliéné à Laurent la sympathie de tant de citoyens. De limiter, aussi, l'autorité de ces « secrétaires et chanceliers » qui « décidaient de tout et s'arrogeaient un immense pouvoir ». Pour Parenti, d'ailleurs, ce « pouvoir » était réparti en tout et pour tout sur une manière de *camarilla* de 10 personnes : Pierre, ses secrétaires, le fidèle Bernardo del Nero, que Savonarole fera exécuter, et seulement deux membres des familles d'élite, Francesco Valori et Niccolò Ridolfi. Tous ces gens, d'ailleurs, ajoute-t-il, menaient où ils le voulaient un Pierre qu'ils tenaient pour un simple *capo*.

## *La menace française*

Mais la grande question du temps, par-delà les mesquineries internes, c'était bien plutôt la menace française, et les bruits et rumeurs concernant la volonté de Charles VIII de (re)prendre, avec l'appui des Milanais, possession de ce royaume de Naples qu'il revendiquait en tant qu'héritier des Angevins. La route de Naples, pour ses troupes, traverserait à l'évidence la Lombardie puis la Toscane, et la France tentait ouvertement de persuader les Médicis de laisser passer sans s'y opposer son armée de mercenaires. La situation, à Florence même, était des plus confuses : marié à une Orsini et passé sous la coupe de Gentile Virginio Orsini lui-même très lié avec Alphonse d'Aragon, Pierre penchait nettement du côté de l'alliance napolitaine, tandis que les Grands attendaient, sans vraiment se cacher, l'arrivée des Français pour les débarrasser des Médicis. Dans sa propre famille, d'ailleurs, Pierre n'était pas sûr de tout le monde, et il se mit fort en colère quand il apprit, en avril 1494, que l'ambassadeur de France, Guillaume Briçonnet, évêque de Saint-Malo, avait été, au départ de Florence, raccompagné avec tous les honneurs par deux de ses cousins, Lorenzo et Giovanni di Pierfrancesco de Medici, et qu'ils l'avaient reçu dans la villa familiale de Cafaggiolo alors qu'il avait été bien entendu que ledit ambassadeur coucherait à l'auberge. Pierre dut se rendre à l'évidence : il y avait bien, dans la ville, un « parti français ». Ce fut un vrai scandale et les Soixante-Dix exigèrent l'emprisonnement immédiat des « cousins » (le 26 avril, ils furent effectivement incarcérés dans le palais de la *Signoria*) mais Pierre limita la punition à un exil hors des limites de la ville, les cousins en question étant autorisés à résider dans leurs villas de campagne. Il ne pouvait faire davantage à moins de risquer des représailles françaises du côté des foires de Lyon. Les punis goûteraient d'ailleurs une belle vengeance huit mois plus tard, à l'arrivée de leurs amis français : accueillis en triomphe dans la ville, ils décideraient alors de changer de nom et de se faire désormais appeler « Popolani »... En attendant, Pierre faisait savoir qu'il était résolu à s'opposer à l'avancée française, en dépit de l'opinion publique florentine en majorité, d'après l'opposant Parenti, favorable à Charles VIII, d'autant que, selon une légende tenace, Charlemagne en personne avait autrefois veillé à la reconstruction de la ville détruite par une invasion barbare, ce qui la liait indéfectiblement à la France. Envenimait aussi la situation l'avidité du cardinal Giovanni, acharné à mettre la main sur tous les bénéfices qui à Florence venaient à se libérer, bloquant de ce côté-là aussi tout espoir de profit pour les Grands.

Devant l'intransigeance de Pierre, les Français finirent par réagir en expulsant, comme il fallait s'y attendre, tous les marchands florentins et en menaçant de plus en plus explicitement de venir « libérer » Florence. Et, lorsque les troupes françaises quittèrent la Lombardie pour marcher sur la Toscane, Pierre, à l'évidence, céda à la panique. Son père, Laurent, avait sauvé la situation lors de l'agression de Ferrante en se précipitant à Naples. Lui, Pierre, allait en faire autant en courant au-devant de Charles VIII. Le 26 octobre (1494), il quitta donc Florence, accompagné des seuls Giovanni Tornabuoni et Giannozzo Pucci, pour venir à Sarzana se placer « sous la protection » du roi. Et, en gage de bonne volonté, il ordonna aux commandants des places de Pise, Livourne, Pietrasanta et Sarzana de les livrer sans combattre, mettant ainsi sous contrôle français toute la Toscane de l'Ouest et les débouchés portuaires du commerce florentin. Quand la nouvelle de cette décision unilatérale parvint à Florence, ce fut la stupeur : de quelle autorité disposait Pierre pour se permettre de livrer ainsi à l'ennemi toute une partie du territoire historique ? Il essaya bien, après coup, de donner une tournure plus ou moins légale à l'affaire, mais rien n'y fit et les protestations se multiplièrent : on incrimina sa jeunesse, la mauvaise influence de ses secrétaires... mais Florence était maintenant face à deux crises : la chute drastique de l'autorité de Pierre qui, en bradant le territoire, avait perdu aux yeux de beaucoup toute légitimité, et l'arrivée imminente des « barbares » français qui venaient de s'illustrer en mettant à sac la ville de Fivizzano, au nord-ouest de la Toscane. Si bien que, le 4 novembre, la *Signoria* convoqua d'urgence une *pratica* où serait mis sur la table ni plus ni moins que le problème du *regimine*, le mode de gouvernement de Florence. Désolés des initiatives malencontreuses de Pierre, les partisans des Médicis eux-mêmes ne pouvaient que s'interroger et commençaient à tourner casaque, si bien que la *pratica* décida d'envoyer un Dominicain connu pour ses prêches apocalyptiques,

Savonarole, auprès de Charles VIII, avec cette fois une délégation officielle, pour lui demander d'éviter d'entrer dans Florence ou, sinon, de ne le faire qu'avec des troupes réduites.

## *La débâcle*

Le 8 novembre, Pierre était de retour à Florence. Parfaitement au courant du retournement de situation, il pensa pouvoir tout rattraper par la force, comme on l'avait fait en 1458 et en 1466 : enfermé dans le palais familial de la via Larga, il fit demander au *condottiere* Paolo Orsini de se rapprocher de Florence avec ses soldats, et à ses plus loyaux partisans de lever des troupes dans le Mugello ainsi que dans la fidèle Pistoia. Le lendemain, il se rendit en personne, avec une escorte armée, au palais de la *Signoria*, mais dûment prévenus les gardes lui en refusèrent l'entrée. S'ensuivit, sur la place, une vraie bataille entre ces gardes et les hommes de Pierre. Mais bientôt le cri de « *Popolo ! Popolo !* » se répandit dans la ville, appelant le « peuple » au secours de la *Signoria*. La foule, hostile, grossit rapidement et Pierre dut se réfugier chez lui. Ses partisans, d'ailleurs, changeaient de camp : Francesco Valori et Piero Vettori, jusque-là fermes soutiens du clan, menèrent même le « peuple » jusqu'aux fortins Médicis du Bargello où ils s'emparèrent des dépôts d'armes. Au cœur de la ville, Girolamo Tornabuoni fut tué, et le cardinal Giovanni ne s'en tira que grâce à un déguisement de Franciscain. La *Signoria* mit alors à prix les têtes de Giovanni et de Pierre, et les trois frères Médicis n'eurent que le temps de s'échapper par la porte San Gallo, avant de gagner Careggi puis Bologne. Lorenzo, le fils de Pierre, fut emmené en urgence à Urbino puis à Venise avec sa nurse par le fidèle Bibbiena, tandis que son épouse Alfonsina gagnait un monastère voisin. Un mois plus tard, son exil fut précisé : il lui fut interdit de s'approcher à moins de 100 milles de Florence, où il ne remettrait plus jamais les pieds. C'était la fin, peu glorieuse, de soixante années de pouvoir Médicis. Quant à Giovanni et Giuliano, ils n'y rentreraient que dix-huit ans plus tard, mais dans les fourgons des Espagnols.

Les secrétaires et conseillers des Médicis se cachaient. Plusieurs furent arrêtés, et certains, comme l'officier du *Monte* Antonio di Miniato Dini, exécutés. On envahit le palais de la via Larga où plusieurs œuvres d'art furent « confisquées » (elles le seraient « officiellement » l'année suivante). Réunie de toute urgence, une *pratica* abolit le Conseil des Soixante-Dix et rappela une longue liste d'exilés, dont les Pazzi. Les proches des Médicis étaient sous tous les regards, mais les avis à leur sujet se divisaient : certains, comme Savonarole, plaidaient pour une certaine clémence, tandis que d'autres réclamaient justice à grands cris. Autre division, parmi les opposants maintenant au pouvoir, entre les partisans d'une alliance avec le peuple et d'autres, les *Ottimati*, qui aspiraient clairement à une tyrannie opposée aux libertés populaires. Mais, surtout, les Français étaient là… Le 12, pourtant, Charles VIII avait accepté de repousser son entrée de cinq jours, et la *Signoria* avait réussi à faire venir discrètement du *contado* des troupes aussitôt placées en plusieurs points stratégiques de la ville. Peine perdue : Charles arriva en personne le 17. Il se présenta alors, bien inutilement, en tant qu'« allié et protecteur » : les Florentins ne lui pardonnaient pas d'avoir reconnu l'indépendance de Pise et de continuer à soutenir (verbalement) Pierre. Surtout, on craignait le déchaînement de la fureur française et les jeunes filles avaient été, autant que possible, confiées à la protection – hypothétique – des couvents. 10000 hommes, sur les 40000 du contingent français, pénétrèrent finalement dans la ville, devant des Florentins impressionnés par l'étrange mélange de nationalités, avec des Suisses ou des Écossais aisément reconnaissables, qu'offrait l'armée « française ». Toute la ville était pendant ce temps sillonnée par des auxiliaires de cette armée, qui marquaient d'un trait de craie les portes des habitations susceptibles d'accueillir les officiers français, ce qui fit dire à Machiavel, au chapitre XII de son *Prince*, que Charles VIII s'était emparé de toute l'Italie « à la craie ». Le roi s'installa dans le palais de la via Larga que Robert de Balsac, à qui, disait-il, la filiale lyonnaise de la banque Médicis devait une grosse somme, avait déjà mis à sac. Dans toutes les demeures des Médicis, ce fut d'ailleurs la curée : le peuple, certes, pilla beaucoup, mais la *Signoria* se servit largement, en bagues et médailles, pour 40 livres semble-t-il, sans oublier 20000 ducats en liquide, récupérés dans l'un des « bancs » de la famille. La perte pour Pierre, rapporte Commynes, fut, en ce 17 novembre, de plus de 100000 écus…

Le roi, depuis « son » palais de la via Larga, donna vite l'impression de gouverner en conquérant plus qu'en allié. Mais, lorsqu'il demanda à la *Signoria* d'autoriser Pierre à rentrer à Florence, il s'attira une réponse cinglante : les prieurs « préféreraient mourir vaillamment, les armes à la main, pour la défense de leur liberté, plutôt que de permettre le retour du tyran ». Et elle envoya une nouvelle délégation, avec encore une fois Savonarole, lui demander d'oublier cette requête. Mais on faillit basculer dans l'affrontement armé, au cœur même de la ville, quand Charles, qui ne comptait pas s'éterniser là, son objectif étant plus que jamais le royaume de Naples, demanda d'y laisser une délégation permanente, selon les lois de conquête en vigueur en France. C'était évidemment une grave atteinte à cette « liberté » à laquelle les Florentins tenaient tant et qu'ils espéraient avoir retrouvée en chassant les Médicis. En un geste devenu légendaire, Piero Capponi déchira le document français et répondit avec une noble et sobre éloquence : « Grand Prince chrétien, nous allons faire sonner nos cloches si vous faites sonner vos trompettes, et nous vous ferons voir ce qu'est un peuple en armes ! » Et, effectivement, la *Signoria* fit disposer les 25 000 ou 30 000 hommes venus du *contado* dans les demeures seigneuriales du centre, de manière qu'« au bruit des cloches ils pussent se précipiter en armes sur la place » (Parenti).

Tout cela, heureusement, relevait plutôt de la gesticulation, aucun des deux camps n'ayant le moindre intérêt à une confrontation violente. On en vint donc très vite à des négociations, encore plus vite conclues, et à la satisfaction générale : les deux puissances étant réputées amies, Florence s'engageait à ne passer aucune alliance sans l'assentiment français, à verser, en sept mois, 120 000 ducats à Charles, à « reconsidérer » la question du rapatriement de Pierre et à autoriser les Français à occuper les forteresses concédées par ce même Pierre jusqu'à la fin de la campagne napolitaine. De son côté, Charles reconnaissait la souveraineté de Florence sur Pise, laissant aux Florentins le soin de trouver le moyen de récupérer la ville. Le traité fut consacré par une belle cérémonie le 26 du mois, et les Français quittèrent la ville le 28, après, en particulier, l'intervention de Savonarole, qui fit valoir à Charles VIII que Dieu avait pour lui des projets autrement plus importants que la prise de Florence. La ville venait de frôler ce qui eût pu être le pire désastre de son histoire, comme le souligne Parenti : « Je ne peux suffisamment vanter la grandeur d'âme de notre peuple qui, avec le roi de France chez lui et entouré de milliers d'hommes, et sans pouvoir faire confiance à tant de puissants soutiens de Pierre, a osé s'opposer aux volontés du roi pour préserver sa liberté. »

Après soixante ans de domination médicéenne, les Florentins, débarrassés des Français, allaient devoir se réinventer un mode de gouvernement. Tout, finalement, était allé très vite, et les Médicis avaient disparu sans nul besoin de conspiration ou conjuration : les premiers surpris étaient d'ailleurs les opposants les plus déterminés, qui n'avaient guère envisagé que l'affaiblissement du clan et non, certes, son complet effacement. L'espace de deux générations, ce serait à Florence une explosion d'écrits, de disputes, de débats, comme si l'esprit s'y libérait après toutes ces années où la parole politique ouverte s'était limitée à l'éloge des Médicis et où les chanceliers humanistes avaient préféré tourner leur regard historiographique vers les temps anciens. Mais, dès le 30 novembre, une *pratica* appela à la réunion d'un *Parlamento* qui se réunit le 2 décembre : la suppression des Conseils des Cent et des Soixante-Dix y fut confirmée ; la *Signoria* et les conseils furent chargés de nommer 20 *accopiatori* qui choisiraient encore une fois *a mano* les membres de la *Signoria*, pour éviter que, vu la composition des *borse*, le tirage au sort n'y désigne encore des partisans des Médicis. À vrai dire, parmi ces « Vingt » figuraient encore bien des personnalités du régime précédent. Trois, surtout, *Ottimati* bon teint qui, même s'ils avaient récemment milité pour le bannissement de Pierre, y avaient joué un rôle majeur : Bernardo Rucellai, Francesco Valori et Piero Capponi. Dix autres appartenaient aux Soixante-Dix dans les années 1489, et 5 membres du tout nouveau Conseil des Dix de la Liberté et de la Paix, chargé des affaires de la guerre, avaient eux aussi appartenu aux Soixante-Dix. Le régime Médicis avait décidément bien du mal à mourir… Les protestations ne tardèrent pas et de « bons citoyens » vinrent rapidement se plaindre devant la *Signoria* : le *Parlamento* convoqué à la hâte par les *Ottimati* n'avait rien de populaire, pas plus que le groupe de ces 20 *accopiatori* à qui on avait confié tant de pouvoir. Eux, « gens de bien », n'avaient pas pris les armes pour laisser la ville aux mains d'une équipe de *principali* pas très différents, en fait, des amis des Médicis. Beaucoup en voulaient particulièrement à Guidantonio Vespucci qui avait promis au peuple une nouvelle Constitution dont ils n'avaient toujours pas vu le premier article. Le conflit entre l'élite de la ville et le *popolo* s'envenimait ainsi de jour en jour, et le charismatique Dominicain Savonarole versait lui aussi de jour en jour davantage d'huile sur le feu… Le 7 décembre, au milieu des protestations populaires contre les Vingt, il rappela aux Florentins leur toute récente lutte pour la liberté : s'ils voulaient un renouveau dans la cité, et une nouvelle forme de gouvernement, il leur faudrait trouver de nouveaux modes de vie. Et, s'ils écoutaient ses sermons, Dieu leur inspirerait la forme d'un bon *reggimento*. Il était faux que les *paternostri* (« grenouilles de bénitier ») fussent incapables de gouverner, comme l'avait prétendu un fou, un méchant[1] ! Il fallait aller chercher, pour gouverner, des gens humbles et bons, de ceux que l'on écartait traditionnellement des jeux de la politique : eux seuls étaient capables de baisser les impôts et de supprimer les dispendieuses réjouissances de naguère, indignes des vraies républiques (*città libere e civili*). Ils devaient désormais se gouverner seuls, sous la direction d'un *capo* qui leur indiquerait le droit chemin. Son grand discours politique eut lieu le 14 décembre, et « ses » lois furent promulguées le 22 et le 23 du même mois : sur le modèle vénitien, la vie politique était désormais régie en principe par un Grand Conseil de 500 membres, pour lequel 3 000 citoyens étaient qualifiés, et l'on construisit, pour en recevoir les séances, la *sala grande* accolée au palais de la *Signoria*. Les murs de son entrée reçurent deux inscriptions qui ne laissaient aucun doute. L'une en latin : « Ce Conseil est l'émanation de Dieu », tandis que l'autre, en toscan, dénonçait les *Parlamenti* si souvent réunis sous l'ancien régime : « [...] Qui veut réunir un *Parlamento* entend prendre le contrôle du gouvernement en en excluant le peuple. » Savonarole, qui avait su éviter que la « révolution » de novembre consacrât la victoire des *Ottimati*, l'avait emporté et son gouvernement serait donc résolument *popolare*. Cette fois, le *reggimento* des Médicis était bien mort.

Leur banque aussi, d'ailleurs. En même temps que le bannissement de la famille avait été en effet décidée la confiscation de ses biens, y compris ce qui restait de cette banque. Finalement, Giovanni Tornabuoni et son fils furent autorisés à la reprendre, mais la trace de ses activités se perd alors, même si certains (dont Guichardin) pensent que la participation de Lorenzo di Giovanni Tornabuoni au complot visant en 1497 à restaurer le régime des Médicis s'explique par la perspective, pour le malheureux établissement, d'une imminente et définitive faillite.

## *Les derniers errements*

Pour Pierre, commençait une longue errance. Il gagna d'abord Venise « en pourpoint, ou avec la robe d'un valet ». Perplexes, et peu soucieux de s'aliéner la bonne volonté du roi de France, les Vénitiens le firent attendre deux jours avant de se décider à le recevoir avec « grant honneur pour l'honneur de sa maison qui avoit esté en si grand triomphe et renommée par toute la chrétienté[2] ». À Florence, sa popularité était au plus bas et chacun se souvenait de la douloureuse semaine d'occupation que lui avait valu sa douteuse politique extérieure. Malgré cela, il fit lancer quelques tentatives par ses derniers partisans : ainsi les deux fils de Giovanni dell'Antella confessèrent-ils en mai 1495 avoir comploté pour lui. Il tenta aussi de faire assassiner la même année, au cœur de Florence, plusieurs de ses ennemis, parmi lesquels Girolamo Martelli, Guglielmo de Pazzi ou Alfonso Strozzi. Croyant pouvoir compter sur les Orsini, auxquels le liaient tant de relations personnelles, il amputa les restes de sa fortune de 10000 ducats qu'il remit à Virginio, qui s'était enfui du camp français : dans son château de Bracciano, le *condottiere* assembla donc une troupe et passa à l'offensive, persuadé de pouvoir compter sur le Bolonais Gentile Bentivoglio et sur Catherine Sforza, la redoutable dame de Forli. C'était trop d'optimisme et, blessé au siège de Foligno, Virginio Orsini changea de camp et se remit au service de Charles VIII. Fin 1495, Pierre faillit même être capturé à Cortona, alors que, selon toute vraisemblance, il faisait route vers Florence. En 1496, il essaya visiblement de s'emparer, non loin de sa ville, d'une bourgade-tête de pont (sans doute Montecatini ou Bucine) depuis laquelle passer à une nouvelle offensive contre le régime florentin. Ce fut encore l'échec. Qu'à cela ne tienne : en avril 1497, croyant pouvoir profiter des troubles qui agitaient Florence pour tenter à nouveau sa chance, il rassembla la somme nécessaire pour la levée d'une troupe conséquente qu'il alla grossir auprès de ses amis siennois (les Petrucci), parvenant à former une petite armée de 600 cavaliers et 400 fantassins sous les ordres d'un excellent *condottiere*, Bartolomeo d'Alviano. Soit que les Florentins aient été prévenus, soit qu'une pluie torrentielle ait retardé la progression de son armée et l'ait contrainte à tenter sa chance en plein jour et non à l'aube, au moment de l'ouverture des portes, ce fut là aussi l'échec. Puis le drame : la *Signoria* lança une enquête dans les milieux médicéens de Florence. Lamberto dell'Antella, torturé, livra les noms de 5 médicéens historiques, dont ceux de Bernardo del Nero, Nicolo Ridolfi ou Lorenzo Tornabuoni : tous furent exécutés pour haute trahison le 21 août, mais cela n'arrêta ni les pendaisons ni les condamnations à l'exil. Ses tentatives suivantes, en raison de la complexité des jeux diplomatiques de la fin du siècle, auxquelles il devait sans cesse s'adapter, échouèrent toutes, ses appuis, jusqu'à celui de César Borgia, se dérobant les uns après les autres… Et si Vitellozzo Vitelli, pour venger son frère, autre *condottiere* de talent mais exécuté en 1499 par les Florentins, s'empara bien en son nom de quelques bourgades (Civitella, Monte San Savino…), ces prises furent trop éphémères pour servir sa stratégie politique. Cette pathétique aventure se termina, de manière plus pathétique encore, le 28 décembre 1503, en pleine bataille du Garigliano, où il combattait du côté français : il s'y noya quand, trop chargée d'artillerie, sa barque, qui devait le conduire à Gaète, se renversa dans le fleuve. Son corps, repêché quelques jours plus tard, fut enterré dans l'abbaye de Montecassino, dont son frère Giovanni était l'abbé.

# Conclusion

## Le mythe de l'âge d'or des Médicis et le devenir de Florence

### *Une si belle image*

Quand les Médicis entamèrent leur marche triomphale vers le pouvoir absolu, en 1434, on n'en était plus, loin de là, aux premières années 1400, époque où le marchand Goro Dati pouvait écrire qu'« un Florentin qui n'est pas un marchand, et qui n'a pas voyagé à travers le monde pour voir nations et peuples étrangers avant de retourner enrichi à Florence, est un homme qui ne mérite aucune estime[1] ». Et si Cosme « l'Ancien » réussit à imposer la prééminence de la banque Médicis, ce fut en un monde où les troubles politiques brouillaient désormais un peu partout les jeux du commerce, au sein même de l'Europe aussi bien que sur ses marges, les armées turques faisant peser un danger permanent sur les lignes de communication. Et, en dépit de cela, il put préparer avec talent la voie à ce petit-fils « magnifique » qui allait métamorphoser ces temps incertains en un âge d'or. Au prix d'une stratégie d'une grande habileté : grâce aux trésors d'archives qui nous ont été conservés, nous sommes à même de comprendre dans le détail comment Cosme, pour assurer la « fortune » de la famille, réussit à écarter les *consorterie* susceptibles d'entraver cette marche. Il y mit certes de la violence, n'épargnant ni les mesures d'exil ni celles d'« admonestation », mais sa stratégie fut d'ordinaire plus subtile : aux vieilles familles florentines, il laissa juste assez de lumière pour paraître « exister » encore et il leur abandonna ce qu'il fallait d'illusion de pouvoir pour qu'elles aient à cœur de siéger dans des instances politiques dévitalisées. Et c'est ainsi que nous voyons peu à peu s'effacer, les années passant, ces Grands, *Ottimati* échappés à l'exil, à qui ne restèrent bientôt plus que deux solutions : le repli dans le *palazzo* ou la collaboration avec un pouvoir Médicis maîtrisant aussi bien les « réseaux sociaux », confréries ou corporations, que les rouages de la politique, où leurs conseils attitrés (Soixante-Dix...) avaient pris le pas sur ceux de la républicaine Commune. Mais malgré cela, malgré cette rouerie, cette subtilité politique, le bel édifice s'était effondré en 1494 tel un jeu de cartes incertaines, pour laisser place à un régime exactement opposé au sien. De la banque Médicis, plus rien, depuis la maison mère jusqu'aux filiales, ne restait. Le peuple semblait rejeter la dispendieuse fête médicéenne, comme s'il s'était enfin persuadé de la vacuité de ce monde d'apparence(s). Et les humanistes, que Cosme puis surtout Laurent avaient su attirer à eux, semblaient avoir définitivement perdu la partie, au profit d'une réaction religieuse intransigeante.

C'était compter sans la puissance d'autodestruction du régime à venir. L'austère dictature aux mains, de 1494 à 1498, des affidés de Savonarole prépara en effet activement le terrain à la belle légende médicéenne. Le Dominicain avait commencé par tromper son monde en 1490, au moment de son rappel à Florence par Laurent, sur les instances de Pic de la Mirandole. Intéressés par ses ardeurs réformatrices, les humanistes l'avaient alors bien accueilli, jusqu'à former autour de lui une manière de petite académie. Ce Ferrarais était, disait-il, le champion de la tradition florentine, et ne se privait pas, dans ses sermons, de chanter le rôle providentiel de sa patrie d'adoption. Cela devant un public populaire à qui le moderne humanisme n'avait guère apporté dans son quotidien. Inspirateur direct, à partir de 1494, du nouveau pouvoir, il fit transformer le Carnaval médicéen en fête de la pénitence, et les joyeux chœurs profanes et antiquisants de naguère en processions de flagellants. Lui-même se piquait de poésie, et christianisa ainsi une célèbre chanson de Bacchus et d'Ariane en un cantique *Viva, viva in nostro cor.* Quant au mouvement *piagnone* (« pleurnichard ») de ses soutiens, il avait ses intellectuels, et les hymnes et laudes, de nouveau à la mode, ne tardèrent pas à se multiplier, émanant parfois d'académiciens repentis comme Ugolino Varino, qui se fendit d'une épigramme vite célèbre, *Contra lascivos poetas inventores turpium fabellarum deorum*[2]. Et il se trouva bien des peintres pour honorer les commandes de tableaux d'autel édifiants à souhait. Cela ne dura pas et d'ailleurs, dès l'avent 1494, le Dominicain annonça son vrai programme : « Ô vous dont les maisons sont pleines d'objets de vanité, de tableaux et de choses déshonnêtes, de livres scélérats comme le *Morgante*[3], et autres poèmes contraires à la foi, portez-les-moi pour les mettre au feu et en faire le sacrifice à Dieu… » Suivirent des attaques précises contre l'humanisme réputé médicéen : « Quelle sottise que de vouloir comparer à Jésus, Apollonius de Tyane, Pythagore, Socrate, Platon ou quelque grand philosophe ! » Ainsi que des attaques directes contre les artistes : « Vous autres, peintres, vous faites mal ! Si vous saviez le scandale qui en est la suite, et tout ce que j'en sais, vous ne peindriez pas ainsi ! » La qualité artistique constituant elle-même un péché : « Aujourd'hui, on porte dans les églises des tableaux de tant d'art et de luxe dans l'ornement qu'ils détruisent la lumière de Dieu ! » Et ce fut, sans surprise, au moment de l'ancien Carnaval, en 1497, le *bruciamento delle vanità*, ce bûcher des vanités à sept degrés, pour les sept péchés capitaux, où brûlèrent les effets de cinquante ans d'« erreur », bijoux, tableaux impudiques (disparurent tous les portraits de courtisanes !) et œuvres « païennes » en tous genres.

Mais cela, dans une ville éprise malgré tout de liberté morale et intellectuelle (sinon politique), mena bientôt, le 23 mai 1498, à un autre bûcher, celui de Savonarole lui-même, victime de son orgueil prétendument inspiré. Verino, ancien soutien enthousiaste, rédigea ainsi bientôt une *Invective* où il apparaissait comme l'émanation de l'Antéchrist. De la tragédie, il restera toutefois des traces dans les esprits, comme chez Botticelli, qui recentrera désormais son inspiration autour de sujets plus édifiants, telle, en 1500, sa *Nativité mystique.* Mais la porte était ouverte à la réaction antisavonarolienne, et la personne de Laurent, contre laquelle le Dominicain avait concentré ses attaques, en sortit grandie, voire magnifiée. La personne clé, ici, fut sans doute un personnage de haute stature intellectuelle, Bernardo, de la prestigieuse famille Rucellai. Partisan d'une république aristocratique dans la plus noble tradition florentine, il avait été, pour Pierre « le Malchanceux » puis pour Savonarole, un véritable opposant. Il le fut aussi à la république de Soderini (qui ne tarda pas à se faire nommer gonfalonier à vie), et regroupa les voix dissonantes, dès après 1500, dans les « Jardins Rucellai », où se retrouvèrent les survivants de l'académie rejoints par l'historien Guichardin qui allait, avec son vrai talent, alimenter la naissante légende médicéenne. L'idéal de ces gens, c'était en effet un système politique inspiré à la fois de la « démocratique » Venise et des glorieux modèles antiques ; tels Scipion pour les uns et César pour les autres. Et la figure de Laurent, dans l'œuvre de Guichardin, s'affine et gagne en vernis avec le temps : floue et parfois ambiguë dans les *Storie Fiorentine*, rédigées en 1508-1509, moment où l'image du Magnifique reprend une peu de couleurs ; plus positive dans le *Dialogo*, elle devient, dans la *Storia d'Italia* (1537-1540), le modèle princier idéal. Sans compter la *Vie de Ficin* par G. Corsi, en 1506, qui montra à quel point le développement de l'humanisme avait épousé celui de la Seigneurie médicéenne, tandis que la *Vie de Laurent* par Valori, en 1517, certes dédiée à Léon X, son fils, allait établir fermement pour la postérité son image de pacificateur de l'Italie, d'homme de goût et de philosophe platonicien. En 1512, d'ailleurs, revint le temps de la fête avec le tout jeune Julien de Médicis et, en 1513, le Carnaval retrouva son lustre d'antan, avec le concours des coqueluches artistiques des temps nouveaux, Pontormo et Andrea del Sarto, et des nouvelles compagnies, celles dites du Diamant et du Tison, emblèmes médicéens s'il en fût. Et avec profusion de tableaux vivants à l'ancienne, représentant Saturne ou Janus, et, surtout, le Triomphe de l'Âge d'Or, exalté par un chant explicite de Jacopo Nardi, terminé par un vers sans ambiguïté : *Cosi nasce dal ferro un secol d'oro* (« C'est ainsi que, du fer, naît un âge d'or »).

Quant au rôle (inter)national joué par Laurent, il fut largement magnifié par aussi bien Guichardin que Machiavel : pour le premier, la *felicità*, le bonheur vécu par les Italiens avant le déferlement français de 1494 était dû *alla industria e virtù* (« à l'énergie et au courage ») de Laurent qui avait su maintenir en Italie un équilibre salutaire entre les États, de manière qu'aucun ne parût favorisé. Quant à *sua prudenza e fortuna* (« son intelligence et sa chance »), elles furent, insiste Machiavel, fort estimées des Princes. Et Guichardin renchérit : « Il fut en grande estime dans toute l'Italie et auprès de bien des Princes étrangers », réputation convertie, à sa mort, *acerba alla patria* (« douloureuse pour la patrie »), en un éclatant souvenir, selon Machiavel, vu qu'avec sa vie « on perdit en Italie la concorde et le bonheur ». À Florence même, en 1550, Vasari rappelle avec nostalgie l'amour qu'il portait à la peinture et à la sculpture, et, dans la seconde édition de ses *Vies*, prononcera la formule définitive (et récurrente) : « Pour les hommes d'*ingegno*, ce fut véritablement un âge d'or. »

Ainsi l'histoire des Médicis, grâce d'abord aux excès de la réaction savonarolienne, s'effaça-t-elle peu à peu, dès le temps de la brève République (1498-1512) et, bien sûr, avec le retour de la famille aux affaires, derrière un écran qui en « flouta » agréablement les vicissitudes. Disparurent ainsi du souvenir à la fois la peine de tous ceux qui, dans l'ombre de la banque, avaient œuvré à la difficile construction de la « fortune » de la famille, et les aspérités qui avaient marqué sa résistible et fragile ascension. L'essentiel était sauf : les temps à venir retiendraient surtout de l'aventure le discours des humanistes qui, avec le talent qui fut le leur, jouèrent exactement le rôle de thuriféraires que les Médicis attendaient d'eux.

## *Du désert au grand-duché*

En attendant, au début des années 1500, le clan, dispersé, traverse le désert tout en gardant au cœur de la ville des partisans convaincus, surveillés par leurs opposants de toujours, les membres des grandes familles « républicaines » que les Médicis ont évincées du pouvoir en les admonestant, ou bien encore chassées et condamnées à un ruineux exil. Inquiets à juste titre, ces « républicains » cherchent avant tout à conforter leur puissance en s'appuyant sur des institutions impossibles à détourner de leur fonction première, comme l'avaient si bien fait les Médicis soixante années durant : aussi créent-ils, en 1502, sur le modèle du doganat vénitien, un gonfaloniérat à vie censé protéger les libertés retrouvées, à l'image du menaçant David qu'ils commandent à Michel-Ange et installent ostensiblement devant le palais de la *Signoria*. Mais cela ne va pas suffire : Louis XII reparti vers la France après la désastreuse victoire de Ravenne où il a perdu son meilleur capitaine, Gaston de Foix, la voie est ouverte pour les pires ennemis de Florence, le pape et le roi d'Aragon, et les milices levées par Machiavel ne peuvent résister aux Espagnols : la ville, dépourvue de défenses efficaces, tombe en 1512. Le pape Jules II impose alors le retour des Médicis, dont le triomphe va se concrétiser un an plus tard avec l'élection sur le trône pontifical du cardinal Giovanni (Léon X), atout majeur que la famille gardait précieusement en réserve. Mais la roue a tourné : ce n'est plus la banque qui gouverne désormais la destinée des Médicis, mais la papauté. Pour régner sur la ville, qu'il tient pour un appendice de ses États pontificaux, le pape Léon va placer à son gouvernement son neveu Lorenzo, fils de Pierre « le Malchanceux » et devenu, pour l'occasion, duc d'Urbino. Même processus, quelques années plus tard, en 1523, quand c'est au tour de Giulio, fils de l'infortuné Julien, assassiné en 1478 par les Pazzi (et de sa dernière maîtresse Fioretta Gorini), d'être élu pape sous le nom de Clément VII. Véritable maître de Florence, dont il ponctionnera sans scrupule les finances, il y règne par l'intermédiaire d'un affidé, le cardinal Passerini da Cortona, tout en entraînant la ville dans son opposition personnelle à Charles Quint. Mais, à la suite du sac de Rome par les impériaux en 1527, les républicains relèvent encore une fois la tête et chassent les Médicis, au profit d'un régime inspiré de Savonarole : le gonfalonier Capponi va jusqu'à faire élire Jésus-Christ roi de Florence… Cela ne dure guère. Pape Médicis et empereur se réconcilient en 1529, à une condition, le retour de la famille aux affaires : assiégés par les troupes espagnoles et pontificales, les républicains florentins résistent certes onze mois, mais finissent par capituler le 12 août 1530. On réunit un Parlement, qui décide par acclamations le retour des Médicis et l'exil de leurs ennemis. Alexandre, fils du duc d'Urbino, est alors investi de véritables pouvoirs monarchiques et, avec l'assentiment de l'empereur, s'autoproclame duc en 1532. Le « monarque », qui a vécu toute sa vie d'exil à la cour de Charles Quint, va importer à Florence des pratiques bien éloignées de ses vieilles coutumes républicaines. Y mettra un terme, par l'assassinat, non pas un républicain mais le fameux Lorenzino (« Lorenzaccio »), de la branche cadette des descendants de Cosme. La cité du lys, celle de naguère en tout cas, a vécu, et le successeur d'Alexandre, Cosme « le Jeune », conscient de l'évolution des temps, va patiemment abolir les libertés des villes et bourgs du *contado* pour fonder en Toscane un véritable État, dont Florence n'est plus que la capitale. Il aurait voulu en être le roi et en fait la demande, mais, dans toutes les cours d'Europe, c'est un tollé : Cosme, descendant d'une famille de marchands et de banquiers, ne mérite pas une telle promotion. En guise de lot de consolation, le pape Pie V le couronne, le 5 mars 1570, « grand-duc de Toscane », ce qui fait malgré tout des Médicis une manière de famille régnante… Cosme Ier s'installe au palais Pitti et fait construire les ministères de son État, les *Uffizi*, que nous connaissons aujourd'hui sous la forme du musée « des Offices ». Pour Florence, c'est une nouvelle Renaissance et Cosme crée, à l'image de celle de Ficin, deux académies : l'Académie Florentine (1541), dévolue aux Lettres, l'Académie du dessin (1563). Après sa mort, il y aura, en 1582, l'*Academia della Crusca*, dont l'objectif est d'éditer le dictionnaire (il verra le jour en 1612) susceptible de fixer la toute jeune langue italienne « officielle ». Florence, trop à l'étroit dans son modeste *contado* et soumise à une concurrence de plus en plus agressive, n'est peut-être plus la puissance économique d'autrefois, mais elle affirme ainsi, avec le dernier des grands Médicis, sa primauté intellectuelle dans une Italie en devenir et en gestation. Elle saura d'ailleurs, quand l'heure sera venue, après un XVII<sup>e</sup> siècle languissant, se construire une place originale, une fois le grand-duché passé d'un clan Médicis épuisé à une nouvelle et plus dynamique dynastie, celle de Lorraine, dans l'imbroglio d'où sortira le véritable État italien.

Mais cela est une tout autre histoire.

# Glossaire

*Accopiatori* : « accoupleurs », officiers, en temps normal au nombre de 5, chargés de placer dans des sacs de cuir (*borse*) les noms des candidats éligibles aux magistratures importantes, comme la *Signoria*.

*Ammonizione* : « admonestation », interdiction de participer à la vie politique florentine.

*Arti* : corporations, « guildes », réparties en 7 « Arts majeurs » et, depuis 1289, 14 « Arts mineurs ». Leurs membres élisent des prieurs, parmi lesquels sont tirés au sort, pour deux mois, les membres de la *Signoria*.

*Balia* : conseil réuni, en cas d'urgence, par un *Parlamento*, pour adopter une réforme imposée par les circonstances, dans le domaine politique ou judiciaire.

*Catasto* : cadastre (recensement des biens et revenus mobiliers et fonciers), établi à Florence comme base d'imposition en 1427.

Conseil des Cent : créé par Cosme lors de sa réforme de 1558, ce conseil réunit les pouvoirs de conseils plus anciens et plus démocratiques (Conseil du Peuple et Conseil de la Commune).

Conseil des Soixante-Dix : créé en 1480 par Laurent, et investi de pouvoirs considérables.

*Dieci di balia* : conseil exceptionnel, réuni en cas de guerre, avec des pouvoirs quasi dictatoriaux.

*Dodici Buonomini* : organisme consultatif de 12 membres, sorte de « conseil des Anciens », lié à la *Signoria* et renouvelé tous les trois mois.

Gonfalonier de justice : président de la *Signoria*, véritable chef de l'exécutif, tiré au sort parmi les représentants des quartiers.

*Magnati* : aristocrates, exclus de la vie politique par les Ordonnances de justice du janvier 1293.

*Otto di Guardia* : conseil chargé des affaires criminelles et doté d'importants pouvoirs de police.

*Palio* : concours entre différents quartiers d'une même cité, disputé sous la forme, en général, de courses de chevaux.

*Parlamento* : réunion, en principe, de tous les citoyens de Florence.

*Podestato* : magistrat, en principe étranger, responsable des questions de justice et d'ordre public.

*Pratica* : réunion informelle de notables florentins.

*Reggimento* : l'ensemble des citoyens habilités à participer à la vie politique florentine.

*Sedici Gonfalonieri* : conseil consultatif des 16 gonfaloniers, représentant chacun (pour quatre mois) un gonfalon, subdivision (par 4) des 4 quartiers composant la ville de Florence.

*Signoria* : organe exécutif de la République, composé (pour deux mois) de 9 membres, 6 émanant des Arts majeurs, 2 des Arts mineurs, le gonfalonier de justice étant tiré au sort parmi les représentants des quartiers.

*Squittinio* : « scrutin », établissement des listes de citoyens reconnus aptes à participer aux différents tirages au sort.

*Tratta* : tirage au sort.

*Tre Maggiori* : les trois institutions majeures, dans l'État florentin, la *Signoria*, les *Dodici Buonomini*, les *Sedici Gonfalonieri*.

*Veduti* : citoyens tirés au sort et reconnus aptes à assumer leur charge.

# Généalogie

AVERARDO detto BICCI (mort en 1363)

GIOVANNI DI BICCI (1360-1429)

COSME L'ANCIEN (1389-1464)

PIERRE LE GOUTTEUX (1416-1469)

LAURENT LE MAGNIFIQUE (1449-1492)

| | | |
|---|---|---|
| PIERRE LE MALCHANCEUX (1471-1503) | GIOVANNI (1475-1521) Léon X | GIULIANO (1479-1516) Duc de Nemours |

LORENZO (1492-1519)

| | |
|---|---|
| CATHERINE (1519-1589) Reine de France | ALEXANDRE (1511-1537) Duc de Florence |

# Chronologie pontificale

| | |
|---|---|
| 1309-1377 | Exil de la papauté en Avignon. |
| 1378-1417 | Grand Schisme d'Occident. |
| 1378 | Élection, par le concile de Fondi, de Robert de Genève, antipape sous le nom de Clément VII (meurt en 1394). |
| 1389 | Élection du Napolitain Pietro Tomacelli comme « pape romain », sous le nom de Boniface IX (meurt en 1404). |
| 1394 | Élection de Pedro de Luna, à Avignon, antipape sous le nom de Benoît XIII (déposé en 1415). |
| 1404 | Élection de Cosimo de Megliorati, « pape romain », sous le nom d'Innocent VII (meurt en 1406). |
| 1406 | Élection d'Angelo Correr, « pape romain », sous le nom de Grégoire XII jusqu'à sa renonciation en 1415. |
| 1410 | Élection par le concile de Pise de Baldassare Cossa, antipape Jean XXIII, déposé par le concile de Constance en 1415. |
| 1415 | Le concile de Constance (1414-1418) met officiellement fin au Grand Schisme. |
| 1417 | (11 novembre) Élection d'Oddone Colonna sous le nom de Martin V. |
| 1431 | Élection de Gabriele Condulmer (Eugène IV). |
| 1447 | Élection de Tommaso Parentucelli (Nicolas V). |
| 1455 | Élection d'Alfonso Borgia (Calixte III). |
| 1458 | Élection d'Enea Silvio Piccolomini (Pie II). |

| | |
|---|---|
| 1464 | Élection de Pietro Barbo (Paul II). |
| 1471 | Élection de Francesco della Rovere (Sixte IV). |
| 1492 | Élection de Rodrigo Borgia (Alexandre VI). |
| 1503 | Élection de Giuliano della Rovere (Jules II). |
| 1513 | Élection de Giovanni de Medici (Léon X). |
| 1522 | Élection d'Adriaan Florensz (Adrien IV). |
| 1523 | Élection de Giulio de Medici (Clément VII). |
| 1534 | Élection d'Alessandro Farnese (Paul III). |

# Chronologie florentine

| | |
|---|---|
| 1282 | Expulsion des représentants de Charles d'Anjou. Instauration du régime du « Second Peuple ». |
| 18 janvier 1293 | Ordonnances de justice qui excluent les aristocrates (*magnati*) de toute participation au pouvoir. |
| 1302 | Expulsion des Guelfes blancs, parmi lesquels Dante. |
| 1342-1343 | Gautier de Brienne, « duc d'Athènes », un an « seigneur de Florence », est chassé de la ville par une insurrection. |
| 1342-1346 | Krach financier (faillite de la banque Bardi). |
| 1348 | Peste noire. |
| 1378 | Révolte des *ciompi*. Salvestro de Medici gonfalonier de justice. |
| 1382 | Début du régime oligarchique dirigé par les Albizzi. |
| 1390-1402 | Guerre contre Milan ; mort en 1402 du pire ennemi de Florence, Gian Galeazzo Visconti, duc de Milan. |
| 1406 | Conquête de Pise. |
| 1427 | Établissement du *catasto*, base cadastrale d'un nouveau système d'imposition. |
| 1433 | Cosme de Médicis (Cosme « l'Ancien ») chassé de Milan, pour dix ans, par les Albizzi. |
| 1434 | Retour triomphal de Cosme. Début de la mainmise des Médicis sur Florence. |

| | |
|---|---|
| 1439 | Concile de Florence, en présence du pape Eugène IV. |
| 1454 | Paix de Lodi. |
| 1458 | Échec du coup d'État antimédicéen de Luca Pitti. Création, par les Médicis, d'un Conseil des Cent composé de gonfaloniers ayant exercé leur charge depuis leur retour aux affaires en 1434. |
| 1464 | Décès de Cosme l'Ancien, remplacé par son fils Pierre « le Goutteux ». |
| 1465-1466 | Échec d'une tentative de restauration du régime républicain. |
| 1469 | Décès de Pierre « le Goutteux ». Son fils Laurent « le Magnifique » lui succède. |
| 1472 | Guerre de Volterra. |
| 1478 | Échec de la conspiration antimédicéenne fomentée par la famille Pazzi. Assassinat de Julien, frère de Laurent. |
| 1480 | Création du Conseil des Soixante-Dix. |
| 1492 | Décès de Laurent. Son fils Pierre « le Malchanceux » lui succède. |
| 1494 | Invasion française (première « guerre d'Italie »). Fuite de Pierre « le Malchanceux ». Faillite de la banque Médicis. |
| 1494-1498 | Régime inspiré par le moine dominicain Savonarole. Création du Grand Conseil. |
| 1498 (25 mai) | Savonarole supplicié place de la Seigneurie. |
| 1502 | Piero Soderini nommé gonfalonier à vie. |
| 1512 | Retour des Médicis à Florence, dans les fourgons des troupes espagnoles. |
| 1537-1569 | Cosme I$^{er}$ duc de Florence. |
| 1569-1574 | Cosme I$^{er}$ grand-duc de Toscane. |

# Notes

## Introduction

1. Hippolyte Taine, *Voyage en Italie*, Paris, 1865 ; vol. II (éd. 1930), p. 148.

2. Voir Battara, P., *La popolazione di Firenze alla Metà del Cinquecento*, Florence, 1935.

3. Pour les personnages de Cosimo de Medici, Lorenzo de Medici et son frère Giuliano, ainsi que pour Piero I il Guttoso, et Piero II di Lorenzo, ont été adoptés ici, à la suite d'une longue tradition, les noms de Cosme (« l'Ancien »), Laurent, Julien, Pierre « le Goutteux » et Pierre « le Malchanceux ».

4. *Historie fiorentine di Niccolò Machiavelli cittadino et segretario fiorentino al Santiss. et Beatiss. Padre S. N. Clemente Settimo Pontefice Mass.*, Florence, Bernardo di Giunta, 27 mars 1532.

5. Voir Jean-Yves Boriaud, *Machiavel*, Paris, Perrin, 2015, p. 315 *sqq*.

## 1
## L'inscription des Médicis dans le paysage toscan

1. Cette Florence était perceptible à travers les images et maquettes installées dans le musée *Firenze com'era*, fermé en octobre 2010, et qui permettait de se faire une idée de la ville d'avant le *Risanamento* des années 1865 qui fit disparaître une partie des remparts (pour faire place aux boulevards circulaires), le *Mercato Vecchio* et le *ghetto*.

2. Dante rappelle (*Inferno*, XXX, 46-90) qu'en 1281 un faux-monnayeur fut brûlé vif pour avoir contrefait des florins de 21 carats.

3. Les tours des deux familles sont encore visibles à Florence.

4. Ils se désigneront non pas comme « nobles » mais comme « hommes des familles » (*uomini delle case*), « hommes de bien »,

*ottimati*... et beaucoup d'entre eux, absorbés par le « peuple », réapparaîtront à partir des années 1430 (lors du retour des Médicis) comme de « simples » citoyens. Si les Ordonnances de 1293 avaient en effet exclu les magnats de la majeure partie des charges publiques (surtout de la Seigneurie et des deux autres grands collèges), plusieurs offices leur avaient été réservés, et ils étaient nombreux dans le personnel diplomatique. Il y eut plusieurs vagues de « popularisation » dans les années 1380-1390 et 1400-1433, la dernière intervenant en 1434.

## 2
## De la légende à la banque

1. La fleur de Florence (voir aussi le florin, sa monnaie de prédilection, et son église principale, Sainte-Marie-de-la-Fleur) est le lys rouge – le *Giglio* – (ou plutôt l'iris, pour certains) présent, semble-t-il, en grand quantité dans la contrée lors de sa fondation.

2. En langage héraldique, on emploie les termes de « gueule » pour « rouge », et d'« azur » pour « bleu ».

3. Henryk Szancer, « Sur la prétendue origine médico-pharmaceutique des Medici », *Revue d'Histoire de la Pharmacie*, 1965, 185, p. 311-318.

4. Palliot, *La Vraye et parfaite science des armoiries*, 1660 : « Ces six tourteaux dont le premier était anciennement comme les autres de gueules, furent pris par Evrard de Médicis, chevalier français, lequel suivant l'empereur Charlemagne duquel il était chambellan ordinaire, aux guerres d'Italie pour en chasser les Lombards, vainquit en duel le géant Mugel qui oppressait les Florentins et qui dans le combat lui porta un coup de sa massue au bout de laquelle pendaient 6 boules de fer fraîchement ensanglantées, qu'il para de son bouclier doré sur lequel les impression des boules demeurèrent rouges; en mémoire de quoi et de ce combat, Charlemagne lui donna l'écu d'or à 6 tourteaux de gueules, pour trophée de sa victoire, que ses descendants ont conservés jusques à Pierre de Médicis, second du nom Duc de Florence, en faveur duquel le roi Louis XII changea la couleur rouge du premier tourteau en celle d'azur, pour le charger de 3 fleurs de lys d'or. » Sur la légende de Mugello, voir Alexandre Dumas, *Les Médicis. Splendeur et secrets d'une dynastie sans pareille*, Michel Lévy, 1860. Baïf, VIII, 1.

5. Les gonfaloniers commandaient chacune des 16 compagnies armées de la ville.

6. Christian Bec, *Les Marchands écrivains : affaires et humanisme à Florence, 1375-1434*, Paris-La Haye, Mouton, 1967.

7. *Il libro degli affari proprii di casa de Lapo di Giovanni Niccolini*

*de Sirigatti*, édition critique et commentée, Pierre Bec (éd.), Paris, S.E.V.P.E.N., 1969.

8. *Cronica della cose occorrenti ne tempi suoi*. Voir Dino Compagni, *Chronique des événements survenant à son époque*, édition et traduction par Patrick Mula, Grenoble, ELLUG, 2002.

9. Mot à mot : de « puissants hommes du peuple ».

10. Les économistes, aujourd'hui, mettent plutôt l'accent sur les causes structurelles de cette crise financière, très étudiée. Voir ainsi Edwin Hunt, *The Medieval Super-Companies : a Study of the Peruzzi Company of Florence* (Londres, Cambridge University Press, 1994), d'après qui la dette anglaise fut bien inférieure aux chiffres généralement avancés et ne saurait donc apparaître comme la véritable cause du krach, les banquiers florentins ayant eux-mêmes « organisé » pour partie l'insolvabilité du roi Édouard. Voir Frederick C. Lane, *Money and Banking in Medieval and Renaissance Venice* (Baltimore, Johns Hopkins University Press, 1985), pour qui c'est Venise qui « orchestra » le krach de 1340.

11. L'histoire de cette brève « Seigneurie » a suffisamment marqué les esprits pour que la journée de la *cacciata* (le 26 juillet, jour de la Sainte-Anne) soit longtemps fêtée comme symbole de l'esprit républicain de Florence. Elle a été immortalisée par une fresque sans doute commandée à Andrea Orcagna pour un mur des Stinche, la prison où étaient enfermés les opposants du duc (elle est actuellement conservée au Palazzo Vecchio).

## 3
## Florence au temps des premiers Médicis

1. On suggère également, en guise d'étymologie, le nom d'une ruelle mal famée de Florence, où la corporation avait ses entrepôts, et même une hypothétique étymologie romaine *cali malus*.

2. *L'Art de la guerre* de Machiavel se veut ainsi l'écho d'une de ces discussions politico-érudites qui, dans les différents parcs, réunissaient telle ou telle coterie (voir *L'Art de la guerre*, Perrin, coll. « Tempus », 2011).

3. Certains experts hasardent une équivalence : un florin = 140 dollars US…

4. Mise en place d'un « cadastre ».

5. Ce *catasto*, achevé à l'été 1430, occupe plus de 300 volumes conservés pour la plus grande partie à l'*Archivio di Stato* de Florence et, pour le reste, à l'*Archivio di Stato* de Pise. Ces volumes comportent les *portate* (déclarations déposées aux bureaux du fisc par

les 60 000 contribuables), les *campioni*, registres où les employés reportent ces déclarations, et les *sommari*, récapitulatifs avec la liste alphabétique des contribuables, leur revenu imposable et le nombre des *bocche* à leur charge. Voir David Herlihy et Christiane Klapisch-Zuber, *Les Toscans et leurs familles. Le catasto florentin de 1427*, Paris, Presses de la Fondation Nationale des Sciences Politiques/École des Hautes Études en Sciences Sociales, 1978.

6. Le *distretto* (district ?) regroupe l'ensemble des « conquêtes » florentines d'après 1300.

## 4

## Les premiers « Grands Médicis » : le temps des cousins

1. Personnel, local ou « national », l'Interdit est une interdiction d'accès aux biens spirituels (sacrements, offices divins, sépulture en terre chrétienne...). Dans le cas d'un pays, cette mise à l'écart de la communauté chrétienne peut entraîner de lourdes conséquences économiques.

2. Voir P.C. Fassetti-Fossati, *Il tumulto dei Ciompi*, p. 325-328 ; A. Stella, *La Révolte des Ciompi, les hommes, les lieux, le travail*, éditions EHESS, 1993, p. 46.

3. Les *ciompi* se dénommaient eux-mêmes le « peuple de Dieu ». Le terme de *ciompi* est-il une version déformée du mot français « compère », utilisé par les soldats du duc d'Athènes pour désigner le petit peuple florentin ? Une telle déformation semblant peu probable phonétiquement, il a été proposé (Robert Paris) de voir dans ce mot de *ciompi* l'écho du vocable péjoratif *champi* (« bouseux ») dont usaient ces mêmes soldats pour s'adresser aux *minuti*.

4. Pour les événements de juin-août 1378, voir Gino Scaramella, *Cronache e memorie sul Tumulto dei Ciompi*, dans *Rerum italicarum scriptores, Città di Castello* (vol. XVIII, 3 1917-1934) : chronique d'Alamanno Acciaiuioli ; chroniques « dello Squittinatore » et de Ser Piero delle Riformagioni et plusieurs récits anonymes. Voir aussi Marchionne di Coppo Stefani, éd. Niccolò Rodolico, *Rerum italicarum scriptores*, XXX, 1, Città di Castello, 1903.

5. La critique marxiste s'est beaucoup intéressée au discours prêté à l'un des *ciompi* par Machiavel dans les *Istorie Fiorentine* (L. III, 13). Voir Alexandro Stella, *La Révolte des Ciompi, les hommes, les lieux, le travail*, éditions EHESS, 1993.

6. Voir G.A. Brucker, *The Medici in the Fourteenth Century*, in *Speculum*, XXXII (1957), p. 6 s., 9-11, 21 s., 24, 26 ; R. De Roover, *Gli antecedenti del Banco Mediceo e l'azienda bancaria di V. di Cambio dei Medici*, in *Arch. storico italiano*, CXXIII (1965), p. 3-13.

## 5
## 1397 ou la grande année

1. « Ceux qui, chez nous, sont attachés à la Curie romaine » : manière, chez les Médicis, de désigner les employés de la branche romaine.

2. Niccolò da Uzzano fut immortalisé par son buste, en terracotta polychrome, attribué à Donatello (ou, par d'autres, à Desiderio da Settignano ou bien à Piero Torrigiani) et présenté au Museo Nazionale del Margello, à Florence.

3. *History of the Florentine People*, traduit et édité par James Hankins, Cambridge-Londres, Harvard University Press, 2001, livre 9.

4. *Qui inter ceteros cives florentinos nobilitate, prudentia et ingenio singulari atque gubernande rei publice non mediocri scientia usuque prediti habebantur.*

5. Giovanni Cavalcanti, *Nuova Opera. Chronique florentine inédite du* XV*e siècle*, édition critique d'Antoine Monti, Paris, Presses Sorbonne Nouvelle, 1989. C'est en prison que l'historien florentin, « républicain » antimédicéen, Giovanni Cavalcanti (1381-1450) rédigea ses *Istorie fiorentine*, qui portent sur les années 1423 à 1440. Elles furent suivies d'une seconde partie, la *Nuova Opera*, sur les années 1440-1447.

## 6
## Cosimi de Medici (Cosme l'Ancien), 1389-1464

1. *Ricevuto non come confinato, ma come ambasciatore* (A. Fabroni, *Magni Cosmi Medicei Vita*, 2 vol., Pise, 1788-1789, II, 99f).

2. Pétrarque demeura, de son propre aveu, un helléniste rudimentaire (*Graius elementarius*) malgré les quelques leçons qu'il reçut du moine Barlaam le Calabrais, évêque de Gérace.

3. En 1434, Luca s'opposera violemment à ce frère et ralliera le camp de son ancien condisciple et ami, aux côtés de qui il prolongera sa carrière politique, gonfalonier de justice en 1442 et ambassadeur à Venise en 1449, pour mourir en 1458, aussi honni de sa famille exilée que pleuré de Cosme.

4. Voir *Transformation and Tradition in the Sciences : Essays in Honour of L. Bernard Cohen*, Londres, Cambridge University Press, 1984.

5. Créé en 1321, il a été reconnu par le pape Clément VI en 1349.

6. Titre complet, explicite : *Florentinarum de exilio commentationum pro exulibus Florentinis a Cosmo Mediceo atque eius factione ejectis, conscriptarum libri tres (Les Trois Livres de commentaires sur l'exil, en faveur des Florentins exilés par Cosme de Médicis et sa faction)*.

7. Ainsi : *Laurentii latera, aspice palearia, incessum considera, nonne*

*cum loquitur, mugit? Os vide et linguam, e narubus mucum lingentem; caput cornibus totum insigne est. Ita Medius Fidius, bovem mihi videor aptissime definire esse Laurentium Medicem, ut et lupum Averardum et vulpem Cosmum*... « Vois les flancs de Laurent, vois-le ruminer, vois sa démarche : et quand il parle, n'est-ce pas un mugissement? Regarde son visage et sa langue, qui lèche la morve de ses naseaux, et sa tête, où seules les cornes attirent les regards. Ainsi, par ma foi, j'ai bien l'impression que Laurent de Médicis a tout du bœuf, comme Averardo du loup et Cosme du renard. »

8. Benedetto di Lippaccio de Bardi (1402-1420), Ilarione di Lippaccio de Bardi (1420-1433), Lippaccio di Benedetto di Lippaccio de Bardi (1433-1435)...

9. Aucun mouvement de fonds émanant de Bruges ou de Londres ne vient confirmer l'existence de filiales, à cette époque, dans ces deux villes (voir R.de Roover, *op. cit.*, p. 56).

10. Voir au Louvre (Salon carré), par Paolo Uccello, la charge décisive d'Attendolo da Cotignola lors de la victoire, à San Romano (près de Pise) en 1432, des Florentins alliés au pape Martin V contre les Siennois.

## 7

## L'empire de Cosme : une banque et des hommes

1. Philippe de Commynes, *Mémoires* III, p. 41.

2. Même chose pour les deux unités de production de laine dont dispose, sous Cosme, la firme : toutes deux sont des entités autonomes (*ragioni*) avec comptes et bilans propres.

3. Les associés (désignés sous le terme médiéval de *compagni*) sont d'abord « juniors » (intéressés aux bénéfices et bénéficiant d'une indemnité de couverture de frais) puis « seniors », avec des revenus proportionnels – en principe – à leurs investissements. Mais rien n'empêche les Médicis de les choisir parmi les rangs des « juniors ».

4. D'après les mémoires de Vespasiano da Bisticci, Cosme vint y travailler, pour se former aux pratiques de la banque, et profita de ce séjour pour voyager en France et en Allemagne à la recherche de manuscrits rares (R. de Roover, *op. cit.*, p. 203).

5. Collectionneur d'art, il fut notamment le mécène de Donatello, qui établit sans doute les plans du *palazzo* familial des Martelli et de leur tombeau à San Lorenzo.

6. André Vandewalle, *Les Marchands de la Hanse et la banque des Médicis. Bruges, marché d'échanges culturels en Europe*, Oostkamp, Stichting Kunstboek, 2002.

7. Sur Tommaso Portinari (1428-1501) voir A. Grunzweig, *Correspondance de la filiale de Bruges des Medici*, Bruxelles, 1931, p. XIII-XIV et R. de Roover, *The Rise and Decline of the Medici Bank (1397-1494)*, *Harvard Studies in Business History*, 21, New York, 1963, p. 342.

8. En 1395, nous savons seulement que la branche Averardo disposait d'un correspondant à Barcelone.

9. En 1484, Laurent « le Magnifique » devra vendre ce joyau pour 4 000 florins.

10. Même si Cosme, déjà membre depuis 1420 de l'*Arte del Cambio*, n'éprouva jamais le besoin de s'affilier personnellement à l'*Arte della Lana*.

## 8
## Noyautage et patronage : Cosme et la mise en place du système Médicis (1434-1464)

1. « Cosme, fils de Giovanni de Medici, de parents très honorables, fut un citoyen des plus prestigieux, et d'une grande autorité dans sa république. »

2. Fondement de la « paix de l'équilibre » de Laurent.

3. Elle sera remise en place en 1512, lors du retour des Médicis, et à nouveau détruite en 1527, à l'avènement de la nouvelle République, pour une ultime restauration en 1532, quand Alessandro de Medici fut officiellement déclaré « duc de la République de Florence ».

4. Cette « suppression » avait déjà été décrétée à plusieurs reprises : en 1377, en 1380 et 1419.

5. Personnage mythique à qui la Renaissance prêtait, entre autres, l'invention de l'alchimie.

6. Le logement des moines y fut une source d'inspiration pour Le Corbusier, qui y séjourna à deux reprises, en 1907 et 1911.

7. Quand cette chapelle fut transformée, en 1450, en « chapelle-reliquaire », le tableau fut transféré au couvent San Vincenzo d'Annalena.

8. Cosme et Lorenzo.

9. Lettres à Cosme, *Lettres*, I, 1.

10. Par opposition à la « Nouvelle Sacristie » commencée par Michel-Ange en 1508.

11. Et sous une dalle de porphyre portant l'inscription *Cosmus Medices Hic Situs Est Decreto Publico Pater Patriae. Vixit Annos LXXV, Menses III Dies XX* (« Ci-gît Cosme de Médicis, Père de la Patrie par décret officiel. Il vécut 75 ans, 3 mois et 20 jours »).

12. Selon certains, les deux architectes travaillèrent ensemble, comme ils l'avaient fait pour la cathédrale, jusqu'à la mort de Brunelleschi.

13. Tableau (souvent un portrait) de forme ronde ou ovale.

14. Le plus ambitieux sera celui dont Filippo Strozzi lancera la construction en 1489.

15. Vasari, *Vita di Marietto Albertinelli*, éd. Milanesi, IV, p. 218.

16. Confisqués en 1495 avec les autres œuvres du jardin, les Marsyas seront déposés au Palazzo Vecchio.

17. Dont son fils Filipinno terminera les fresques, dans les années 1480-1485.

18. Machiavel, *Histoires florentines*, VII, 5.

## 9
## Pierre « le Goutteux », Piero di Cosimo de Medici, les krachs et la question dynastique

1. Machiavel, *Histoires florentines*, VII, 10.

2. *Ibid.*, 11.

3. Contrairement à son frère Tommaso, un proche du clan.

4. M. Mariette, « Patriotisme des Pères et patriotisme citadin : les voies de l'italianité dans les traités en langue vulgaire de Léon Baptiste Alberti » dans *Quête d'une identité collective chez les Italiens de la Renaissance*, Centre interuniversitaire de recherche sur la Renaissance italienne, Sorbonne Nouvelle, Vol. 18, 1990, p. 50-65.

5. On peut les retrouver dans le manuscrit *Palatino* 215 de la Biblioteca Nazionale de Florence. Voir *De Vera amicitia. I testi del primo certame coronario*, edizione critica e commenta a cura di L. Bertolini, Ferrare-Modena, Panini, 1993.

6. Machiavel, *Histoires florentines*, VII, 20.

## 10
## Laurent « le Magnifique », Lorenzo di Piero de Medici (1449-1492)

1. *Ricordi*, éd. Bellorini, p. 28.

2. *In liberalibus studiis maxime profecit : utraque lingua romana scilicet et patria tam prosa quam versu excellere.*

3. Au sujet de l'*armegerria*, démonstration d'habileté dans les arts du

chevalier, voir Trexler, Richard C., *Public Life in Renaissance Florence*, New York, 1982, p. 224-236.

4. Giovanni di Pace della Scarperia, *M.A.P.* XX, 235.

5. Cristoforo da Galeata, pour son beau-frère, *M.A.P.* XX, 250.

6. Benedetto Colucci, *M.A.P.* XX, 352.

7. Benedetto Dei, *M.A.P.* XXIII, 202.

8. « L'Orient déjà rougeoyait,/ Et les cimes des montagnes semblaient d'or... »

9. Dont la célèbre *Canzona de'confortini*. Vasari affirme même que le *canto carnascialesco* fut inventé (*trovato*) par Laurent, assertion aujourd'hui sérieusement remise en doute (P. Ventrone, « Note sul carnevale fiorentino di età laurenziana », dans *Il Carnevale : dalla tradizione arcaica alla tradizione colta des Rinascimento*, éd. M. Chiabo and F. Doglio, Rome, 1990, p. 321-366).

10. Nous le savons par une lettre du 12 septembre 1473 adressée par Naldo Naldi à Niccolò Michelozzi.

## 11
## Le temps des tribulations (1470-1492)

1. *Histoires florentines*, VII, 31.

2. A. Brown, « Lorenzo, The Monte and the Seventeen Reformers : Public and Private Interest », dans A. Brown, *The Medici in Florence...*, p. 151-211.

3. B. Dei, *La cronica dall'anno 1400 all'anno 1500*, éd. R. Barducci, préface A. Molho, Monte Oriolo, 1984.

4. « L'honneur de la patrie, la grandeur de la famille, le développement des Arts. »

5. André Chastel, *Art et Humanisme à Florence au temps de Laurent le Magnifique*, PUF, 1961, p. 13.

6. Voir ainsi *Il tesoro di Lorenzo il Magnifico* I, *Le gemme, a cura di N. Dacos, A. Giuliano, U. Pannuti, Firenze, 1973 ; II, I vasi*, a cura di D. Heicamp e A. Grote, 1974. Mais les spécialistes ne cessent de découvrir de nouvelles – et splendides – pièces de ce trésor. Voir ainsi la corniole avec une tête de Thésée repérée à Leningrad (Giuliano, Antonio, « Ancora il Tesoro di Lorenzo il Magnifico » in « Prospettiva », 2, 1975, p. 39 *sqq*.).

## 12
## Pierre « le Malchanceux » (Piero II di Lorenzo de Medici, 1472-1503), ou l'infortune des Médicis

1. Cosme l'Ancien.
2. Philippe de Commynes, *Mémoires*, VII.

## Conclusion

1. L. Martines, *The Social World of the Florentine Humanists*, Princeton, 1963, p. 32.
2. « Contre les poètes obscènes, inventeurs des honteuses fables divines. »
3. Poème en 28 chants, épiques et burlesques, de Luigi Pulci, paru en 1483.

# Bibliographie

## Sources

Alberti, Leon Battista, *Della architettura della pittura e della statua*, Rome, traduction de Cosimo Bertoli, Editrice Dedalo, 2009.

—, *I libri della famiglia*, Turin, Einaudi, 1994.

Bisticci, Vespasiano da, *Vite di uomini illustri del secolo XV*, Milan, Hoepli, 1951.

Bracciolini, Poggio, *Opera Omnia*, éd. Ricardo Fubini, 1964.

Bruni Leonardo, « *Historiae florentini populi libri XII*, a cura di E. Santini-C. Di Pietro », in *Rerum Italicorum Scriptores*, II, Città di Castello, vol. XIX/2-3, 1914-1926.

*Panegirico della città di Firenze*, Florence, La Nuova Italia, 1974.

Capponi, Neri, « Commentarii di Neri di Gino Capponi di cose seguite in Italia dal 1419 al 1456 », in *Rerum Italicarum scriptores*, 18, éd. L. A. Muratoris, Milan, 1731.

Cavalcanti, Giovanni, *Istorie Fiorentine*, a cura di G. di Pino, Florence, 1938-1939.

*Chronicles of the Tumult of the Ciompi*, a cura di Rosemary Cantor e Louis Green, Victoria 1990.

Commynes, Philippe de, *Mémoires sur les règnes de Louis XI et de Charles VIII, (1464-1498)*, éd. M. Michaud, Paris, 1854.

Compagni, Dino, *Cronica delle cose occorenti ne'tempi suoi*, Milan, Rizzoli, 1995.

Dati, G., *Istorie di Firenze dall'anno MCCCLXXX all'anno MCCCCV*, Florence, 1735.

Dei Benedetto, *La cronica dall'anno 1400 all'anno 1500*, a cura di Roberto Barducci, Florence, Papafava, 1985.

Fabroni, A, *Magni Cosmi Medicei Vita*, 2 vol., Pise, 1788-1789.
Guicciardini Francesco, *Storia d'Italia*, Turin, Aragno, 2015.
—, *Storie Fiorentine dal 1378 al 1509*, Milan Rizzoli, 2010.
*Il libro degli affari proprii di casa de Lapo di Giovanni Niccolini de Sirigatti*, édition critique et commentée, Pierre Bec (éd.), Paris, S.E.V.P.E.N., 1969.
Landucci L., *Diaro Fiorentino*, éd. I. del Badia, Florence, 1883.
Lorenzo de'Medici, *Tutte le opere*, a cura di P. Orvieto, Rome, 1992.
Machiavel, *L'Art de la guerre*, trad. J.-Y. Boriaud, Paris, Perrin, coll. « Tempus », 2011.
—, *Le Prince*, trad. J.-Y. Boriaud, Paris, Perrin, coll. « Tempus », 2013.
Parenti, Marco, *Ricordi Storici, 1464-1467*, a cura di Manuela Doni Garfagnini, Rome, Edizioni di Storia e Letteratura, 2001.
Parenti P., *Historia Fiorentina*, éd. Schnitzer, Munich, 1910.
Poliziano Angelo, *Coniurationis commentarium : commentario della congiuria de'Pazzi*, a cura di Leandro Pertini, University Press, Florence, 2012.
Savonarola Girolamo, *Trattato circa il reggimento della città di Firenze*, Turin, Bottega d'Erasmo, 1966.
Valori, Niccolò, *Nuova Cronica*, 3 vol., a cura di Giovanni Porta, Parme, Guarda, 1991.
Vasari, Giorgio, *Le vite de'piu eccelenti pittori, scultori e architettori*, a cura di G. Milanesi, Florence, 1906.

## Études

Acton Harold, *The Pazzi Conspiracy : the plot against the Medici*, Londres, 1979.
Ames-Lewis, Francis, *The Library and Manuscripts of Piero di Cosimo de'Medici*, New York et Londres, 1977.
Baron, Hans, *The Crisis of the Early Italian Renaissance. Civic humanism and Republcan Liberty in an Age of classicism and tyranny*, Princeton, 1966.
Battara, Pietro, *La popolazione di Firenze alla Metà del Cinquecento*, Florence, 1935.
Bec, Christian, *Les Marchands écrivains : affaires et humanisme à Florence, 1375-1434*, Paris, 1967, Oxford, 1984.
Bennet Bonnie A. et David G. Wilkins, *Donatello*, Oxford, 1984.
Beresniak Daniel, *Les Premiers Médicis et l'académie platonicienne de Florence*, Oaris, Detrad, 1984.
Bouvy, Eugène, *Laurent de Médicis et l'Académie Florentine*, Paris, 1926.
Brown Allison, *The Medici in Florence*, Florence, 1992.

Brucker, Gene A., *Politics and Society in Renaissance Florence, 1343-1382*, Princeton, 1962.

Bullard, Melissa M., « The Magnificent Lorenzo de'Medici : Between Myth and History », *in Politics and Culture in Early Modern Europe. Essays in honor of H.G. Koenigsberger*, éd. P. Mack and M. C. Jacob, Cambridge, 1987.

Chastel, André, *Art et Humanisme à Florence au temps de Laurent le Magnifique*, Paris, PUF, 1959.

*Cosimo 'il Vecchio' de'Medici, 1389-1464*, edited by Francis Ames-Lewis, Oxford, Clarendon Press, 1992.

Davies Jonathan, *Florence and its University under the Early Renaissance : Essays in commemoration of the 600th anniversary of Cosimo de Medici's birth*, Brill, 1998.

Della Torre, A., *Storia dell'Academia platonica di Firenze*, Florence, 1902.

Elam, Caroline, « Art and diplomacy in Renaissance Florence », *Journal of the Royal Society of Art*, 136, n. 5387, 1988, p. 813-825.

Dumas Alexandre, *Les Médicis. Splendeur et secrets d'une dynastie sans pareille*, Paris, Michel Lévy, 1860.

*Firenze e il Concilio del 1439*, éd. Paolo Viti, Florence, 1994.

Fiumi, Enrico., *L'impresa di Lorenzo de'Medici contro Volterra (1472)*, Florence, 1948.

Foster, Philip, *A Study of Lorenzo de'Medici Villa at Poggio a Caiano*, 2 volumes, Ann Arbor, 1978.

Gill, Joseph, *Le Concile de Florence*, 1963.

Goldthwaite, Richard A., *The Building of Renaissance Florence. An economic and social History*, Baltimore, 1980.

Guasti Cesare, *Le feste di San Giovanni in Firenze*, Florence, 1884.

Gutkind, Curt S., *Cosimo de'Medici pater patriae*, Oxford, 1938.

Heers, Jacques, *Le Clan des Médicis*, Paris, Perrin, coll. « Tempus », 2008.

Hunt Edwin, *The Medieval Super-Companies : a Study of the Peruzzi Company of Florence*, London, Cambridge University Press, 1994.

Kent, Dale, *Cosimo de'Medici and the Florentine Renaissance*, Yale University Press, 2000.

Kent F. W., *Lorenzo de'Medici and the Art of Magnificence*, Johns Hopkins University Press, Baltimore et Londres, 2004.

Kristeller, Paul Oskar, *The Philosophy of Marsilio Ficino*, New York, 1943.

Lane, Frederick C., *Money and Banking in Medieval and Renaissance Venice*, Baltimore, Johns Hopkins University Press, 1985.

*Lorenzo il Magnifico e il suo Mondo, Convegno Internazionale di Studi, Firenze, 9-13 giugno 1992, a cura di Gian Carlo Garfagnini*, Florence, Leo S. Olschki editore, 1994.

*Lorenzo the Magnificent, Culture and Politics*, éd. Michael Mallett and Nicholas Mann, The Warburg Institute, University of London, 1996.

Mariette M., « Patriotisme des Pères et patriotisme citadin : les voies de l'italianité dans les traités en langue vulgaire de Léon Baptiste Alberti » dans *Quête d'une identité collective chez les Italiens de la Renaissance*, Centre interuniversitaire de recherche sur la Renaissance italienne, Sorbonne Nouvelle, vol. 18, 1990, p. 50-65.

Martindale, Andrew, *The Rise of the Artist in the Middle Ages and Early Renaissance*, New York, 1972.

Martines, Lauro, *Lawyers and Statecraft in Renaissance Florence*, Princeton, 1968.

Molho, Anthony, *Florentine Public Finances in the Early Renaissance*, Cambridge, Mass. 1971.

Müntz, Eugène, *Les Collections des Médicis au* XV*e siècle*, Paris-Londres, 1888.

Najemy, John, *A History of Florence, 1200-1575*, Oxford, 2006.

Paoletti, John T., *The Banco Mediceo in Milan : Urban Politics and Family Power*, JMRS, 24, 1994, p. 199-238.

*Piero de'Medici « il Gottoso » (1416-1469) : Kunst im Dienste der Mediceer*, éd. Andreas Beyer et Bruce Boucher, Berlin, 1993.

Plesner Johann, *L'Émigration de la campagne à la ville libre de Florence au* XIII*e siècle*, Copenhague, 1934.

Polizzotto, Lorenzo, *The Elect Nation : The Savonarolan Movement in Florence, 1494-1545*, Oxford, 1994.

Renouard Yves, *Les Hommes d'affaires italiens du Moyen Âge*, Paris, 1949.

Rubinstein Nicolai, *Il governo di Firenze sotto i Medici (1434-1494)*, Florence, La Nuova Italia, 1971.

Renaudet, Augustin, « Laurent le Magnifique », dans *Hommes d'État*, vol. II, Paris, 1937.

Rochon, André, *La Jeunesse de Laurent de Médicis (1449-1478)*, Paris, Les Belles Lettres, 1963.

Roover, Raymond de, *The Rise and Decline of the Medici Bank, 1397-1494*, New York, The Norton Library, 1966.

« Gli antecedenti del Banco Mediceo e l'azienda bancaria di V. di Cambio dei Medici », in *Arch. storico italiano*, CXXIII (1965), p. 3-13.

*La Communauté des marchands lucquois à Bruges de 1377 à 1404*, Handelingen van het Genootschap voor geschiedenis 86, 1949, p. 23-89.

Rossi, Vittorio, *Il Quattrocento*, Milan, 1949.
Schevill, Ferdinand, *Medieval and Renaissance Florence*, vol. II, *The Coming of Humanism and the Age of the Medici*, New York, 1961.
Stella, Alessandro, *La Révolte des Ciompi, les hommes, les lieux, le travail*, éditions EHESS, 1993.
Tenenti, Alberto, *Florence à l'époque des Médicis, de la cité à l'État*, Paris, Flammarion, 1968.
Trexler, Richard C., *Public Life in Renaissance Florence*, New York, 1982.
Unger Miles J., Rome, *Lorenzo il Magnifico*, Newton Campton Editori, 2018.
Vandewalle André, *Les Marchands de la Hanse et la banque des Médicis, Bruges, marché d'échanges culturels en Europe*, Oostkamp, Stichting Kunstboek, 2002.
Ventrone Paola, « Note sul carnevale fiorentino di età laurenziana », dans *Il Carnevale : dalla tradizione arcaica alla tradizione colta des Rinascimento*, éd. M. Chiabo et F. Doglio, Rome, 1990, p. 321-366.
Verde, Armando F., OP, *Lo Studio Fiorentino, 1473-1503, Ricerche e documenti*, vol. 4, Florence-Pistoia, 1977-1985.
Wackernagel, Martin, *The World of the Florentine Renaissance*, Princeton, 1981.
Wind, Edgar, *Pagan Mysteries in the Renaissance*, New Haven et Londres, 1958, édition revue, New York, 1968.

# Index

# Table

Pour en savoir plus
sur les Éditions Perrin
vous pouvez consulter notre site Internet

**www.editions-perrin.fr**

lisez!

et nous suivre sur les réseaux sociaux

Editions Perrin

@EditionsPerrin

@editions.perrin

FSC
www.fsc.org
MIXTE
Papier issu de
sources responsables
FSC® C003309

L'éditeur de cet ouvrage s'engage
pour la préservation de l'environnement
et utilise du papier issu de fôrets gérées
de manière responsable.

Achevé d'imprimer par
Normandie Roto Impression s.a.s.
61250 Lonrai
N° d'impression : 1903961

*Imprimé en France*